RICHARD SCHMITZ
WIEN – INNERE STADT

Richard Schmitz

WIEN – INNERE STADT

Die Arbeit eines Bezirksvorstehers

EDITION ATELIER

Dank

an meine Frau Sonja
für ihre Mitarbeit und ihr Gedächtnis

an Regierungsrat Hubert Deutsch
für die mühsame Erstlektüre

an Anna Schmitz
für das noch mühsamere Erstlektorat

an Rainer Lendl
für das Endlektorat

an Georg Riha
für das Umschlagbild
„Stock im Eisen Platz im Winter“

an Bernhard Schmitz
für das Cover

Satz: novum, Horitschon
Druck: Berger, Horn
ISBN 3-85308-070-7

VORWORT

Zu Weihnachten 1987 schenkte mir die Schwester meiner Frau ein wunderschön gebundenes Buch mit goldenen Rändern als Zeugnis ihrer handwerklichen und künstlerischen Fähigkeiten. Diese Seiten sollten von mir gefüllt werden. Morgenarbeit war angesagt: „Morgen fang ich an.“ Dabei ist es dreizehn Jahre lang geblieben. Aber nun ist es Morgen geworden; ich fange wirklich an.

Die Erinnerung an die vergangenen dreizehn Jahre ist ja durchaus erfreulich. Ich erinnere mich gerne. Schließlich wurde einiges erreicht. Viele Erfolge sind keineswegs spektakulär, viele werden anderen zugerechnet, viele sind unbedeutend. Aber sie waren Teil meiner Arbeit und erfüllen mich heute noch mit Stolz.

Darüber hinaus hat mich das schlechte Politikerimage immer bewegt. Niemand scheint heute die Notwendigkeit politischer Entscheidungen zu akzeptieren. Alle wollen es besser wissen, vor allem, wenn sie die Verantwortung für ihre Vorschläge nicht übernehmen müssen. Bei der Beurteilung politischen Handelns stößt man allerdings auf mehrere Hindernisse. Da ist einmal die Tatsache, daß die meisten Entscheidungen so komplex sind, daß sie nicht in kurzen Sätzen erklärt werden können. Ferner läßt sich der Erfolg einer politischen Entscheidung erst nach einiger Zeit beurteilen und schließlich nehmen die meisten Maßnahmen, die die Besserstellung einer Bevölkerungsgruppe bezwecken, einer anderen Bevölkerungsgruppe etwas weg. Auch wenn scheinbar nichts weggenommen wird, wird zumindest Steuergeld umgeschichtet. Diese drei Hindernisse überschatten die Diskussion über alle österreichweiten Gesetze und Reformen. Sie gelten als undurchschaubar und in ihren Auswirkungen als unsicher. Außerdem schreien diejenigen, die bisher rechtmäßig und voll des guten Gewissens Vorteile genossen haben.

Diese Hindernisse gelten aber für die Bezirkspolitik nicht. Die Maßnahmen sind durchschaubar, ihre Auswirkungen sind unmittelbar zu beobachten und die Betroffenen können sich persönlich artikulieren. Daher möchte ich versuchen, anhand meines Wirkungsbereiches die Notwendigkeit des Politikers zu begründen. Vielleicht gelingt es; möglicherweise geht der Schuß aber auch nach hinten los, wenn die Leute fragen: „Das war alles?"

Vorerst war die Frage zu klären, ob ich das Buch selbst schreiben sollte oder ob es ein Buch über die Arbeit und damit über mich werden sollte. Ich habe die Vor- und Nachteile abgewogen und mich entschlossen, das Buch in Ichform zu schreiben. Viele Motivationen können dann besser erklärt, viele Emotionen direkt ausgedrückt werden. Allzu große Selbstgefälligkeit ist von kritischen Lektoren hoffentlich ausgemerzt worden. Ich werde versuchen, meine Fehler und Mißerfolge nicht unter den Teppich zu kehren.

Meine politische Herkunft

Geboren in Wien als Sohn des Dr. Bruno Schmitz und seiner Frau Hedwig. Da die Ehe der Eltern bereits 1947 in Brüche gegangen war, kehrten meine Mutter und damit auch ich zu ihren Eltern zurück. Ich bin in einem Geschäftshaushalt aufgewachsen. Mein Großvater mütterlicherseits war ein besonders erfolgreicher Geschäftsmann, der 1917 für Österreich das Patent der Warmdauerwelle erworben hatte und vielen Wienerinnen die erste Dauerwelle verpaßte. Er war aus dem Banat nach Wien gekommen, heiratete die Tochter eines Wiener Spielzeughändlers und konnte bald einige

Häuser erwerben. Seit 1907 war der Betrieb auf der Kärntner Straße angesiedelt. Als die „amerikanische“ Dauerwelle ihren Siegeszug antrat, die auf chemischem Wege die Haare dauernd umformte, begann er Perücken zu produzieren und hatte auch damit Erfolg. Wie damals schon üblich, hatte seine Frau entscheidenden Anteil an der Entwicklung des Geschäfts. Als ältester Enkel sollte ich es aber besser haben und wurde ins Schottengymnasium geschickt. Anschließend studierte ich Jus. Während des Studiums verstarb mein Großvater, ich übernahm gemeinsam mit meiner Mutter den Betrieb, studierte fertig und heiratete. Übers Jahr kam unser Sohn zur Welt. Meine juristischen Kenntnisse nutzte ich im eigenen Betrieb.

Aber auch die väterliche Familie – vor allem die beiden Schwestern meines Vaters – hatten Einfluß auf meine Lebenseinstellung. Der Großvater war in der ersten Republik Sozial- und Unterrichtsminister, dann kurze Zeit Vizekanzler gewesen. 1934 wurde er von Dollfuß zum Bürgermeister von Wien ernannt. Die Tatsache, daß er in der ständestaatlichen Ära ein wichtiges Amt innehatte, überschattet seine Verdienste als Minister. Die Nationalsozialisten internierten ihn sofort im KZ Dachau, von wo er erst 1947 nach Wien zurückkehrte. Er wurde Generaldirektor des Heroldverlages.

1964 wurde ein Neffe meines Großvaters Finanzminister in der Regierung Klaus. Wolfgang Schmitz konnte, was heute undenkbar ist, ausgeglichene Budgets liefern. Vier Jahre später wurde er Präsident der Nationalbank.

Politisches Denken war mir daher immer eigen. Als Unternehmer interessierte mich vor allem die Interessenvertretung der Unternehmer. Ich trat in die Junge Wirtschaft ein. In dieser Unterorganisation der Wiener Handelskammer entwickelten meine Freunde und ich „revolutionäre" Ideen, wie die Unternehmervertretung ihr Durchsetzungsvermögen verbessern könnte. Mitbestimmung, Vermögensbildung und Reformvorschläge für die Organisation der Handelskammer waren die bestimmenden Themen. Anfangs standen wir stark unter dem Einfluß von Max Fink, dem Leiter des Hernstein-Instituts. Viele Ideen sind heute verwirklicht, viele Freunde in einflußreichen Positionen. Es war eine schöne Zeit. Sie erklärt auch, warum ich meine politische Zukunft eher innerhalb der Handelskammerorganisation sah und anfangs gar nicht begeistert über die Position des Bezirksvorstehers war.

Ich war Mitglied des Kuratoriums des Wirtschaftsförderungsinstituts der Bundeswirtschaftskammer und machte mir Hoffnungen auf den Kurator. Da wäre ich als Funktionär auch für die Außenhandelsorganisation zuständig gewesen. Das Institut hätte auch die Ressourcen gehabt, meinen alten Traum einer Funktionärsakademie zu verwirklichen. Aber Peter Neumann, der Parteiobmann der ÖVP Innere Stadt, versuchte mich zu einer Kandidatur zur Bezirkratswahl und zum Bezirksvorsteher zu bewegen und redete so lange auf mich ein, bis ihm Erhard Busek erklärte: „Du machst das ganz falsch. Du mußt mit seiner Frau reden!" So geschah es. Und als meine geliebte Frau überzeugt war, konnte auch ich mich der neuen Aufgabe nicht mehr verschließen.

DIE INNERE STADT

Viele Besucher aus dem Ausland sind begeistert, wenn sie Wien und sein Zentrum besuchen. Auch der Wiener, auch wenn er noch so viele Städte kennt, kommt gerne zurück. Wiens Innenstadt hat ein eigenes Flair, um das es von vielen anderen Großstädten beneidet wird. Will man diese Einzigartigkeit erhalten und besser herausstreichen, muß man sich vorher Gedanken machen und die internationale Entwicklung beobachten und berücksichtigen.

Der Wiener ist ja Neuerungen gegenüber immer etwas vorsichtig. Das führt dazu, daß er lieber abwartet und alle negativen Begleiterscheinungen, die alles Neue mit sich bringt, analysiert. Erst dann akzeptiert er die Änderung und versieht sie mit Begleitmaßnahmen, die die Negativa berücksichtigen. In vielen Fällen, etwa beim Aufbau unseres Sozialsystems hat uns das zweifellos geholfen. Die Österreicher haben immer nach der Bundesrepublik geschielt und erwartet, daß die dortige Entwicklung dann zu uns kommt. Im Nachvollzug haben wir einiges besser gemacht. Diese Zeit scheint allerdings vorbei zu sein, denn heute kommt es darauf an, der Erste zu sein. Das heißt nicht, daß man alle Entwicklungen akzeptieren muß, das heißt aber sehr wohl, daß man selbst aktiv werden muß, um Entwicklungen einzuleiten und Erwünschtes zu erreichen.

Charakteristisch für Wien ist zweifellos sein eindeutiges Zentrum. Wo ist das Zentrum von Rom, etwa bei Quirinal oder im Vatikan? Oder in Paris? Beim Louvre oder bei Notre Dame, sind es die Champs Elysee oder La Defense? Das gleiche gilt für London und für viele andere Städte. Eine einzige Ausnahme gibt es in New York: Manhattan. Aber auch das ist eine Stadt von der viele schwärmen.

Die Innere Stadt ist in vielerlei Hinsicht der wichtigste Bezirk Österreichs. Sie ist das größte Einkaufszentrum mit über 900 Einzelhandelsbetrieben und etwa 500 Großhandelsfirmen. Fast alles kann hier erworben werden. Nur Betriebe, die eine große Ausstellungsfläche verlangen, wie etwa Möbelhäuser oder Autosalons, sind unterrepräsentiert.

Excellent ist auch die Nahversorgung mit Lebensmitteln. Sie ist auf etwa 200 000 Konsumenten ausgerichtet. Nicht nur für die Bewohner, sondern auch für die arbeitenden Menschen, die Studenten und die Touristen muß gesorgt werden. Auch Massenanbieter wie Billa betreiben hier ein gezieltes trading up, so in den Ringstraßengalerien oder in der Singerstraße. Die wenigen Kleinbetriebe können nur bestehen, wenn sie sich spezialisieren oder sich mit catering ein zweites Standbein schaffen. Häufig werden auch anspruchsvolle Schnellimbisse angeboten. Fleischhauer betreiben daneben Diätrestaurants und Bäcker kleine Cafés.

Diese Dichte ist auch notwendig, weil täglich 106 000 Menschen zur Arbeit in die Innere Stadt kommen. Sie sind in den 6700 Betrieben beschäftigt, die das Zentrum Wiens zum größten Wirtschaftsbezirk von Österreich machen.

Die Innere Stadt ist auch Zentrum des österreichischen Fremdenverkehrs. Wenn man annimmt, daß die Touristen 60 % ihres Aufenthaltes in Wien in der Innenstadt verbringen, so gibt das im Jahresschnitt 12 000 Besucher pro Tag. In der Hochsaison können das bei 44 000 Betten und 200 Bussen auch nicht mehr als 54 000 sein. Alle wollen schließlich, die Attraktionen sehen, vom Stephansdom über die Hofburg, Graben, Kärntner Straße, Kohlmarkt, die Kapuzinergruft, die Spanische Reitschule und alle kulturellen Einrichtungen.

Die Innere Stadt ist auch das kulturelle Zentrum Wiens mit zwei Opernhäusern, 11 Theatern, 13 Kinos. Nicht nur im Musikverein, sondern auch in vielen Palais, dem Kursalon und in Kirchen finden Konzerte statt. Neben den großen

Museen gibt es eine Fülle von kleinen, etwa das Uhrenmuseum, das Puppenmuseum. Künstlerhaus, Sezession, das Kunstforum der Bank Austria, das Ferstel und der ehemalige Weinkeller des Schottenstiftes bieten weitere Ausstellungen an. 60 Galerien stellen die moderne Kunst in den Vordergrund. Bankinstitute kümmern sich um die jungen Künstler.

Auch das religiöse Leben ist in der Inneren Stadt konzentriert. 29 katholische Kirchen, 2 evangelische, 3 orthodoxe sowie eine Synagoge und zwei Bethäuser bieten den Gläubigen nicht nur Gottesdienste sondern auch musikalische Erbauung. Im Dom, in der Jesuitenkirche und in der Augustinerkirche wird die heilige Messe durch exzellente Musik verschönt. Auch die anderen Pfarreien verfügen über gute Orchester und gute Chöre. Eine Besonderheit ist die Sonntagsmesse in der gotischen Hofburgkapelle, wo Philharmoniker und die Wiener Sängerknaben musizieren.

Für die leiblichen Bedürfnisse ist ausreichend vorgesorgt. Fast 800 Gastronomiebetriebe, Restaurants, Cafés, Bars und Discos bieten alles, was das Herz begehrt. 387 Schanigärten laden im Sommer zum Sitzen im Freien ein. Neben der Wiener Küche werden fast alle nationalen Gerichte der Welt angeboten. Vor allem italienische und chinesische Restaurants breiten sich aus. In den Seitengassen machen amerikanische fast-food-Ketten den angestammten Würstelständen Konkurrenz. Betriebe wie „der" Trzesniewski, „der" Plachutta oder das Schwarze Kameel halten die Tradition hoch.

Die Regierung Österreichs und ein Großteil der Ministerien befinden sich in der Inneren Stadt, selbstverständlich auch ein Großteil der Verwaltung von Wien. In der Herrengasse war bis vor kurzem der Sitz der Niederösterreichischen Landesregierung.

11 Schulen mit etwa 8000 Schülern und die Universität mit 63 000 Inskribierten bringen die Jugend in die Stadt. Dane-

ben haben die Akademie der bildenden Künste, die Universität für angewandte Kunst und das Konservatorium der Stadt Wien über 4000 Hörer. Auch die Universität für Musik & darstellende Kunst hat hier ihre größten Dependancen.

Die Innere Stadt ist Zentrum der Finanzwelt Österreichs. Die Creditanstalt, Die Erste und viele bedeutende kleinere Institute haben ihre Zentrale hier. Fast alle Bundesländerbanken haben hier zumindest eine Repräsentanz. Warum die Bank Austria nicht ihr Hauptgebäude Am Hof als Zentrale verwendet bleibt ein Rätsel. Auch die RZB und die Raiffeisenlandesbank haben sich an den Rand der angrenzenden Bezirke zurückgezogen. Die Börse hat vor nicht langer Zeit ein neues Logis bezogen und bildet den Mittelpunkt der leider in Wien wenig entwickelten Aktienwelt.

Alle diese Einrichtungen werden von vielen Wienern genutzt und bieten, ob traditionelle Einkaufseinrichtungen oder modernere Büros, eine Vielfalt von Arbeitsplätzen. Sie bringen bei weitem mehr Menschen in den ersten Wiener Gemeindebezirk als dort wohnen.

DER BEGINN

Im Schatten eines originellen Vorgängers

Heinrich A. (für Anton) Heinz, mein Vorgänger im Amt, war ein Mann, der aus der Ausbildung gekommen war. Er war Vortragender für Verhalten und Public Relations in den von der Wiener Volkspartei veranstalteten Fortbildungskursen für Politiker und solche, die es erst werden wollten. Anders als andere verwertete er all sein Wissen auch bei der eigenen Tätigkeit. Immer bestrebt, die Dinge nicht nur aus der Praxis sondern auch in der Theorie zu verstehen, eignete er sich bald auch die für seinen Job wichtigen juristischen Kenntnisse an. Schon vorher, als Sachverständiger für das Kraftfahrzeugwesen, waren ihm Gericht und Juristerei nicht fremd gewesen. Getragen vom unbändigen Willen, seine politische Position auszubauen, suchte er nach jeder Gelegenheit, die ihm die Wiener Stadtverfassung bot, um die politische Macht eines Bezirksvorstehers auszubauen. Mitwirkungsrechte sind da kaum ausreichend; im konkreten Fall entscheidet dann leider nicht der Bürgermeister, sondern der Stadtrat, mit dem man meist im Clinch liegt. Bei Anhörungsrechten kann jeder kleine Beamte gleich drüberfahren. Informationsrechte sind ohnehin eine Farce.

Straßenhuren bitte in den Prater

Eines Tages ging der österreichische Bundeskanzler Dr. Josef Klaus mit seinem Sekretär Dr. Peter Marboe über den Graben vom Bundeskanzleramt nach Hause in seine Wohnung in der Rotenturmstraße. Eine geschäftstüchtige Grabennymphe sprach den agilen Mann geschäftsmäßig an: „Na Burli, wie wärs mit uns zwei?“, erschrak aber dann heftig und verschwand mit dem Ruf: „Jessas Maria und Josef, des is ja der Klaus!" in der Habsburgergasse.

Schon am nächsten Tag wurde der schwarze Parteifreund Heinz auf den Ballhausplatz zitiert. Es war zwar erfreulich, daß auch Huren, wenn sie erschrecken, die heilige Familie anrufen. Trotzdem verlangte der Kanzler nach Maßnahmen. Heinz warf sich ins Zeug. Die Innenstadt wurde vom Straßenstrich befreit. Einschlägige Etablissements blieben zwar weiterhin der Innenstadt treu, doch wurde das Geschäft in Hinkunft „in doors" gemacht.

Die Angelegenheit erregte ungeheures Aufsehen. Heinz war damit der erste Bezirksvorsteher, der etwas in dieser zentralistischen, sozialistischen Stadt durchgesetzt hatte.

Übrigens erhielt ich gleich nach meiner Wahl, noch vor meinem Amtsantritt, aus Salzburg eine Postkarte, die mich aufforderte das eindeutige Vergnügen wieder zuzulassen.

Damit gewann die Position aber an Bedeutung. Heinz hatte Zugang zur Presse und pflegte die Beziehungen. Des Abends und vor allem in der Nacht häufig unterwegs, gelang es ihm, seine Ziele und Erfolge immer wieder an die Öffentlichkeit zu bringen. Er entdeckte bald, daß die wahre Macht eines Bezirksvorstehers in seiner Öffentlichkeitswirkung lag.

Ohne Geld ohne Macht

Man hatte damals den Bezirksvorstehern nicht einmal ein kleines Budget zugedacht. Peinlich genau zu verrechnende Verfügungsmittel von nicht einmal S 100 000.– waren alles. Das reichte aber, um den Obdachlosen der Innenstadt Mannerschnitten zu schenken, als sie gegen ihn demonstrierten, weil er das Betteln verbieten wollte. Der Gag brachte bei den Bewohnern zwar nicht nur Sympathie, aber wochenlang eine gute Presse.

Dieses Vorbild vor Augen begann ich meinen Wahlkampf. Noch nicht Bezirksvorsteher, versuchte ich, meine Kontakte zur Presse zu knüpfen. Ich wollte es besonders raffiniert anstellen und für jede Zeitung das entsprechende Lokal aussuchen. Für die Zeitung „Die Presse“ lud ich den Redakteur Koller standesgemäß in den „König von Ungarn“. Eine Woche vorher war ich auf Einladung meines Freundes und Mentors Charly Schönbichler dortgewesen. Der Oberkellner, offenbar in der Meinung, sich damit beim zukünftigen Bezirksvorsteher einzuhauen, sagte unablässig: „Wie immer Herr Bezirksvorsteher!“ Ich plauderte munter daher, erzählte von meinem Betrieb, von meinem Gesangsstudium, von der Mitschülerin Edita Gruberova, mit der ich manchmal Duett gesungen hatte und von meinem Jusstudium. Dazwischen immer wieder der Kellner: „Wie immer, Herr Bezirksvorsteher!“ Herr Koller bekam jedenfalls den Eindruck eines hemmungslosen Angebers. So fiel dann auch der Artikel aus: voll der Ironie, voll Zweifel an der Richtigkeit meiner Angaben.

Es war mir eine Lehre. In Hinkunft lud ich nur mehr in den Alten Rathauskeller. Er wurde Stammlokal und Hauptquartier. Unter den wenigen Mittagsgästen – viele kleine Zimmer machen das Lokal vor allem abends für geschlossenen Gesellschaften jeder Größe interessant – konnte man in Ruhe reden. Wenn man absolut allein sein wollte, konnte man ins Luegerstüberl übersiedeln. Ich plauderte auch nicht mehr ganz so naiv daher.

Selbst Bezirksvorsteher

Bald war die Wahl geschlagen. Ich war nun, so wie acht weitere Parteifreunde in den Bezirken Wieden, Mariahilf, Neubau, Josefstadt, Alsergrund, Hietzing, Währing und Döbling, ein „schwarzer" Bezirksvorsteher. Die Angelobung nahm Bürgermeister Zilk vor. In seiner Ansprache forderte er die Bezirksräte auf, auf verbogene Verkehrszeichen und verschmutzte Straßen zu achten. Ich versuchte mich dagegen zu behaupten und stellte mehr die Gestaltungsaufgabe in den Vordergrund.

Bürgermeister Zilk hatte mich noch im September, am Tag der offenen Tür im Rathaus, nachdem ich mich vorgestellt hatte, fünf Meter weitergehen lassen und mir dann nachgerufen: „San Se der Friseur?" Was ich bejahte. Das hat ihn offensichtlich amüsiert. Nach meiner Antrittsrede änderte er sein Verhalten, ob wegen meiner Rede oder wegen anderer Informationen, weiß ich nicht.

1988 ein schwieriges Jahr

Gleich nach meinem Amtsantritt begannen die Gedenkveranstaltungen an das Jahr 1938. Fünfzig Jahre waren seit dem Einmarsch der Deutschen Truppen in Österreich vergangen. Zum ersten Mal versuchte man über die nationalsozialistische Zeit offen zu diskutieren. Die Hochschülerschaft und die Wirte des sogenannten Bermudadreiecks stellten ein Zelt auf den Morzinplatz, wo einst das berüchtigte Hotel Metropol mit der Gestapozentrale gestanden war, auf und veranstalteten Lesungen und Diskussionen. Zweimal kam ich dabei zu Wort und schaffte mir damit eine gute Ausgangsposition. Ich konnte über dieses sensible politisches Thema offenbar ohne Probleme reden, ein Thema, das mich schon immer interessiert und gleichzeitig erschreckt hatte, vor allem wegen meines Großvaters, der sieben Jahre im KZ Dachau überlebt hatte. Für mich hatten und haben die Jahre zwischen 1938 und 1945 auch heute noch große emotionale Bedeutung. Mit dieser Haltung gewann ich auch das Vertrauen verschiedener sozialistischer Bezirksmandatare. Prof. Johnny Moser und die Bezirksrätin Schoßmann konnten es kaum fassen, daß es in der VP auch echte Antifaschisten gab. Das Vertrauen war aber auch gegenseitig und wir haben einander immer fair behandelt. Bürgermeister Zilk konnte es sich allerdings nicht verkneifen, in einer Gemeinderatsdebatte auf die Vergangenheit des Altstadtrates Neusser und auf meinen Großvater hinzuweisen. Erst ab Mitte des Jahres wies er darauf hin, daß dieser der einzige gewesen war, der bewaffneten Widerstand gegen die Deutschen geleistet hatte, allerdings mit der längst von den Nazis unterwanderten Rathauswache. So wurde dieser Widerstand gegen den Anschluß bald gebrochen und mein Großvater mit dem ersten Transport nach Dachau deportiert.

Das Verhältnis zu Zilk veränderte sich. Da er mich doch nicht so mühelos fertigmachen konnte, versuchte er mich zu umarmen. Als ihm auch das mißlang, entwickelte sich langsam eine Atmosphäre der gegenseitigen Achtung. Ich begann ihn zu verstehen. Seine Selbstsicherheit war dünnhäutig. Er war anfällig für begründetes Lob. Aber wer ist das nicht? Wenn man seinen Aggressionen gegenüber gelassen blieb, war bald alles vorbei. Dann konnte man mit ihm vernünftig reden. Diese Erkenntnis sollte mir noch oft helfen.

Erhard Busek und der Anfang

Kontrollierender Stadtrat war damals noch Erhard Busek. Er hat mich ursprünglich in die Politik geholt. Ende der 60er Jahre war E. B. stellvertretender Generalsekretär des Wirtschaftsbundes und gründete u. a. den Managementclub in der Erkenntnis, daß unternehmerisches Denken nicht auf die etwa 200 000 Unternehmer beschränkt ist und daß sich der Wirtschaftsbund in einer mehrheitsbestimmten Demokratie nur durchsetzen kann, wenn er mehr als diese 200 000 in seine Reihen zieht. Es war noch die Zeit der Institutionen und Organisationen. Die Mächtigen des Wirtschaftsbundes, allen voran Sallinger, verstanden nur, daß ihre sorgfältig abgesicherten Positionen dann nicht mehr ganz so abgesichert sein würden. Der mc wurde dann allerdings leider mit einem wenig schlagkräftigen Funktionär besetzt und damit zur Bedeutungslosigkeit zurückgestutzt.

Auch in Wien hatte E. B. als Wiener Parteiobmann versucht, neben der unbeweglichen Landespartei mit der Bewegung „pro Wien" eine dynamische Organisation zu schaffen. Auch hier wurde er bald durchschaut. Anfangs gelang es ihm noch, „bunte Vögel" der Partei aufzuzwingen, nach der Niederlage gegen Zilk war das endgültig vorbei. Viele interessante Persönlichkeiten wie Gertrude Kubiena, Otto Wagner und Alfred Worm kehrten der Politik und damit der Volkspartei wieder den Rücken. Unvergessen beibt Jörg Mauthe, Journalist und Schriftsteller, Ideenbringer ohne politischen Machtanspruch. Heute wird seine Leistung und die Zusammenarbeit mit Erhard Busek in positivem Licht gesehen. Die Volkspartei trieb damals die Roten vor sich her. Und die wahren neuen Ideen kamen von den bunten Vögeln. Von der positiven Besetzung des Beislbegriffes über die Grätzlfeste bis zum Schönheitsmanifest: die ÖVP gab den Ton an.

Erst die Idee der Sozialisten, den Fernsehzampano Zilk aufzustellen, bremste Busek. Zilk führte die Sozialisten auf die Erfolgsstraße zurück. E. B. mußte erkennen, daß seine Funktionäre zwar glücklich über den Erfolg waren, in Wahrheit aber nicht verstanden hatten, worauf dieser Erfolg beruhte. Die Erneuerung, die Themenführerschaft wurde dem Konservativismus geopfert. Mit Wolfgang Petrik und Heinrich Wille war es mit der Erneuerung vorbei. Mit ihnen begann die Wiener ÖVP zur Bedeutungslosigkeit zu verkümmern.

Die Stellvertreterin und der Clubobmann als gefährliche Hilfe

Wenig Begeisterung erweckte meine Nominierung bei der Stellvertreterin von Heinrich A. Heinz. Margit Schachinger hatte sich naturgemäß Hoffnungen gemacht, auf Grund ihrer Erfahrung und ihrer bisherigen Tätigkeit selbst Vorsteher zu werden. Jung, fesch und mit Ausstrahlung wäre sie auch sicher eine gute Vorsteherin geworden. Unterstützt wurde sie von ihrem Lebensgefährten, dem Clubobmann Siegfried Korn. Die Situation war für die beiden sicher nicht einfach, sie waren aber in den ersten Jahren mir gegenüber durchaus loyal. Sie trösteten sich offenbar mit dem Gedanken, mich bald wegloben zu können. Tatsächlich war ich ja immer wieder für weitere Positionen im Gespräch. Im Entscheidungsfall hatte aber weder die eigene Gruppe und schon gar nicht die andere das nötige Vertrauen in mich.

Nach Buseks Abgang und dem plötzlichen Tod von Peter Neumann gingen die beiden dann auch zum offenen Angriff über und machten mir den Parteiobmann streitig. Sie blieben dabei allerdings erfolglos.

In der täglichen Arbeit musste ich daher vorsichtig sein. Die Arbeit blieb vor allem an mir hängen. Als Clubobmann war Korn kreativ, genau und energisch und daher unverzichtbar. Wegen seines Vorgehens gegen mich war er allerdings 1996 nicht mehr zu halten. Meine Freunde hätten eine Nominierung nicht verstanden. Seine wenig wirtschaftsfreundliche Haltung war ihm von den Funktionären des Wirtschaftsbundes nie verziehen worden. Dabei diente er mir öfter als Hitzeschild, wenn ich selbst die Ansprüche des Wirtschaftsbundes nicht erfüllen wollte.

Der Parteiobmann als Konkurrent

Anfangs gab es auch Probleme mit Peter Neumann. Er wollte mich bevormunden und selbst die Entscheidungen treffen. Doch bald hatte er akzeptiert, daß ich meinen eigenen Weg ging. Als ich mich eingearbeitet hatte, fehlte ihm meist auch das nötige Detailwissen. Es entwickelte sich eine fruchtbare Zusammenarbeit, die aus den Spannungen auch spannende Lösungen brachte. Er hatte ein großartiges politisches Feeling. Außerdem nützte ihm seine größere Nähe zu Erhard Busek.

Endlich Geld! Das Bezirksbudget

Mit 1.1.1988 hatten die Bezirke erstmals ein eigenes Budget. 1 % des Stadtbudgets wurde auf die 23 Bezirke verteilt, der Inneren Stadt fielen 21 Millionen zu. Für den Prozentsatz des Anteils waren die Einwohner zu 40 %, die Straßenlänge zu 40 % und die Anzahl der Pflichtschüler zu 20 % ausschlaggebend. Dieser Schlüssel paßt für sehr viele Bezirke, nur nicht für die Innere Stadt.

Riesige historische Parkanlagen, 120 000 tägliche Einpendler, 80 000 Studenten, 8000 Schüler, Konsumenten und Touristen belasten den Bezirk mehr als andere. Vor allem wird Wien an diesem Bezirk gemessen. Wenn im Ersten etwas nicht in Ordnung ist, steht es sofort in der Zeitung; daß in anderen nicht immer alles stimmt, ist nur interessant, wenn sich eine rührselige Geschichte daraus basteln läßt.

21 Millionen sind besser als kaum 100 000 Schilling, die mein Vorgänger verwaltete, trotzdem sind sie jämmerlich wenig. Die Straßenbeleuchtung, der Straßenbelag der Be-

zirksstraßen, die städtischen Parkanlagen, die Verkehrszeichen, die Ampeln, zwei Volksschulen, eine Hauptschule, zwei Kindergärten und zwei Horte sind zu erhalten. Vom Neubauen konnte bei diesem Budget keine Rede sein.

ERSTE MASSNAHMEN

Die Sperre des Westgrabens

Noch im Jahre 1988 bekam ich den „Zund“, daß das Rathaus einer Sperre des Westgrabens durchaus wohlwollend gegenüberstünde. Die Verantwortlichen im Bezirk träumten ja schon länger von einer weiteren Verwirklichung der Schleifenlösung. Grundgedanke ist dabei, daß vom Ring aus Ziele zwar angefahren werden können, daß man dann aber den Bezirk von dort aus nur an annähernd der gleichen Stelle wieder verlassen kann. Die erste Schleife war nach der Sperre des Michaelerplatzes entstanden. Wer den Bereich zwischen Kohlmarkt, Graben, Kärntnerstraße und Hofburg anfahren wollte, konnte nur bei der Oper hinein und mußte über die Operngasse wieder hinaus. Die Bezirksquerung Herrengasse, Augustinerstraße war unterbunden worden. Nun sollte die Querung Bognergasse, Petersplatz, Brandstätte zur Wollzeile und zur Rotenturmstraße drankommen.

Autobusse in der Fußgängerzone

Die ersten Gespräche in der Verkehrskommission waren wenig ermutigend. Die Verkehrsbetriebe wollten weiter mit den Bussen 2A und 3A über den Kohlmarkt fahren und konnten sich nicht vorstellen, daß der 1A durch einen Fußgängerbereich über den westlichen Graben geführt werden könnte. Die genehmigten Routen seien nicht zu verändern. Die Verantwortung der Fahrer sei zu groß, die ganze Angelegenheit viel zu gefährlich. Nach langer Verhandlung einigte man sich auf die Umleitung von 2A und 3A über die Strauchgasse und die Herrengasse. Der 1A sollte weiter über den Graben fahren.

Auch die Feuerwehr meldete Bedenken an. Erst der Hinweis, daß es viel gefährlicher sei, wenn die Einsatzfahrzeuge im Stau am Graben steckten, brachte den Meinungsumschwung.

Bewohner beklagten den Parkplatzverlust. Außerdem wollten sie weiter zu ihren Haustoren zufahren. Die Pension am Graben und das Hotel am Petersplatz fürchteten um ihre Gäste, Einzelhandelsbetriebe um ihre Umsätze.

Mühsam wurden alle Einwände in der Verkehrskommission, die unter Leitung des Clubobmanns Siegfried Korn stand, beiseitegeräumt. Trotzdem ging nichts weiter. Alle fürchteten die Auswirkungen. Schließlich einigte man sich auf ein Probejahr.

Jetzt begann für mich eine furchtbare Zeit. Das Telefon ging Tag und Nacht. Alle Anrufe waren negativ. In meiner Sprechstunde wechselten Beschimpfungen mit endlosen, aber immerhin vernünftigen Gesprächen. Alle Besucher wünschten eine Rücknahme der Maßnahme. Auch mir kamen ernste Zweifel. Wir beschlossen, die Bürger mit einer Postkartenaktion zu befragen und siehe da, es kamen 88 % positive Antworten. Zum erstenmal war ich mit der Tatsache konfrontiert, daß zufriedene Bürger sich nicht persönlich zu Wort melden. Friedrich Fallmann war jener Bezirksrat, der mich ermutigte, die Postkartenbefragung durchzuziehen.

Wo bleibt die Ausgestaltung?

Drei Wochen später kamen die ersten Anfragen, wie denn nun die Ausgestaltung des Grabens aussehen werde. Die graue Asphaltfläche war ja wirklich nicht attraktiv. Erste Entwürfe wurden angefertigt. Sie waren ruhig und zurückhaltend. Wie am übrigen Graben waren Betonsteine vorgesehen. Kohlmarkt und Michaelerplatz sollten im gleichen Stil ausgestaltet werden. Die Kosten wurden mit 44 Millionen berechnet. Der Bezirk sollte ca. 10 % selbst tragen. Der Rest sollte aus überregionalen Mitteln bedeckt werden.

Einige Kaufleute des Kohlmarkts unter Führung des bekannten Juweliers Dr. Schullin wollten unbedingt eine Granitpflaster erreichen, was eine weitere Verteuerung um einige Millionen bedeutete. Schließlich bat man den bekannten Architekten Professor Hollein um Hilfe. Er entwarf ein wunderschönes Muster und vereinigte Beton und Granit zu einer sinnvollen Symbiose. Gleichzeitig gestattete man den Unternehmern künstlerisch gestaltete Hinweise auf ihren Betrieb. Ich wollte damit eine modellhafte Straßengestaltung erreichen und war daher an einer möglichst großen Anzahl an Teilnehmern interessiert. Leider blieben es nur sehr wenige. Trotzdem hat sich der Kohlmarkt als Elitestraße bewährt. Die Mehrkosten wurden von den Kaufleuten und der Stadt getragen, nur Professor Hollein wartet heute noch auf sein Honorar.

Der Michaelerplatz und die Stadtarchäologie

Für den Michaelerplatz wurde ein Kreisverkehr mit einer großen Mittelplatte entworfen. Problematisch ist dabei, daß der Platz einerseits keinen Mittelpunkt hat, alle Achsen verschoben sind und zwischen Kohlmarkt und Michaelertor um 1,5 Meter ansteigt. Weder die Achse Burgtor-Kohlmarkt noch die Achse Herrengasse-Reitschulgasse sind gerade. Beide sind leicht verschwenkt.

Interessant war auch, welche Schätze der Platz archäologisch bieten würde. Verlief dort tatsächlich der Limes, wo stand das alte Burgtheater wirklich? Wo war das Paradeisgartel? An diesen Ausgrabungen war nicht nur die Öffentlichkeit, sondern auch der Stadtarchäologe Dozent Ortolf Harl interessiert. Mich interessierte vor allem die Dauer der Ausgrabungen, weil ich an einer schnellen Fertigstellung interessiert war. Immer wieder hieß es: „Leider kein Geld!"

Erst als der Kohlmarkt fast fertig und der Standort des Burgtheaters fixiert waren, spendeten zwei Firmen je S 300 000.–. Damit hatte Harl endlich Mittel, um den Limes zu suchen. Ich war verzweifelt, denn nun rückte der Fertigstellungstermin des Michaelerplatzes in weite Ferne. Wenn Harl einmal gräbt, dann braucht er Zeit. Zwei Jahre hätte er Zeit gehabt, da gab es kein Geld. Jetzt vor der Fertigstellung flossen endlich die Mittel. Es war zum aus der Haut Fahren.

Das gesamte Mittelrondeau wurde aufgegraben. Von einer improvisierten Brücke schauten die Wiener und die Touristen interessiert zu. Mit Krampen, Bagger, Pinsel und Pinzette arbeiteten die Archäologen. Gefunden haben sie nichts, zumindest nichts Bedeutendes. Eine mickrige Weinranke war alles. Sie sollte angeblich auf ein römisches Puff hindeuten.

Zuschütten oder Offenlassen; Luigi Blau oder Hans Hollein?

Das Interesse der Wiener und der Touristen warf die Frage auf, ob man diese Zeugen der zweitausendjährigen Geschichte Wiens nicht zugänglich halten sollte. Ich hatte trotz eines entsprechenden Bezirksbeschlusses meine Zweifel.

Stadtrat Swoboda bat vier Architekten um Vorschläge. Bürgermeister Zilk rief alle zu einer Sitzung ins neueröffnete Café Griensteidl. Der Stadtrat, Senatsrat Pal von der MA 19, die Architekten Hollein, Blau, Peichl und Czech, sowie ich als Bezirksvorsteher waren gekommen. Zilk ging gleich in medias res: „Also, was gfallt euch besser?" Luigi Blau hatte in Anlehnung an die Louvrepyramide zwei kleine Pyramiden vorgesehen, Hans Hollein wollte einen Spalt in den Platz schneiden. Die Betrachter sollten drei Stufen hinuntersteigen. Damit würde die Brüstung kaum über das Platzniveau ragen. Ich meldete mich zu Wort und versuchte die Frage zu lancieren, ob man die Ausgrabungen nicht doch wieder zuschütten sollte. Zilk überging meinen Einwand. Die Modelle wurden gebracht und ausführlich diskutiert. Ich versuchte es nochmals. Wieder vergeblich. Die Entscheidung für Hollein rückte näher. Gustav Peichl stieß mich an: „Rühren Sie sich doch!“, ich probierte es nochmals. Wieder ohne Erfolg. Hollein bekam den Auftrag. Beim Verlassen des Lokals fragte mich Peichl: „Warum haben Sie nicht energischer eingegriffen?“ Auf meine Retourfrage, warum er sich nicht zu Wort gemeldet hatte, antwortete er: „Genügt es nicht, daß ich keinen Entwurf geliefert habe?“

Finanziert wurde das Projekt von einem bekannten Bauunternehmer, der sich dafür die Ehrenbürgerschaft von Wien erwartete. Das scheiterte allerdings am vehementen Widerstand der Opposition. Er hatte 3,5 Millionen vergeblich ausgegeben.

Hollein oder Harl? Die Weinranke

Hollein wollte die Achsen der Herrengasse und der Reitschulgasse fortsetzen. Damit wäre der Spalt sehr schmal und an seiner breitesten Stelle knapp über zwei Meter gewesen. Der Platzcharakter wäre voll gewahrt geblieben, eben ein kleiner chirurgischer Eingriff. Der Nachteil war nur, daß dann die hochberühmte Weinranke wieder in der Erde verschwunden wäre. Dozent Harl kämpfte und gewann. Der Spalt wurde auf fast sieben Meter verbreitert, so wie wir ihn heute kennen.

Die Funde wurden mit Beton gesichert. Was heute zu sehen ist, hat mit den Originalen kaum mehr etwas zu tun. Die echte Weinranke ist unbestätigten Gerüchten zufolge längst im Historischen Museum.

Die neuen Michaelerplatzpoller und die Holleinpoller

Schon bald nach meinem Amtsantritt war ich mit dem wichtigsten Stadtmöbel, das mir bis zu diesem Zeitpunkt keinerlei Begriff gewesen war, konfrontiert: mit dem Poller. Es sind dies jene im Stadtbild herumstehenden Stangen und Säulenstümpfe aus Metall oder Stein, die Gehsteige freihalten oder Fahrbahnen von Gehsteigen trennen sollen. Im Mittelalter wurden sie zum Anbinden der Pferde verwendet, später nur mehr aus Ordnungsgründen.

Für den Michaelerplatz waren ursprünglich historische Poller nachempfunden und erzeugt worden. Hollein entwarf dann zur Granitpflasterung passende kleinere granitene Poller. Lediglich bei der runden Einfassung mußte man auf Gußbeton zurückgreifen, weil die Ausführung in Granit zu teuer gewesen wäre. Einige der ursprünglichen Poller vom Michaelerplatz wurden dann hinter dem Rathaus verwendet, um wieder einmal Parkplätze wegzunehmen. Das Anerbieten, sie am Josefsplatz zu verwenden, wurde von der Burghauptmannschaft abgelehnt. Die derzeitige dortige Abgrenzung ist hoffentlich ein „Wiener“ Provisorium.

Der Stadtrat und die rote Laufschrift

Das Kapitel Michaelerplatz war aber noch nicht abgeschlossen. Eine erklärende Laufschrift, die in mehreren Sprachen die Geschichte des Platzes erklärt, sollte installiert werden. Stadtrat Swoboda bestand auf roten Buchstaben. Da ich in St.Gilgen auf Osterurlaub war, mußte die Frage telefonisch geklärt werden. Das Telefon lief heiß. Ich hatte einige Mühe, dem Stadtrat beizubringen, daß rote laufende Lichter gern von einschlägigen Etablissements verwendet werden. Da es keine schwarzen Leuchtbuchstaben gibt, konnte man mir keine ideologischen Motive unterschieben. Die Schrift wurde schließlich grün, gelb und rot.

Einen großen Vorteil hatte diese Auseinandersetzung. Ich mußte in Hinkunft meiner Familie nicht mehr erklären, wie schwierig es ist, mit dem Rathaus zu verhandeln. Sie hatte alles mitbekommen.

Kopfzerbrechen machte auch die nach der Straßenverkehrsordnung korrekte Beschilderung des Michaelerplatzes. Ein Schilderwald drohte. Schließlich verzichtete man auf 14 Schilder. Das Stadtbild ist gerettet. Die Übertretungen halten sich trotzdem in Grenzen.

Der Hohe Markt

Der Hohe Markt ist einer der schönsten Plätze des Bezirks. Der Vermählungsbrunnen und die Ankeruhr ziehen die Touristen magnetisch an. Vieles würde dafür sprechen, ihn fußgängerfreundlicher zu gestalten. Andererseits hat dieser Platz wichtige Verbindungen aufrechtzuerhalten. Die Citybusse 1A und 3A befahren ihn stadtauswärts. Auch für Radfahrer, Taxis und Fiaker ist diese Route offen. Der Individualverkehr verzichtet meist auf den Schleichweg Fleischmarkt, Bauernmarkt und verläßt den Bezirk über die Marienbrücke. Eine kleine Entlastung für den vielgeplagten Platz konnte damit erreicht werden.

Ursprünglich durfte man aus dem Bauernmarkt nur Richtung Rotenturmstraße abbiegen. Diese Lösung konnte den Bürgern und Geschäftsleuten aber nicht schmackhaft gemacht werden. Proteste und Telefonanrufe nahmen nicht ab. Wir mußten nachgeben und hoben die Abbiegegebote wieder auf. Natürlich fürchtete ich Proteste der Anrainer. Doch diese blieben aus. Die Maßnahme war offenbar schlicht und einfach falsch gewesen. 1997 mußten wir auf Drängen der Wiener Linien eine Sperrlinie anbringen und als das nichts brachte, die Parkspur teilweise opfern, damit die Citybusse die Fiaker überholen können.

Architektonisch sind noch deutlich die Spuren des zweiten Weltkriegs zu sehen. Bezirksrat Köhler hat in letzter Zeit die Pläne von Architekt Markus Spiegelfeld ausgegraben und versucht, mit den Hauseigentümern Kontakt aufzunehmen, um zumindest die Verschönerung der Fassaden zu erreichen. Die Renovierung der Häuser der Ankerversicherung ist gelungen, der Generalidurchgang ersetzt die alten Gebäude der Bundeskammer. Ein Trinkbrunnen von Professor Muhr öffnet die Passage zum Platz. Die Geschichte seiner Enthüllung wird noch an anderer Stelle erzählt werden. Daneben modert allerdings Ecke Tuchlauben ein 1855 erbautes Miethaus vor sich hin, Hauseigentümer war der Bund. Auch die Niederösterreichische Landeshypobank sollte die reichen Verzierungen ihres Jugendstilgebäudes wieder herstellen. Der Vorsprung unter dem Dach zeigt noch die alte Pracht. Das größte Problem wird wohl das im Eigentum von über 50 Wohnungseigentümern befindliche Haus 2–6 werden. Bei solchen Gelegenheiten zeigt sich leider die ganze Problematik der an und für sich großartigen Wohnungseigentumsidee. Solange auch nur ein Miteigentümer nicht mittut, kann eine Fassadenrenovierung nicht angegangen werden.

Die Salomoninsel

Salztorgasse, Vorlaufstraße und Marc Aurelstraße sind stark befahren. Sie erschließen den Bereich nördlich des Stephansplatzes. Bei der Einmündung der Vorlaufstraße war es immer wieder zu Problemen gekommen. Unklare Fußgängerquerungen und das Gerangel beim Einreihen sorgte immer wieder für Ärger und kritische Situationen. Erst als Ing. Salomon von der MA 46 vorschlug, eine Insel zu errichten, war die Lösung gefunden. Seither gibt es kaum mehr Probleme. Die Taxis dürfen wenden und Richtung Wipplingerstraße die Stadt verlassen; das Tempo wird reduziert und die Fußgänger sind abgesichert. Auch Ing. Wiedner, der die Strecke mit seinem Rollstuhl befährt, ist zufrieden. Vielleicht sollte man die interne Bezeichnung „Salomoninsel" zum Preise des Erfinders auch öffentlich verwenden?

Stubenbastei und Stubentor

Der Bau der U3 war in vollem Gange. Vom Westbahnhof sollte sie bis nach Erdberg führen. Vier Stationen sollten die Innenstadt erschließen: Bellaria, Minoritenplatz-Fahnengasse, Stephansplatz und Stubentor. Bei der Bellariastation entstand ein riesiges unterirdisches Bauwerk. Die Station erstreckt sich vom Volkstheater bis zum Ring. Die seicht liegende U2, die ehemalige Unterpflasterstraßenbahn (USTRABA), behindert den direkten Anschluß des Volkstheaters. Auch mein Wunsch, die Garage direkt anzubinden, blieb unerfüllt. Der Ausgang wurde schließlich in die Hofstallungen integriert. Er liegt aber exponiert. Nur wer in die Breitegasse will, kann unmittelbar weitergehen, Volkstheater, Café Raimund, der Justizpalast, ja sogar das gemeindeeigene Restaurant Wienerwald können nur nach Überquerung einer Hauptverkehrsstraße erreicht werden. Am Ring gab es weniger Probleme, schließlich war schon eine Passage vorhanden. Sie mußte nur adaptiert werden. Alle Bäume konnten in das vergrößerte Flugdach integriert werden. Zwei Stockwerke tiefer überrascht die Fahrgäste ein wunderbares Mosaik, das Anton Lehmden entworfen hat.

Die nächste Stationen bereiteten keine Probleme. Das Aufzugshaus am Minoritenplatz ist unauffällig und zweckmäßig und wird von den dort Beschäftigten gerne in Anspruch genommen, zumindest einmal sogar vom damaligen Vizekanzler der Republik. Und das kam so: Als die Riesendemonstration gegen Fremdenhaß, die Lichterdemonstration, sich dem Heldenplatz näherte, waren Alois Mock, Nationalrätin Ingrid Tichy und ich hilflos am Ring eingekeilt. Richtung Ballhausplatz gab es kein Durchkommen. Da beschloß Mock, noch zu arbeiten. Aber wie hinkommen? Alle Wege waren verlegt. Ich schlug vor, vom Volkstheater mit der U-Bahn zum Minoritenplatz zu fahren. Gesagt-getan. Vor der Sperre aber stellten wir fest, daß wir keinen Fahrschein für Alois hatten. Nur Ingrid hatte einen Fahrschein, ich hatte damals noch meine Netzkarte. Ingrid versprach auch, ihm die Karte zu überlassen, sollten wir kontrolliert werden. So benutzte er zum ersten Mal die U-Bahn und das auch noch als Schwarzfahrer.

Auch am Stephansplatz konnte der Anschluß an die U1 problemlos vollzogen werden. Nur bei der Station Stubenring waren umfangreiche Gestaltungsmaßnahmen geplant. Die Aufträge waren längst vergeben, die Bauarbeiten im vollen Gang. Ich konnte weder das monströse Stationsgebäude am Ring, noch die Ziegeldreiecke in der Stubenbastei verhindern. Der futuristsche Radständer behindert noch heute die Fußgänger. Vor der Wollzeile wurde die Fahrbahn auf Gehsteigniveau angehoben. In die Pflasterung wurde der Grundriß des ehemaligen Stadttores intarsiert. Beim Stiegenabgang wurde die alte Stadtmauer ausgegraben und rekonstruiert. Dabei kann man sehen, wie tief ursprünglich das Niveau vor der Stadtmauer war. Das veranlasste die Elternvertreter der Volksschule Stubenbastei aktiv zu werden. Ein Kind könnte auf die 1 Meter 30 hohe Mauer steigen und von dort 4 Meter 50 in den Stadtgraben fallen. Mehrere Kommissionen beschäftigten sich mit der Materie. Wie verhindert man, daß das Kind überhaupt auf die Mauer steigt? Welche Sorgfaltspflichten haben Eltern? Schließlich einigte man sich auf das Anbringen eines Netzes. Es ziert noch heute diesen Abgang. Hinuntergefallen ist bisher niemand.

Ebenfalls als problematisch wurde der Fußgängerübergang betrachtet. Einerseits mußten die Autos auf das Gehsteigniveau hinauffahren, andererseits war der Fahrbahnbereich durch eine Pollerreihe gesichert. Damit sollte vermieden werden, daß die Autos links oder rechts in die Fußgängerbereiche einfahren. Die Pollerserie veranlasste aber die Autofahrer sich im Recht zu fühlen und Gas zu geben, wenn die Ampel am Ring Grün zeigte. Rechtlich waren sie zwar eindeutig benachrangt, aber wem nutzt das etwas, wenn ein Kind zu Schaden kommt. So wurden nach langem hin und her Ketten zwischen die Poller gespannt und zwar versetzt, damit die Kinder nicht gerade hinüberlaufen können. Zuguterletzt wurde auch die Rampe etwas steiler angelegt, damit die Autos bremsen müssen. Die Fahrgäste im Bus werden allerdings kurz vor der Endstation noch einmal durcheinandergewirbelt. In der Früh wird die Stelle außerdem durch einen Schülerlotsen abgesichert. Bisher ist nichts passiert. Die Architekten haben sich durchgesetzt. Eine vorausschauendere Planung hätte die Probleme aber vermeiden können. Großen Zuspruch findet auch der Brunnen vor der Schule auf der Stubenbastei. Wenn man die Düse zuhält, kann man bis zu drei Meter weit spritzen. Das sorgt für Unterhaltung. Nach Einbau einer Schaltuhr ist der Brunnen jetzt in der Früh und zu Mittag, wenn die Kinder in die Schule kommen oder sie verlassen, abgeschaltet.

DAS HAASHAUS

Die Beschlüsse des Bezirks

Das alte Haashaus am Stock-im-Eisenplatz siechte dahin. Die Firma Haas & Söhne hatten es gebaut. Im Interesse des öffentlichen Verkehrs mußte nach dem Krieg die Baulinie um einige Meter zurückgenommen werden. Vor dem Haashaus hielten die Buslinien, die die Stadt querten. Der 7er vom Franz-Josefsbahnhof zum Südbahnhof und der 5er von Währing bis zum Westbahnhof. Da der Stephansplatz nun Fußgängerzone war, konnte die Baulinie wieder nach vor gezogen werden.

Die Wiener Städtische und der Wiener Verein kauften das Haus und ließen es abreissen. Der erste Entwurf des Architekten Hollein sah einen eckigen Bau mit einem kantigen Turm vor. Schon bald aber entwarf Hollein ein avantgardistischeres Gebäude. Der Turm wurde rund, die Stockwerke sollten jeweils 40 cm über das darunterliegende hinausragen. Der Turm sollte auf zierlichen Säulen ruhen. Die Fensterachsen des Grabens wurden in den Bau hinein fortgesetzt. Die Bezirksvorstehung war aus Gründen des Ensembleschutzes dagegen.

Die neue Bauordnung

In der Bauordnung war klar die Angleichung an das umliegende Ensemble vorgeschrieben. Das Stephansplatzambiente war allerdings in den letzten Tagen des Zweiten Weltkrieges arg strapaziert worden. Schmucklose Neubauten säumen den Platz an der Westseite. Im Sinne des Ensembleschutzes wäre ein Haus im „Nachkriegsemmentalerstil“ zu errichten gewesen. Ohne große Skrupel beschloß die sozialistische

Rathausmehrheit eine Novelle zur Bauordnung. Flugs wurde das Wort „zeitgemäß" eingefügt. Rechtsstaatliche Bedenken gegen jede Form der Anlaßgesetzgebung wurden beiseite gewischt. Wenn es um eigene Interessen und eigenes Geld ging, gab es keine Bedenken.

Das war die verfahrene Situation, in die ich als neugewählter Vorsteher einstieg. Als ich Erhard Busek um Rat fragte, sagte er nur: „Wenn dort einer was Gescheites hinstellen kann, dann ist es der Hollein." Ich ging daher mit einer etwas anderen Einstellung an die Sache heran. Schließlich hat Wien eine ganz eigene Baukultur, die dem Neuen immer aufgeschlossen war.

Wer mit offenen Augen durch Wien geht, wird sehen, daß es immer Alt neben Neu gibt. Altes wird erhalten, Neues danebengebaut. Allein die Kärntnerstraße vereinigt Zeugen der verschiedensten Epochen, vom Palais Esterhazy über die Malteserkirche bis zu den unterschiedlichsten Stilen der Ringstraßenzeit, von den Zweckbauten der Nachkriegszeit gar nicht zu reden.

Auch der Stephansdom hat ein romanisches Portal, der restliche Bau ist aus der Gotik, die Altäre sind barock, Boden und Kommunionbank sind aus den Fünfzigerjahren des 20. Jahrhunderts. Wien war immer eine Stadt der architektonischen Erneuerung.

Jenewein und Hollein – Ein wichtiger Abend

Jean Francois Jenewein, ein Freund aus alten Management-Club-Tagen, bot sich eines Tages an, mich mit Hans Hollein zum Abendessen einzuladen. Auch die Damen sollten dabei sein. Ich griff sofort zu. Ist doch Jenewein der Schwager des Architekten. Wir schmausten im Hause Da Conte. Hollein war mißtrauisch, taute aber langsam auf. Beim Schnaps im Push-in beschlossen wir, noch in die Eden-Bar zu gehen.

Volle Zustimmung fand ich, als ich die häßliche Ampel an dem Hause Singerstraße 1 apostrophierte. Sie ist nicht nur funktionslos, sondern auch keineswegs dem Ensemblegedanken entsprechend. Beim Eintritt in die Eden herrschte schon vertrautere Stimmung. Eine Diskussion über funktionslose Bauteile begann. Sie gipfelte in meiner Frage: „Sind die zierlichen Säulen am Haashaus nicht funtionslos?“ Eine längere Auseinandersetzung gab es über die Reinigungsfrage. Sollte das Haashaus von oben mit einer Gondel gereinigt werden, dann würde diese im 1. Stock 6 mal 40 cm also 2 Meter 40 weit weg von den zu putzenden Scheiben hängen. Professor Hollein hörte sich alles an, sagte wenig.

Drei Wochen später war die nächste Bauverhandlung. Ich entsandte einen versierten Bezirksrat, der die ganze Entwicklung noch unter meinem Vorgänger mitgemacht hatte. Entsetzt kam er sofort Bericht zu erstatten. „Das Haashaus schaut jetzt wieder ganz anders aus. Und wenn ich darauf hingewiesen habe, hat es geheißen: Der Herr Bezirksvorsteher wünscht das so!“ Mein guter Bezirksrat war verwirrt. Aus dem Turm war ein Erker geworden, der nicht mehr auf funktionslosen Säulen ruhte, die Fassade war von oben bis unten eine senkrechte Gerade

Das neue Haashaus

So entstand nun ein postmoderner Entwurf mit einem schräggestellten Würfel im ersten Obergeschoß, einem Flugdach und einem Tempel in lichten Höhen. Schon im Modell hinreissend die Stiegenanlagen, ineinander verschachtelt, trotzdem leicht und schwebend. Das Glasdach über der Stiegenanlage vermittelt den Eindruck Tageslicht hereinzulassen. Der Haupteingang ist vom Stock im Eisen Platz, ein Nebeneingang vom Graben her gedacht. Wegen der zurückgenommenen Fassade ist auch der Blick vom

Graben auf den Dom ungetrübt. Geplant war auch ein Pavillon über dem U-Bahnaufgang am Graben. Da ich keine weitere Verhüttelung der Innenstadt wollte, kämpfte ich dagegen an. Außerdem wäre der Blick auf den Dom stark beeinträchtigt gewesen. Viele schlossen sich meiner Meinung an, zu guter Letzt setzten wir uns durch.

Hollein wollte Stephansplatz und Stock im Eisen Platz durch drei Säulen trennen. Auch hier gab es viele Menschen, die dagegen waren. Der Wiener Erzbischof Kardinal Groer fürchtete um die Fronleichnamsprozession, wollte sich aber selbst nicht einschalten. Hollein ging von seiner Meinung nicht ab.

Für den Platz selbst entwarf er eine wunderschöne Bodengestaltung, in die er Lichtpunkte setzte. Leider sind die Lichtquellen genau so störungsanfällig wie befürchtet. Ursprünglich waren sie von geschliffenem roten Granit umgeben, der glatt und daher gefährlich war.

Als wieder einmal eine Dame ausrutschte und sich noch gerade fangen konnte, stürzten zwei grüne Bezirksrätinnen auf sie zu und fragten, ob sie nicht dem Bezirksvorsteher von dem Vorfall berichten sollten. Die Dame lehnte dankend ab: „Wissen Sie; ich bin nämlich mit ihm verheiratet."

Ernst Wolfram Marboe lud zu einer TV Konfrontation ins Haashaus. Zilk machte den Kulturkritiker der Presse in äußerst unfairer Weise fertig. Ich kam daher aus der Buhmannrolle locker heraus. Ich wünschte dem Haus vor allem kommerziellen Erfolg. Hollein verteidigte sein Haus. Offen war nach wie vor die Frage nach den drei Säulen. Zilk hielt sich überraschenderweise heraus und schob die Verantwortung auf Hollein und mich. Da ruht sie noch heute.

Von Anfang an in Frage stand der kommerzielle Erfolg des Hauses. Die Vermietung wurde vom Immobilienmanager der Städtischen vorgenommen, der knapp vor seiner Pensionierung stand. Er nahm wahllos jeden Interessenten, der bereit war, den geforderten Mietpreis zu zahlen. Auf eine ausgewogene Auswahl der Betriebe wurde keine Rücksicht genommen. Schon bald stellte sich heraus, daß die geforderten Mieten nicht zu verdienen waren. Mieter wechselten, die Miete mußte zurückgenommen werden. Die Amortisationszeit dehnt sich ins Unabsehbare. Selbst die Geschäfte im Erdgeschoß waren keineswegs von Anfang an zufrieden. Die Innengestaltung des Hauses ist für ein Einkaufszentrum dieser Größe falsch. Außerdem hat man mit Rücksicht auf die vermietbare Fläche auf eine großzügige, einladende Eingangslösung verzichtet. Der Eingang vom Graben ist bestenfalls ein Notausgang.

Ein Renner war sofort das Restaurant Do & Co im obersten Stock. Von fast allen Tischen hat man ein wunderbarer Blick auf den Dom, das Angebot ist exzellent, die Bedienung freundlich und schnell. Das Plattengeschäft im dritten Stock zog anfangs viele Jugendliche ins Haus, hat aber inzwischen die Segel gestrichen. In der ersten Zeit war der Andrang der Schaulustigen so groß, daß ein privater Bewachungsdienst engagiert werden mußte.

Natürlich wollte Do & Co einen Schanigarten vor dem Haashaus installieren und diesen vom sechsten Stock aus bedienen. In Wirklichkeit war das kein Schanigarten, sondern eigentlich ein eigener Betrieb. Ich wollte vermeiden, daß der Platz mit Vitrinen vollgerammelt wird und sträubte mich so lange es ging. Hollein entwarf die Schirme. Sie waren nicht nur unpraktisch, sie nutzten weder gegen Regen noch Sonne. Sie wurden bald durch Standardschirme ersetzt. Ein großer Renner ist der Schanigarten nie geworden. An einem eher ungemütlichen Eck gelegen lädt er kaum zum Verweilen ein.

Schauflächengestaltung

Unmittelbar nach meinem Amtsantritt hatte ich Ortsaugenscheine einzuteilen. Dabei mußte ich den Gegenstand der Verhandlung überprüfen und einen Bezirksrat einteilen. Wenn es notwendig war, mußte ich auch eine direkte Weisung erteilen. Bei Routineangelegenheiten weiß der Bezirksrat meist selbst, worauf er zu achten hat. Im Jahr sind das etwa 2500 Verhandlungen, bei denen der Bezirk mitzureden hat.

Eine der ersten Verhandlungen bezog sich auf die Neugestaltung von „Sichtflächen" des Hotels am Stefansplatz. Ahnungslos teilte ich ein. Durch Zufall kam der Bezirksrat unmittelbar nachher in die Vorstehung und berichtete so nebenbei, daß die Fassade des Hotels sehr schön werde. Ich wurde sofort hellwach und ließ mir die Pläne kommen. Die Emmentalerfassade sollte mit Säulchen und Balkonen verschönt werden. Die Fassade des Hotels nimmt etwa zwei Fünftel des gesamten Häuserblocks zwischen Goldschmiedgasse und Jasomirgottstraße ein. Ich fragte sofort, ob auch die übrigen drei Fünftel ebenso ausgestaltet werden würden. Die Versicherungsgesellschaft, der das Nachbarhaus gehört, dachte nicht daran. Ich erhob innerhalb der 24 Stundenfrist, die dem Bezirksvorsteher offensteht, Einspruch. Das war eine Aufregung. Alle anderen hatten bereits zugestimmt.

Für mich war aber klar, daß dieser Häuserblock, wenn er schon neugestaltet werden sollte, nur einheitlich ausgeführt werden könnte. Die MA 19 – für die Stadtbildgestaltung zuständig – änderte sofort ihre Stellungnahme und trat meiner Meinung bei. Umfangreiche Verhandlungen folgten. Zilk schaltete sich ein. Hollein entwarf eine Fassade für den gesamten Block, mit einer Überdachung der Goldschmiedgasse. Das wollten die Eigentümer des Hotels am Stephansplatz schon gar nicht. Man bot ihnen Mittel aus dem Altstadterhaltungsfond an. Auch das konnte sie nicht umstimmen. Ich wurde beschuldigt, der Wiener Baumafia anzugehören. Leider haben wir noch immer die Nachkriegsfassade.

DAS PARKPICKERL

Eine unendliche Geschichte

Schon unter meinem Vorgänger strebte der Bezirk eine Parklösung für die Bewohner an. Die Entwicklungen in Graz und in anderen Landeshauptstädten wurden genau verfolgt. Man mußte zur Kenntnis nehmen, daß die grünen Zonen (für Bewohner reservierte Plätze) vor dem Verfassungsgerichtshof nicht hielten. Das Modell, das mein Freund Erich Edegger in Graz erprobte, war damit gestorben. Andererseits gibt es auf der ganzen Welt Maßnahmen zugunsten der Wohnbevölkerung, warum sollte das in Wien nicht möglich sein.

Also wurde die Kurzparkzone mit Ausnahmsgenehmigung für Bewohner angestrebt. Das kam auch der innerstädtischen Wirtschaft zugute, die ja schon immer mehr Kurzparkzonen haben wollte.

Die sozialistische Rathausmehrheit, allen voran Vizebürgermeister Hans Mayr, dachte an allgemeine Parkplatzgebühren. Die verkehrspolitischen Konsequenzen waren ihm gleichgültig.

Universitätsprofessor Günter Winkler erstellte ein Verfassungsgutachten mit folgendem Ergebnis: Wie kommt ein Einpendler aus Apetlon dazu in Wien nicht parken zu dürfen, wenn alle Wiener in Apetlon parken dürfen.

Zilk und ich am Graben

Ich nutzte jede Gelegenheit, um das Thema immer wieder anzuschneiden. Manchmal auch zur Unzeit. Bürgermeister Zilk war schon so entnervt, daß er meine Stellvertreterin und mich am Graben lautstark zurechtwies. Das amüsierte einige Passanten sehr und machte schnell die Runde. Trotzdem verging die erste Legislaturperiode ohne Erfolg. Erst in der zweiten Periode fand sich in Stadtrat Swoboda ein Fürsprecher in der Rathausriege. Dieser wollte es sich aber mit niemandem verscherzen, hoffte er doch, selber Bürgermeister zu werden. Schon gar nicht wollte er sich mit seinem allmächtigen Parteiobmann Hans Mayr anlegen.

Zilk und die Journalisten

Es ergab sich im „Schwarzen Kameel" eine Unterhaltung mit Journalisten. Der Bürgermeister pries seine Liberalität und seine Gesprächsbereitschaft. Er wollte von mir eine Bestätigung: „Net wahr; mit mir kann man über alles reden?" Ich stimmte zu: „Das stimmt, nur nicht über das Parkpickerl!". Jetzt konnte er nicht mehr zurück: „Dann reden wir eben auch darüber." Ich war vorsichtig: „Aber keine Alibigespräche, sondern ein Abwägen der Vor- und Nachteile." Daß ich auch an Nachteile dachte, beeindruckte ihn scheinbar. Wir wurden ins Rathaus geladen. Dem äußeren Anschein nach verlief das Gespräch wie fast alle Gespräche, nämlich unbefriedigend. Ich ging eher deprimiert wieder ins Büro. Als ich dort ankam, erwartete mich bereits ein Anruf des Bürgermeisters. Eines seiner berühmten Blitzgespräche: „Also eins sag ich Ihnen. Wenn das Parkpickerl kommt, dann wird der Judenplatz autofrei!" Da wußte ich, daß der Durchbruch geschafft war. Es wurde übrigens damals doch der Josefsplatz, der Judenplatz wurde erst in Folge der Errichtung des Mahnmals autofrei.

Einigkeit im Bezirk und im Gemeinderat

Im Bezirk waren alle Fraktionen mit dem Parkpickerl einverstanden. Schon bald stellte sich heraus, daß auch in den Gemeinderatsfraktionen alle dafür waren. Das sollte sich in den Verhandlungen als sehr nützlich erweisen. Die Gegner hatten nämlich keineswegs aufgegeben. Sie erhofften in den Detailgesprächen die Maßnahme noch verhindern zu können.

Unter dem Vorsitz von Planungsdirektor Klotz wurde eine Arbeitsgruppe eingerichtet. Ich wurde stellvertretender Vorsitzender. Das war ungewöhnlich, hat aber dann sehr genutzt. Die Bezirksvertretungsfraktionen, die befaßte Beamtenschaft, auf mein Betreiben auch die Gemeinderatsfraktionen, ÖAMTC, ARBÖ, die Arbeiterkammer und die Wirtschaftskammer waren vertreten. Unterlagen aus den Landeshauptstädten und aus der ganzen Welt wurden herbeigeschafft. Klotz hatte ja in Innsbruck Erfahrungen gesammelt.

Eine neue Abgabe oder eine neue Verkehrspolitik

Schon bald stellten sich die Vertreter der MA 4, das für Wiens Finanzen zuständige Magistratsamt, als die eigentlichen Bremser heraus. Verfassungsbedenken wurden eingebracht. Das Winklergutachten wurde nochmals zerpflückt. Schließlich wurde ein Entwurf vorgelegt, der den Autofahrer Geld gekostet, aber keine verkehrspolitische Auswirkung gehabt hätte. Das war sogar den sozialistischen Gemeinderäten zuviel.

Die Kurzparkzone mit Ausnahme für die Bewohner wurde endlich ernsthaft diskutiert. Die Wirtschaftskammer machte sofort auf die Notwendigkeit für Betriebe aufmerksam, auch die Arbeiterkammer wollte für ihre Mitglieder Ausnahmen.

Schließlich einigte man sich auf die grundsätzlichen Positionen:

1. Ausnahmen für Bewohner, die im Bezirk ihren Hauptwohnsitz haben. Bewiesen sollte das mit der Wahlberechtigung werden.

2. Keine Befreiung von der Pickerlpflicht gibt es für Betriebe zum Warentransport, die den ganzen Tag unterwegs sind und für jene, die nur einmal in der Woche Transporte durchführen.

3. Ausnahmen für Arbeitnehmer (das wurde auf mein Betreiben in arbeitende Menschen umformuliert), die vor fünf Uhr früh ihren Dienst antreten müssen oder nach 24 Uhr ihren Dienst beenden.

Betroffen waren demnach die Berufspendler, die täglich in der Früh den Bezirk anfuhren, im Auto frühstückten und am Abend wieder heimfuhren. Wieviele das sein würden, war anfangs nicht klar. Deshalb faßten wir die Bedingungen sehr eng. Sie haben sich sehr bewährt, auch wenn sie bei der Einführung großen Unwillen auslösten, weil natürlich jeder überzeugt war, daß gerade er seinen Wagen unbedingt benötige.

Verwaltungsabgabe oder Pauschalierung

Bis zuletzt heftig umstritten war natürlich der Preis. Klar war, daß die Ausnahme nicht gratis sein würde. Die Grünen wollten möglichst nahe an den Garagenpreis und landeten bei 6000.– S in Kombination mit einer Streckenkarte der Verkehrsbetriebe. Volkspartei und Freiheitliche wollten lediglich eine Verwaltungsabgabe entrichtet wissen. Die MA 4 und die Sozialisten verlangten S 180.– pro Monat. Das wären mit der Verwaltungsabgabe fast 3000.– S gewesen.

In einem Gespräch mit Zilk, Mayr und Svoboda einigten wir uns auf S 110.– im Monat. Vizebürgermeister Mayr wurde von Zilk und Swoboda an den Händen gehalten, damit er seiner Empörung nicht Ausdruck geben konnte. Er war noch immer gegen das Pickerl.

Ich eilte sofort in den Bezirksvorsteherclub. Dort waren alle Vorsteher und Stellvertreter der ÖVP versammelt. Ich berichtete von der Einigung. Alle gratulierten mir. Bezirksvorsteher Schmied vom 9. Bezirk sagte: „Ich war bisher dagegen, aber bei S 110.– bin ich auch dafür." Nicht so mein Parteiobmann Wille, dem die Sache zu schnell ging. Nach einigen Tagen konnten wir auch ihn überzeugen.

Seine Grundsatzposition, daß lediglich die Verwaltungsgebühr einzuheben sei, blieb aber unverändert.

Die Verwaltung

Jetzt mußten die bürokratischen Voraussetzungen geschaffen werden –, für die Ausgabe, für die Unternehmerausnahmen, für die arbeitenden Menschen. Beamte wurden eingeschult, Computer wurden angeschafft, Formulare wurden entworfen. Gerade diese Erfahrungen haben mich von der Effizienz der Wiener Beamtenschaft überzeugt. Ich hatte mir viel größere Probleme erwartet. Ohne Widerstand wurde das Bezirksamt länger offen gehalten, alle waren erstaunlich gut informiert.

1. Juli 1993. Es ist soweit

Bereits drei Monate vor dem Inkrafttreten konnten die Parkpickerl behoben werden. Anfangs mit großer Begeisterung, später nur sporadisch, kamen die Bürger. Erst knapp vor dem Termin und vor allem kurz nach dem Inkrafttreten war der Andrang enorm. Gestraft wurde vom ersten Tag an. Der Versuch einer Übergangsfrist wurde bald abgebrochen.

Anfangs war der Erfolg enorm. Die Straßen waren leer. Man fand locker einen Parkplatz. Noch hatte sich nicht herumgesprochen, daß man 1 ½ Stunden stehen bleiben darf. Das hat sich inzwischen geändert.

Die Troubles

Doch die Schwierigkeiten begannen erst. Jeder hatte besondere Notwendigkeiten, warum er unbedingt sein Auto in der Innenstadt braucht. Auch das Verlangen nach Beweisen wurde von vielen Unternehmern als Zumutung empfunden. Insbesondere dann, wenn die so schön formulierte Begründung im Grunde erstunken und erlogen war.

Besonders ärgerte, daß es für Betriebs-Pkw keine Ausnahme gab. Dieses Prinzip haben wir bis heute durchgehalten. Dabei gab es Betriebe, für die es wirklich eine Härte war, etwa für eine Blumenhandlung, die mehrmals in der Woche Kränze auf Friedhöfe zu führen hat. Aber auch für die gab es keine Ausnahme.

Ein langes Gespräch hatte ich mit einer Unternehmerin aus Währing, die von mir wissen wollte, ob sie in der Stadt noch Aufträge annehmen solle. Sie könne ja nun nicht mehr parken. Die Ausnahme für Werkstattautos stand ihr ohnehin zu, sie hätte nur S 12,– für die Stunde zu zahlen. Erst meine Frage: „Wo haben sie denn bisher geparkt?“ brachte sie zum Einlenken, denn vor der Einführung gab es ja wirklich keinen Parkplatz.

Schwieriger hatte es ein Parlamentsmitarbeiter, dessen Freundin im 21. Bezirk gemeldet war. Sie kam jeden Tag ab 16 Uhr in seine Wohnung in der Innenstadt. Eine Ummeldung hätte ihr Verhältnis legalisiert. Ob die Freundin jetzt erst um 17 30 Uhr kommt und für 1 ½ Stunden bis 19 Uhr zahlt, habe ich leider nie erfahren.

Ein anderer hatte endlich in Bisamberg einen erträglichen Steuerreferenten gefunden. An eine Rückmeldung in die Innere Stadt war daher keinesfalls zu denken.

Wieder ein anderer hatte zweifelsfrei den richtigen Hauptwohnsitz, war aber Ehrenobmann des ÖAMTC in seiner Heimatstadt und hatte daher ein Bundesländerkennzeichen.

Niki Lauda

Großes Medienecho fand die Tatsache, daß man Niki Lauda mit seinem Leasingauto ohne Hauptwohnsitz im 1. Bezirk das Pickerl verweigerte. Er beschwerte sich auch in seiner Kurierkolumne darüber. Ich bin ihm heute noch dankbar dafür, weil ab diesem Tag alle Schiebungsgerüchte vom Tisch waren.

Einigen wenigen Hinweisen aus der Bevölkerung bin ich nachgegangen. Meist war die Ausgabe zurecht erfolgt. Ausländische oder niederösterreichische Kennzeichen können, wenn alles sonst stimmt, durchaus zumindest kurzfristig mit dem Pickerl vereinbar sein.

Im Frühjahr 1997 machten die Grünen die Vergabepraxis nochmals zum Problem. Sie behaupteten, daß in einigen Geschäftsstraßen tagsüber mehr Pickerlautos stünden als in der Nacht. Daraus leiteten sie ab, daß es eine Pickerlvergabe nach Scheinanmeldung gäbe. Auszuschließen ist das natürlich nicht. Groß kann die Anzahl dieser erschwindelten Genehmigungen aber nicht gewesen sein. 4800 Ausnahmsgenehmigungen für fast 21 000 Bewohner liegt eher unter dem Motorisierungsgrad. Auch die Anzahl der Wähler hat sich kaum verändert. Nur diese erhalten aber problemfrei das Pickerl.

Die anderen wollen auch

Durchaus unterschiedlich reagierten die anderen Bezirke. Manche blieben skeptisch, aber bald wollten einige andere möglichst schnell ebenfalls ein Bewohnerpickerl. Die Vorteile lagen auf der Hand. Exakte Analysen überließ man den Fachleuten. Das Verhältnis zwischen Oberflächenstellplätzen und angemeldeten Autos im Bezirk wurde nur nebenbei überprüft. Die Erwartung der Wohnbevölkerung kurz abgefragt.

Ein Blick in den benachbarten Ersten war überzeugend. Man einigte sich, die Erweiterung in den Bezirken 6, 7, 8 und 9 zu erproben. Wieder wurde eine Arbeitsgruppe eingesetzt. Planungsdirektor Klotz war nur mehr Berater. Den Vorsitz führte der Umwelt- und Verkehrsstadtrat Svihalek. Stadtrat Swoboda hospitierte nur in der ersten Sitzung. Die erste Einigung war gruppendynamisch hochinteressant: „Bei uns ist alles ganz anders als im Ersten". Daraus ergab sich die Notwendigkeit, eine andere Lösung zu finden.

Die „andere" Lösung

Es gab eine ausführliche Diskussion, bei der die weit besser informierten Beamten wieder den Ton angaben. Die Technostruktur hatte beim Probelauf das Risiko nur zu gern einem Bezirkspolitiker überlassen, jetzt, da scheinbar alles klar war, klopfte sie wieder auf den Tisch. Damit etwas anders wird, wurde die maximale Stehzeit auf zwei Stunden ausgedehnt und die Endzeit bis 20 Uhr. Natürlich begann auch die Wirtschaftskammer sofort mit ihren Forderungen Druck zu machen. Sie verlangte Ausnahmsgenehmigungen für Hotels und andere Feinheiten.

Dieses Maßnahmenpaket wurde von den Beamten, die zwei Jahre lang über die Ausnahmen entscheiden mußten, mit großer Sorge beobachtet. Immer wieder wurde ich gerade von diesen Praktikern informiert und um Hilfe ersucht. Ich konnte wenig helfen, weil meine Kollegen nur sehr peripher an harten Tatsachen interessiert waren.

Im ersten Bezirk aber entstand das Gefühl, daß es besser sei, die anderen ihre Beschlüsse selbst ausbaden zu lassen. Vor allem wollte man die erprobte Lösung nicht in Frage stellen. Kritisch wurde es, als die anderen sich auf 20 Uhr festlegten, weil der Erste ja an einer Ausweitung der Bewirtschaftungszeit interessiert war. Stadtrat Svihalek versprach dem Bezirk die 22 Uhr-Lösung schon für Jahresanfang 1996. Daher war das Mitgehen mit der 20 Uhr-Lösung auch eine finanzielle Frage. Allein das Umbeschildern bei den 41 Einfahrten in die Innere Stadt hätte an die 100 000.– S gekostet, und das für möglicherweise nur 5 Monate. Wir wollten da lieber abwarten. Unsere eigene Lösung hatte sich schließlich bewährt.

Die Überlappungszone

Besonders drängte der 8. Bezirk. Man wollte Parkplätze für ihre Bewohner im ersten Bezirk. Die Josefstadtpolitiker überboten sich an Forderungen, weil ihr Bezirk derart überlastet sei, daß die vorhandene Fläche bei weitem allein für die Bewohnerhaushalte nicht ausreichen könne. Bewohner und Kurzparker müssten in die benachbarten Bezirke ausweichen. Svihalek blieb anfangs hart und versprach in einer Verkehrskommission, daß wir bald in der Inneren Stadt die 22 Uhr-Lösung zu erwarten hätten und daß eine Überlappung der Zonen nicht in Frage käme. Aus der MA 46 kamen ebenfalls beruhigende Nachrichten. Eine Überlappung sei durch eine Verordnung nicht zu machen. Erst im Frühjahr 1996, im Rahmen des Vorwahlkampfes, fiel Svihalek um. Er rief mich an, um mir mitzuteilen, daß die Überlappungen nun doch kämen. Es würden Einzelbescheide erlassen werden. Auf jedem Bescheid waren die Straßenzüge des Ersten angeführt, in denen die Bewohner des Achten auch parken dürfen. So umging man das Problem der Verordnung. Ein Einzelbescheid ist keine Verordnung und daher rechtlich zulässig.

Skurril war, daß in der Hektik auch Bewohnern des Ersten extra erlaubt wurde, in den Straßen des Rathausviertels, das ja zum ersten Bezirk gehört, zu parken. Schlamperei hatte wieder einmal große Aufregung verursacht.

Die Empörung der Bewohner des Rathausviertels war groß. Sie sind ja durch die zahlreichen Veranstaltungen am Rathausplatz ohnehin stark benachteiligt, weil die Besucher nächtens die Parkplätze blockiern. Ebenso wie die Bewohner empörte mich aber die Tatsache, daß es den Bewohnern des Ersten nicht erlaubt wurde, auf der Landesgerichtsstraße vor ihrer Haustüre zu parken, weil die Fahrbahn bereits zum Achten gehört. Svihalek gab wieder einmal nach und sagte mir die Beseitigung dieser Ungerechtigkeit zu. Es hat dann bis 1998 gedauert, bis die Bewohner vor ihren Häusern parken durften.

Auch mit Bezirksvorsteher Benke vom Neunten einigte ich mich. Hier war vor allem die Maria Theresien-Straße betroffen. In dieser Straße gibt es genügend Parkplätze.

DER KARLSPLATZ UND ANDERE SOZIALPROBLEME

Vertreiben oder Helfen?

Wie in jeder Großstadt sammeln sich an den Hauptverkehrsknotenpunkten die Randgruppen der Gesellschaft. Sandler, Obdachlose, Drogensüchtige und Kriminelle. In Wien waren die Bahnhöfe vor allem von verschiedenen Gastarbeitergruppen besetzt, andere Randgruppen konzentrierten sich am Karlsplatz in den Passagen der U-Bahnstation. Von vornherein war klar, daß das Problem an der Wurzel zu packen sei. Ein simples Vertreiben wurde zwar von vielen gefordert, war aber allein kaum zielführend. Es waren gleichzeitig soziale Maßnahmen notwendig, sonst wäre nur eine Verlagerung in andere Stationen zu erreichen gewesen.

Die Interprofessionelle Arbeitsgruppe

Auf Anraten meines Büroleiters Michael Vorlaufer gründete ich eine Arbeitsgruppe, zu der ich alle Betroffenen bat. Gemeinsam mit meinem Kollegen Lengheimer vom vierten Bezirk berieten wir mit den beiden Bezirkspolizeikommissariaten, den Streetworkern, der „Gruft“ und einigen christlichen Gruppen, was zu tun sei. Zuerst war vor allem das Vertrauen zwischen den sozial Engagierten einerseits und der Polizei andererseits herzustellen. Der Beginn der ersten Sitzung war ein Horror. Es gab vor allem gegenseitige Beschuldigungen und Vorwürfe. Die Polizei sei faschistoid, die Sozialarbeiter wollten doch nur, daß die Drogendealer ungestört arbeiten könnten. Es dauerte sehr lang, bis beide Seiten begriffen, daß sie eigentlich dasselbe wollten, nämlich weniger Drogen, weniger Verbrechen und weniger Drogentote.

Ein Arbeitsraum für die Sozialarbeiter

Als erste Maßnahme wurde beschlossen, für die Sozialarbeiter einen Stützpunkt zu eröffnen, damit sie ihre Arbeitsbehelfe lagern und Einzelgespräche mit Drogensüchtigen führen können. Es war nicht leicht, einen solchen Raum zu finden. Argwöhnisch beobachtet von den Sicherheitswachebeamten, die seit Jahren in einem kleinen Loch ihre Arbeit verrichten mußten.

Haschisch und Wiener Mischung

Die Drogenszene am Karlsplatz regt vor allem die Passanten auf. Tagsüber befänden sich „wilde Gestalten" im Bereich vor dem U-Bahnabgang. Manchmal gehen sie Vorübergehende um Zigaretten und Geld an. Für ältere Frauen und Mütter mit kleinen Kindern konnte die Situation ungemütlich werden. Die ersten Proteste kamen daher von den Eltern der Evangelischen Schule. Die Kinder mußten ja täglich dort vorbei. Dabei stellte sich bald heraus, daß die Probleme vor allem nachmittags auftauchen. Vor acht und zwischen zwölf und ein Uhr war noch nichts zu befürchten. Verstärkte Polizeistreifen sollten Abhilfe schaffen.

Zufällig war gerade am Vortag der Sitzung wieder ein Sozialarbeiter wegen seines allzugroßen Einsatzes für die Süchtigen verhaftet worden. Nach kurzer Kontrolle stellte sich der Irrtum heraus und er war gleich wieder freigelassen worden. Für die Polizei waren die Sozialarbeiter Helfershelfer der Drogendealer und für die Sozialarbeiter war die Polizei der Feind ihrer Schützlinge. Lengheimer und ich beriefen die Sitzung, die wir etwas vollmundig „Interprofessionelles Karlsplatzgespräch" nannten, nun halbjährig ein. Neben dem erfreulichen Schwinden des gegenseitigen Mißtrauens gab es auch konkrete Verbesserungen, die wir erreichen konnten. Zu allererst wurde den Sozialdiensten ein kleiner, fensterloser Raum zur Verfügung gestellt. Dort konnten sie Einzelberatungen durchführen. Dreimal die Woche machten sie Dienst. Es gab nun eine Anlaufstelle für Hilfesuchende.

Die Aufforderung, den Sozialen Einrichtungen einen Raum zur Verfügung zu stellen, war von der Bezirksvertretung gestellt worden. Keine der Parteien hatte sich ausgeschlossen und versucht, politisches Kleingeld zu verdienen. Alle hatten gewußt, daß wir damit die Anwesenheit der Szene am Karlsplatz akzeptierten. Trotzdem wurde das sachlich Richtige getan.

Inzwischen wurde für die Sozialarbeiter ein etwas größerer Raum gefunden, in dem Tag und Nacht reger Betrieb herrscht. Ein anderer, wesentlich geeigneterer Raum, in dem es sogar ein WC gibt, wird allerdings von den Fahrern der Nachtautobusse okkupiert. Die Wiener Verkehrsbetriebe sind Grundeigentümer und Betreiber der Passage und schauen auf ihre Mitarbeiter.

Das ist auch das große Problem beim Neubau des Wachzimmers in der Passage. Für die Polizei war ursprünglich ein kleines Mietobjekt im langen Gang vorgesehen. Mit Videokameras überwachten die Polizisten die einzelnen Bereiche. Ein winziges Zimmer mit Pult und ein noch kleineres, das notdürftig ein Stockbett aufnahm, waren alles. Die Überwachungsmonitore waren für jeden Passanten, der dort eine Verlustanzeige machte, sichtbar und kontrollierbar. Der Standort wurde als Expositur des Wachzimmers Goethegasse geführt. Die Wacheorgane machten halbtagsweise Dienst, weil ihnen eine normaler Dienst nicht zuzumuten war. Von den Arbeitnehmerschutzbestimmungen ganz zu schweigen. Besonders unangenehm war der Aufenthalt in diesen beiden winzigen Zimmern nach der Vernehmung von Sandlern, die es bekanntlich mit der Hygiene nicht sehr genau nehmen. Das Klimagerät war ein einfaches Umluftgerät. Es gab keine Frischluftzufuhr. Der Gestank wurde unerträglich.

Deshalb hat der 1. Bezirk immer auf den Bau eines eigenen Wachzimmers gedrängt. Schließlich wurde es auch gebaut. Geld hätte es sogar für eine größere Lösung gegeben, aber die Verkehrsbetriebe saßen auf jedem Zentimeter. Die Räume mußten vom Fußgängerbereich abgezwickt werden. Trotzdem gab es nun endlich menschenwürdige Arbeitsbedingungen und vor allem ein vollwertiges Wachzimmer. Bewunderung verdienen jene, die dort Tag für Tag Dienst machen.

Aggression und Geschäft

Mit der deutlicheren Präsenz der Polizei hat sich die Beschwerdekurve in der Karlsplatzpassage nach unten geneigt. Trotzdem kommt es immer wieder zu Übergriffen. Die weinende Verkäuferin eines Zuckerlgeschäftes, die mit einer Nadel bedroht wurde, hatte mein besonderes Mitleid. Der Chef einer Textilkette weniger, der mit Beschimpfungen erreichte, daß Bürgermeister Zilk mitten im Sommer eine Besprechung ansetzt. Brav reise ich aus St.Gilgen an, wer nicht da ist, sind Bürgermeister und Stadthauptmann. Der Textilhandelskaufmann wird im persönlichen Gespräch zugänglicher, insbesondere, wenn man ihn nach Alternativen fragt. In der gleichen Sitzung wird klar, daß auch die Zuckerlverkäuferin kein unbeschriebenes Blatt ist, was die Bedrohung schon wieder erklärlicher macht. Es kommt leider immer noch zu Belästigungen von Passanten und zur Verschmutzung der Passage, zu Verletzungen kommt es aber nur innerhalb der Szene.

Im darauffolgenden Herbst nimmt Zilk die Sache selbst in die Hand. Er lädt den Polizeipräsidenten, alle zuständigen

Beamten und den Bezirksvorsteher zu einer großen Runde in den Roten Salon. In einer energischen 20 Minutenrede erklärt Zilk die Sandlerproblematik, die Drogensituation und die Aufgaben der Polizei. Vergeblich versucht Polizeipräsident Bögl darauf hinzuweisen, daß die Polizei nur auf Grund der Gesetze vorgehen kann, daß vor allem die Polizei an die Verfassung gebunden sei. Das beeindruckt Zilk kaum. Er beauftragt Senatsrat Brunner mit der Weiterführung des Gesprächs und verläßt den Raum, um dringenderen Geschäften nachzugehen. Allgemeines Aufatmen: „Jetzt können wir endlich besprechen, was wir wirklich machen können."

Das Wegweiserecht

Tatsächlich war bei diesem Gespräch ein grundsätzliches Problem angeschnitten worden, das so einfach nicht zu lösen war. Mit dem Verzicht auf ein Landstreichereigesetz war der Polizei jede Möglichkeit genommen worden, vorbeugend einzuschreiten. Natürlich war das Gesetz an sich anachronistisch gewesen. Menschen ohne geregelten Erwerb ins Heimatbundesland abzuschieben, war wohl kaum mehr als Ziel zu akzeptieren. Gleichzeitig aber war mit dem Außerkrafttreten des Gesetzes auch das Betteln erlaubt worden. Betteln war zwar auch schon vorher kaum geahndet worden; es gab aber immerhin die Möglichkeit dazu. Deshalb forderte ich schon bald eine Regelung dieser Materie. Andere Bundesländer hatten ebenfalls ihre Landstreichereigesetze aufgehoben, sie aber durch andere Normen ersetzt. Wien wollte keine Regelungen. Vorerst gab man sich der Hoffnung hin, daß diese Tatbestände im Bundespolizeibefugnisgesetz geregelt werden würden. Doch schon bald stellte sich heraus, daß der Bundesgesetzgeber nicht daran dachte, den Bundesländern diese Verantwortung abzunehmen.

Als ich in dieser Situation neuerlich mit der Forderung nach dem Verbot des aggressiven und organisierten Bettelns an die Öffentlichkeit trat, wurde gleichzeitig die Forderung nach dem Wegweiserecht aktuell. Manche Kommandanten der Sicherheitswache wünschten sich dieses Instrument, um einschreiten zu können, bevor eine Straftat begangen wurde. Klassischer Fall: Die volle Berauschung, Verunreinigung der Passage und Erregung öffentlichen Ärgernisses. Selbst wenn abzusehen war, daß etwa ein Sandler im Vollrausch eine Straftat setzen würde, gab es keine Möglichkeit für die Beamten einzuschreiten. Nicht einmal die Möglichkeit zu sagen: „Gehns woanders hin!" Erst nach einer Straftat konnten sie aktiv werden.

Also trat ich mit der vollen Forderung an. Gemeinderat Toni Fürst unterstützte mich dabei. Er nahm mich auch mit in den Ausschuß, in dem der Antrag beraten wurde. Dabei lernte ich sofort die Tücken der Geschäftsordnung kennen: Wie im Gemeinderat hatte ich nur eine beratende Stimme, das war aber nicht das Problem. Enervierend war vielmehr, daß ich erst zu Wort kam, nachdem der letzte Gemeinderat gesprochen hatte. Bis dahin wäre aber auch schon alles verfahren gewesen. Natürlich wollte ich vermeiden, daß sich die Fraktionen vorschnell festlegten. Daher agierte ich mit Zwischenrufen, was mir die volle Antipathie der Runde eintrug. Da kommt einer das erste Mal und kann den Mund nicht halten. Ich hatte aber immerhin erreicht, daß der Antrag nicht sofort abgeschmettert wurde. Nach der Sitzung machte mir Toni Fürst klar, daß ich es mir mit einem führenden Legisten angelegt hatte. Der Vorsitzende war Ministerialrat im Justizministerium.

Jetzt ging das mediale Theater erst los. Rot und Grün und alle anderen Sozialromantiker bauschten das Wegweiserecht zur Freiheitsbeschränkung für alle auf. Jeder wollte sich schon weggewiesen sehen. Die katholische Jugend und die

Hochschülerschaft luden mich zu Diskussionen ein. Leider erfüllte ich die in mich gesetzten Hoffnungen nicht. Weder war ich faschistoid, noch wollte ich die Sandlerprobleme durch Vertuschung lösen. Ich war keineswegs der erwartete Teufel in Menschengestalt.

Schließlich kam es doch zu – nein nicht zu einem Landstreichereigesetz – sondern zu einem Landessicherheitsgesetz. Betteln bleibt erlaubt, nur aggressives und organisiertes Betteln wurde verboten, und wenn eine strafbare Tat droht, darf auch weggewiesen werden. Es war nicht der Stein der Weisen, aber doch ein brauchbares Instrument. Die Verhältnisse haben sich gebessert, ohne daß die Polizei unmenschliche Maßnahmen gesetzt hätte.

Ein ganz normaler Arbeitstag im neuen Wachzimmer

Mit Musikkapelle, dem Innenminister, dem Polizeipräsidenten und dem Bürgermeister wurde das neue Wachzimmer in der Passage eröffnet. Es gab nun ein neues Wachzimmer in der Inneren Stadt. Vorbei war die Zeit, in der die Expositur halbtagsweise durch das Wachzimmer Goethegasse besetzt wurde. Bisher waren die Sicherheitswachebeamten nur neben der Überwachung ihres Oberflächenrayons in der unterirdischen Passage eingesetzt gewesen. Die Arbeit unter Tag war nur Nebenbeschäftigung. Zu meiner großen Freude meldeten sich genug Beamte, um das Wachzimmer von Anfang an mit Freiwilligen zu besetzen. Das wirkte sich sehr positiv aus. Der Dienst erweist sich als sehr schwierig. Schon am Morgen gilt es, die Spuren der Nacht zu beseitigen, Telefonzellen zu räumen und dem Reinigungstrupp Platz zu verschaffen. Taschendiebstähle in der U-Bahn müssen protokolliert werden, Streifendienst versehen werden, um den Geschäftsleuten zu zeigen, daß die Polizei anwesend ist. Gleichzeitig wird der gesamte Bereich durch Videokameras überwacht, was einen Beamten an die Überwachungsmonitore bindet. Ab Mittag kommen die Süchtigen. Die Arbeit wird diffiziler. Perlustrierungen und Festnahmen folgen. Manchmal sind diese Maßnahmen nicht ungefährlich. Süchtige sind unberechenbar. Die Drohung mit der aidsverseuchten Nadel wird üblich. Nach blutigen Verletzungen bangt das Kommissariat wochenlang, bis feststeht, daß keine Infektion stattgefunden hat. Die zwei Paar stichfester Gummihandschuhe kann man auch nicht immer anhaben. Die Glastüre des Arrestantenraumes mußte zweimal verstärkt werden, weil Berauschte sie mit ihrem Kopf durchstießen. Erst ein extrastarkes Panzerglas widersteht nun schon länger den Attacken.

Die Versammlung von Süchtigen und Kleindealern wird immer überwacht, schließlich will man ja an die Hintermänner herankommen. Die gastronomischen Lokale können sich kaum gegen die Szene wehren, manchmal spielen sie aber auch mit. Die Handelsbetriebe verlangen mehr als erreichbar ist. Immer wieder machte ich Begehungen mit der Polizei um die Klagen aufzunehmen und zu beruhigen.

Viele Drogenabhängige oder Dealer werden schon ein paar Stunden nach ihrer Inhaftierung wieder gesichtet. Sie haben eine Geldstrafe aufgefaßt, die natürlich nie eintreibbar ist. Hier wirkt die Strafrechtsreform leider kontraproduktiv.

Erkundigungsreise nach Zürich

Der Vorsitzende der Umweltkommission, Regierungsrat Wolfgang Neumeier, organisierte eine Reise nach Zürich. Dort herrscht eine rot-grüne Koalition. Sie muß viele restriktive Maßnahmen setzen, weil sich das System des laisser faire nicht bewährt. Am Vormittag wurden wir mit den Kompetenzproblemen bekanntgemacht. Bundespolizei, Kantonspolizei und Stadtpolizei überwachen die verschiedenen Bereiche. Die anwesenden Stadtpolizisten beklagen natürlich die Arbeit der anderen und die willkürliche Grenzziehung. Die Bahnhofspassage wird in der Nacht geräumt. Für die etwa 150 Nachtschläfer wurden 150 Betten zur Verfügung gestellt. Kaum 30 wurden in Anspruch genommen. Offenbar schlafen viele durchaus freiwillig im Untergrund. Wenn's darauf ankommt, haben sie offenbar doch irgendwo eine Schlafgelegenheit. Auf einem Video zeigte man uns die Zustände, die am inzwischen gesperrten Platzspitz geherrscht haben. Auch das Gelände des ebenfalls gesperrten Bahnhofs Letten konnten wir besichtigen. Am Nachmittag informierte, man uns über die sozialen Maßnahmen. Entzugsinstitutionen und Gelegenheiten, kontrolliert Drogen zu konsumieren, waren geschaffen worden. Am meisten hat mich beeindruckt, daß es keineswegs Süchtige aus ganz Europa waren, die ins Eldorado Zürich gepilgert waren, sondern daß es zum Großteil Jugendliche aus der Stadt selbst waren, die dem Drogenkonsum verfallen waren. Ich hatte doch das Gegenteil erwartet. Offenbar macht auch hier die Gelegenheit Diebe. Diese Erkenntnis beeinflußt mich noch heute.

Typisch österreichisch war dann, daß die Wiener Bezirksräte teilweise Probleme hatten, die Reisespesen für diesen Tagesausflug von der Steuer abzusetzen. Wir hatten zum Besichtigen wirklich keine Zeit, aber ein Steuerbeamter kann kaum verstehen, daß sich 12 Bezirksräte eine solche Reise aus eigener Tasche zahlen, nur um besser über ein Problem informiert zu sein.

Nur keinen Platzspitz und keinen Bahnhof Letten

Die Konsequenz für uns war klar: Wir wollten keine angeblich „kontrollierte“ Szene in Wien. Seither wird ernst kontrolliert und durchgegriffen. Für die Süchtigen gibt es eine

Anlaufstelle, in der Sozialarbeiter für die medizinische Erstversorgung da sind, Ansprechpartner für Entzugswillige. Spritzen können getauscht werden, um das Aidsrisiko zu senken. Leider hat dieses kleine Lokal im Durchgang zum Akademiehof keine sanitären Anlagen. Für die Fahrer der Nachtbusse gibt es allerdings einen komfortablen Ruheraum, der mit Zähnen und Klauen von den Verkehrsbetrieben verteidigt wird. Auch die Polizei gibt ihr ehemals so gehasstes Lokal nicht mehr her.

Manchmal bereiten auch gut gemeinte Aktionen neue Probleme. Als im Stadtpark eine kleinere Drogenszene entstand, wurde das Rauschgiftdezernat der Bundespolizeidirektion eingeschaltet. Es übernahm die Überwachung und lauerte auf Großdealer. Solange, bis Schulen, Bewohner und die Hotels aufgeregt auf die Mißstände hinwiesen. Alle Anrufer im Kommissariat und beim Wachzimmer Stubenring erhielten seltsam ausweichende Antworten. Auch ich erhielt die Auskunft: Wir sind nicht zuständig. Ich fragte energisch nach und wurde eingeweiht. Jetzt mußte auch ich seltsam ausweichende Antworten geben. Nach viel zu langer Zeit wurde die erfolglose Aktion abgebrochen. Seither überwachen wieder die Beamten des Wachzimmers den Stadtpark. Die Süchtigen sind auf einen kleinen Weg zurückgedrängt worden, den man leicht umgehen kann. Der Bezirk versuchte es mit einer Parküberwachungstruppe. Die beauftragten Betriebe verfügen aber nicht über genügend ausgebildetes Personal. Nicht selten verbündeten sich die Parkwächter mit den Süchtigen, um ein ruhiges Leben zu haben.

Schon als Unternehmer in der Kärntnerstraße hatte ich mit den Straßenmusikanten leben gelernt. Vor unserem Bürofenster geigte jeden Tag ein routinierter aber musikalisch nicht sehr begabter junger Mann sein nicht sehr umfangreiches Repertoire herunter. Neben Ave Maria und Santa Lucia hatte er auch Schuberts Ständchen drauf. Leider spielte er die heikle Stelle im dritten Vers konsequent falsch. Es war zum Auswachsen. Von der Ferne hörte man recht deutlich die Panflöte des Chilenenquartetts. Die tieferen Töne wurden durch die Entfernung absorbiert. Wenn man Glück hatte, mischte auch eine dritte und vierte Formation mit.

Beschwerden und wütende Anrufe erwarteten mich in der Vorstehung. Menschen, die am Ende ihres Arbeitstages schon etwas müde waren, konnten das Gedudel kaum ertragen. Spaziergänger und Kunden genossen hingegen das dargebotene. Sie konnten ja weitergehen, wenn es ihnen zuviel war. Jede vorgeschlagene Maßnahme wurde sofort als reaktionäre Kunstfeindlichkeit ausgelegt. Ernsthafte Künstler, die ich als Gegengewicht engagieren wollte, waren nicht bereit, unter diesen Bedingungen zu musizieren, obwohl die Passanten spendabel sind und Musizieren in der Fußgängerzone ein einträgliches Geschäft ist.

An manchen Tagen versuchten sich bis zu 20 Gruppen. Der Lärm war grauenerregend. Als ich eines Tages ein Trio mit Streichinstrumenten traf, das mit Brachialgewalt am Spielen gehindert worden war, verdoppelte ich meine Anstrengungen. Innerhalb der Musikgruppen hatte sich längst eine mafiaähnliche Organisation gebildet, die unter der Hand die besten Plätze vergab. Außenseiter bekamen nur die Restplätze und manchmal nicht einmal die.

Ich arbeitete neue Richtlinien aus und trat damit an die Öffentlichkeit. Zum gleichen Zeitpunkt trat ein Pantomime in der Kärntnerstraße auf, der sich durch Belästigung von Passanten sein Brot verdiente. Er äffte sie nach und erntete brüllendes Gelächter. Die Imitierten waren weniger begeistert. Er verfügte über eine enorme Beobachtungsgabe und sah sofort das Typische einer Person. Mit freiwilligen Mitspielern wäre es wirklich lustig gewesen. Da er aber immer wieder alte, wehrlose Frauen zum Opfer auserkor, verging auch mir bald der Humor. Alain Stan hatte aber den ORF hinter sich. So kam es zu einem Auftritt im Club 2. Gleichzeitig wurde auch die Frage diskutiert, wie man die Menschenmassen, die das Haashaus besichtigen, aber nichts kaufen wollten, vom Haashaus abhalten könnte. Man hatte dort Bodyguards engagiert. Der Obmann der Kaufleute wurde daher der eigentliche Buhmann dieses Clubs. Seine auffällige Designerkrawatte kam immer wieder ins Bild. So überstand ich den Club ohne als hinterwäldlerischer Reaktionär dazustehen. In der zweiten Phase konnte ich sogar den großen „Künstler“ angreifen und seine Lieblosigkeit anprangern.

In der Verhandlungsrunde nach dieser Fernsehsendung gelang dann der Durchbruch. In einigen Bereichen wurde das Spielen nach Anmeldung erlaubt. Acht Musizierplätze wurden genau bezeichnet. Die Beamten waren angewiesen, darauf zu achten, daß dieselben Gruppen nicht zu oft an der selben Stelle zum Einsatz kamen. Blechblasinstrumente durften nur mit Dämpfer verwendet werden. Es kostete einige Mühe, den Beamten klarzumachen, daß das Saxophon kein Blechblas- sondern ein Holzblasinstrument ist. Saxophone wurden daher ausdrücklich zum Dämpfer verdammt.

Da sich Zilk von einer Hula-Hoop Tänzerin am Graben belästigt fühlte, wurde alles, was nicht Musik war, überhaupt verboten. Das ging natürlich zu weit. Sofort stürmten die Vertreter der „freien Künste“ mein Büro und waren sehr erstaunt zu erfahren, daß ich keinesfalls der Urheber dieses

Verbotes war. Ich stellte einen Platz am Graben zur Verfügung. Sie verwalteten ihn ohne Probleme, fühlten sich aber nach wie vor eingeschränkt. Als Peter Marboe sein Amt antrat, gelang es ihnen, ihn auf ihre Seite zu ziehen. Er wollte keineswegs illiberal erscheinen und erlaubte Pantomime und alle ähnlichen „stummen Künste" in allen Fußgängerzonen und Parkanlagen. Nach längerem Zögern stimmte ich probeweise für ein Jahr zu. Seither ward von den stillen Künstlern nichts mehr gehört. Einige stumme Figuren in Gold und Silber bereichern den Stephansplatz. Solange sie ihre Freiheit nicht oder zumindest nicht exzessiv nutzen, sollte es mir recht sein. Weniger glücklich war ich mit den Brake Dancern, die ihr Kassettengerät allzu laut einstellten. Der Leger, den wohlmeinende Beamte eingebaut hatten, ist inzwischen auch wieder repariert. Ohne Peter oder mich zu fragen, war im Verordnungstext die Musizierzeit um eine Stunde ausgeweitet worden. Aber jetzt darf wieder erst ab 17 Uhr musiziert werden.

Klagen gibt es keine mehr. Man muß nichts verbieten, wenn man eine vernünftige Ordnung in einen Problembereich bringt.

DIE OBERIRDISCHEN ÜBERGÄNGE UND DER GESCHÄFTLICHE ERFOLG

Immer mehr Bürger überquerten den Ring nicht durch die Fußgängerpassagen, sondern an der Oberfläche. Ausgelöst wurde diese Tendenz durch die Radwege, die ampelgesichert über die Fahrbahn führten. Es gab zwar keinen Zebrastreifen, aber die Leute gingen trotzdem. Diesem Bedürfnis folgend legten wir bei der Babenbergerpassage und etwas später bei der Opernpassage Zebrastreifen an. Ein Jahr später folgte die Schottentorpassage. Kaum war die Situation bei der Oper legalisiert, kamen Beschwerden der Geschäftsleute in der Passage über Umsatzrückgänge. Es gelang mir, mit einer Firma für Straßenwerbung, der Gewista, eine Hinweistafel auf die Betriebe in der Passage zu vereinbaren. Diese Möglichkeit wurde aber nie ausgenutzt.

Die Geschäftsleute in den Passagen haben es nicht leicht. Es gibt wohl eine hohe Passantenfrequenz, aber die meisten haben es eilig. Niemand flaniert, um einzukaufen. Dazu kommen die Probleme mit den Obdachlosen und Süchtigen. Daraus entsteht ein Ruf, der den Betrieben schadet.

Lifte, aber nicht bis zur Oberfläche

Eine besondere Problematik in Wien war, daß die U-Bahnbahnsteige nur schwer zugänglich waren. Sie sollten für Senioren, Rollstuhlfahrer und Mütter mit Kindern mit Liften leicht erreichbar sein. Lifte wurden auch eingebaut, aber nur bis zum ersten Tiefgeschoß. Zumindest ein Stockwerk war nur über Rolltreppen oder Stiegen zu erreichen. Im Haashaus war Professor Hollein sofort einsichtig. Die architektonische Lösung kann sich sehen lassen. In der Babenbergerstraße wurde von vornherein ein Lift vorgesehen. Lange

Jahre suchten wir nach einer Lösung bei der Oper. Ein Rollstuhlfahrer, der von der Kärntnerstraße in die U-Bahn wollte, mußte bis zum Resselpark fahren, um stiegenfrei hinunterzukommen.

Erst 1999 löste sich dieser Schildbürgerstreich auf. Sowohl vom Karajanplatz als auch beim Schottentor wurden Lifte gebaut. Auch die Stationen der U 2 wurden beim Umbau mit Liften versehen.

Der Akademiehof

Neue Probleme tauchten auf, als endlich auf dem Grundstück Getreidemarkt 2 bis 4 ein Bau errichtet werden sollte. Roland Rainer und Gustav Peichl konnten ihre alten Pläne ausgraben und ans Werk gehen. Das Haus mußte auf einer Brückenkonstruktion errichtet werden, weil die U 2 Knapp unter Niveau fährt. Finanziert wurde der Bau von der Investkredit und einem Privatmann, der sein ganzes Kapital in diesen Bau steckte. Er sollte die beiden obersten Stockwerke vermieten und daraus die entsprechende Rendite ziehen. Leider war die planerische Kapazität des alten Rainer mit dieser Aufgabe überfordert. Die Wohnungen waren unvermietbar und stehen zum Großteil heute noch leer.

Der Bau darf sowohl ästhetisch als auch funktionell durchaus als mißlungen bezeichnet werden. In der Ausstellungshalle hört man bei Vernissagen sein eigenes Wort nicht, die Geschäftslokale können nur zu Präsentationszwecken verwendet werden, weil die Fußgängerpassage wenig einladend ist. Da ich als Aussteller bei Senior Aktuell und beim Reit- und Springturnier in der auch von Roland Rainer gebauten Stadthalle ebenfalls schlechte Erfahrungen gemacht hatte, habe ich von einer Teilnahme an den Feierlichkeiten zum 90. Geburtstag des Architekten Abstand genommen.

DIE BLAUEN PARKSHERIFFS

Schrägparken verboten

Statt auf die Einhaltung der eineinhalbstündigen Parkzeit zu achten, wendeten die schnell eingeschulten Parksheriffs all ihr Wissen an, das man ihnen in einem Schnellsiedekurs beigebracht hatte. So bestraften sie Schrägparken an Stellen, an denen man jahrzehntelang schräggeparkt hatte, etwa Am Hof. Alle Fünfmeterzonen vor Kreuzungen und Fußgängerübergängen wurden überprüft und alle die dort standen abgestraft. Die Polizei hatte diese Vergehen toleriert. Wo es möglich war, veranlasste ich ein Markieren der entsprechenden Stellen. Aus rechtlichen Gründen mußte aber jede einzelne Stelle gesondert verhandelt werden, um jeder Amtshaftung zu entgehen. Es könnte der Rechtsvertreter eines verletzten Kindes nämlich sagen, daß der Beamte, der die 5 Meter Zone verkürzt hat, Schuld an der Verletzung sei.

Neben diesen Aufsichtsorganen im blauen Gewand mit weißer Kappe gibt es auch noch blaugewandete mit blauer Kappe. Das sind Finanzbeamte der Stadt Wien, die lediglich die ordnungsgemäße Entrichtung der Parkometerabgabe überprüfen. Alles andere ist ihnen gleichgültig. Ob ein Auto Kinderwagen behindert oder den ganzen Tag mit sechs Parkscheinen steht, berührt diese Truppe überhaupt nicht.

Polizei oder Magistrat

Die Bürger aber kennen sich nicht aus. Die blauen „Weißkappler“ strafen zwischen 9 und 19 Uhr wie die Wilden das kleinste Parkvergehen, die Nichteinhaltung der Kurzparkzeit aber nur dann, wenn ihnen kein anderes Crimen auffällt. Die blauen „Blaukappler“ interessieren sich nur für das Zahlen, ärgerlich vor allem dann, wenn sie schon am 2. Juli bemerken, daß man vergessen hat, das Pickerl zu verlängern. Auch ihre Dienstzeit endet um 19 Uhr. Rund um die Uhr dagegen ist die Polizei zuständig. Tagsüber verläßt sie sich allerdings auf die Magistratstruppe. Die Polizei hält sich an alte Gewohnheiten. Das wird manchmal falsch verstanden, vor allem dann, wenn die Bewohner zum Handkuß kommen, die Beiselbesucher aber nicht. Mathematisch leicht erklärbar – wer elf Stunden parkt, wird eher erwischt als einer, der nur zwei Stunden dasteht – trotzdem ist das für die Bewohner mit Parkpickerl schwer zu akzeptieren.

Die verwirrende Situation ist aus der österreichischen Verfassung zu erklären: Wo es eine Bundespolizeidirektion gibt, darf es keinen anderen Wachkörper geben. Daher waren die blauen „Weißkappler" der Bundespolizei zu unterstellen. Formell unterstehen sie einem Polizeihauptmann. Bundesbehörden dürfen aber keine Landesabgaben einkassieren. Das können nur die blauen „Blaukappler". Stadtrat Svihalek ist an dieser Aufgabe gescheitert. Vielleicht rafft sich doch einmal jemand auf und ändert die Verfassung.

Am Anfang gab es eine Fülle von kleinen Ungerechtigkeiten und Organe, die allzu penibel straften. Da war meine letzte Rettung immer der Leiter der MA 67 Dr. Wagner. Er war unnachgiebig, aber durchaus zugänglich, wenn ihm ein Sachverhalt ungerecht erschien. Manche Härte konnte ich so ausgleichen.

30 Feuerwehrausnahmen am Platz Am Hof

Wie allen Erwerbstätigen im Bezirk, die vor 6 Uhr früh mit der Arbeit beginnen und daher nicht mit der Straßenbahn zum Dienst kommen können, standen natürlich auch der Polizei und der Feuerwehr Ausnahmegenehmigungen zu. 30 Parkkarten sollten nur nach strenger Überprüfung durch den jeweiligen Wachkommandanten ausgegeben werden. Man versprach, nur in Ausnahmefällen alle 30 auszugeben. Das war natürlich ein frommer Wunsch. Bald blockierten die 30 Autos täglich den Platz Am Hof, auch wenn der Fahrer um 8 Uhr kam und um 16 Uhr wieder wegfuhr. Erst im Zuge der Freiräumung des Judenplatzes von parkenden Autos konnte auf allerhöchste Intervention die Zahl der Ausnahmen auf unter 15 gesenkt werden.

Die Stichstraßen und die Restfahrbahnbreite

Ein großes rechtliches Problem bilden die Stichstraßen zu den Fußgängerzonen. Meist wird in diesen, wie etwa in der Seilergasse, auf beiden Seiten geparkt. Die vorgeschriebenen zwei Fahrbahnen bleiben dann nicht frei. Gestraft wird nur deshalb nicht, weil die Behörde nicht nachweisen kann, wer zuerst und damit zurecht dort gestanden ist. Prekär wird die Situation, wenn aus technischen Gründen eine Seite vorübergehend mit einem absoluten Halteverbot versehen wird. Dann kann man dieses Halteverbot nie mehr entfernen, weil ja dann klar ist, wer zuerst gekommen ist. Das ist in der Goldschmiedgasse passiert. Das Halteverbot wurde für die Zufahrt der Betonmischfahrzeuge verhängt und nachher nie wieder aufgehoben. Das Problem hat sich allerdings nunmehr, nach Ausweitung der Fußgängezone bzw. Errichtung einer „neuen“, von selber aufgehoben.

Die Privilegierten: Burgtheater, Oper, Hofburg und die Blauen selbst

Ein besonderes Problem ergibt sich dann, wenn Grundstücke wohl von allen genützt werden, aber dem Bund privat zu eigen sind. Das galt für den Josefsplatz, den Inneren Burghof und gilt noch immer für den Heldenplatz. Die Verwaltung dieser Flächen war 1946 der MA 46 überantwortet worden. Damit unterliegen sie der Straßenverkehrsordnung. Privilegien können daher nur nach rechtlicher Prüfung zugelassen werden. Da die Burghauptmannschaft aber eigene Bedürfnisse hat, etwa bei der Parkgenehmigung für Ballbesucher oder für die Diplomaten der OSZE, gab es immer wieder Streitigkeiten, weil man sich auf den Vertrag berief. Dieser ist allerdings bis heute unauffindbar. Erst 2000 gelang es mir, eine neue Vereinbarung mit dem Außenamt zu treffen, durch die einerseits die Bedürfnisse gedeckt sind, andererseits aber Rechtssicherheit herrscht. Dabei wurde die Parkzeit eingeschränkt. Die Bewohner können den Parkplatz in der Nacht benützen.

Hinter dem Burgtheater befinden sich zwei dreieckige Parkplätze. Einer ist Eigentum des Bundes. Erst im Zuge der Ausgliederung der Bundestheater wurde im Gesetz auch das Grundstück überantwortet. Leider war es nicht das Dreieck beim Kulisseneingang. Daher schlug ich einen Nutzungstausch vor, womit alle grundsätzlich einverstanden waren. Daß er je verwirklicht wird, wage ich zu bezweifeln.

Selbstverständlich hatten sich die Blauen gegenseitig versprochen, einander nicht anzuzeigen. Auf diese Form der Korruption ist man doch recht bald draufgekommen. Die Verantwortlichen wurden vom Dienst suspensiert.

Die freien Rathaushöfe

Um jedem Vorwurf auszuweichen, verzichtete ich mit Inkrafttreten des Parkpickerls auf meinen Privilegienparkplatz im Hof des Alten Rathauses. Meine beiden Stellvertreter folgten eher unwillig meinem Beispiel. Als Bürgermeister Zilk daraufhin auch den Rathausbeamten im Haus ihre Stellplätze wegnahm, stieg meine Beliebtheit im

Magistratischen Bezirksamt nicht gerade an, weil man mich als Verursacher dieser Bürgermeisterweisung sah. Da aber auch der Hof des Neuen Rathauses geräumt wurde, beruhigte man sich bald.

DER ÖFFENTLICHE VERKEHR

Citybusse

Drei Citybuslinien führen durch die Innenstadt. Der 1A fährt vom Schottentor zum Bahnhof Wien Mitte auf der Landstraße. Der 2A vom Schwedenplatz bis zur Babenbergerstraße; der 3A vom Ringturm bis zur Schwarzenbergstraße. Ursprünglich für die Innenstadtwirtschaft eingeführt, fuhren sie tagsüber und am Samstag bis mittag. Mit der Zeit gelang es, die Betriebszeit bis 20 Uhr auszudehnen. Immer wieder gab es Diskussionen über die Einstellung dieser Linien, weil die Auslastung angeblich nicht ausreichend sei. Andere, meist „rote" Bezirke schielten begehrlich nach den kleinen Steyrbussen. Als der 1A ab Eröffnung der U3 nur vom Schottentor bis zum Stefansplatz geführt werden sollte, schlug ich vor, im ersten Jahr probeweise den Bus zu belassen und sobald die Entlastung durch die U3 meßbar sein würde, über die Verkürzung erneut zu beraten. Ein Journalist befragte den Bürgermeister vor seinem Abflug nach Portugal zu dieser Idee. Zilk stimmte zu: „Eine Probezeit ist vielleicht wirklich sinnvoll!" Stadtrat Hatzl blieb im Regen stehen und verkürzte im Gegenzug den 1A. Er führt seither nicht mehr bis zum AEZ, sondern nur mehr bis zum Luegerplatz. Das ärgert viele Fahrgäste, weil sie nun wegen einer einzigen Station in den 74A umsteigen müssen. Hatzl aber hatte seine Befriedigung. Alle Anträge des Bezirkes zur Verlängerung wurden abgewiesen. Nach der Probezeit war von der Verkürzung des 1A keine Rede mehr; die Auslastung war also doch durchaus akzeptabel.

Anders verlief die Verlängerung des 2A in den 7. Bezirk. Wegen des Wegfalls der Straßenbahn in der Babenbergerstraße und in der unteren Mariahilferstraße konnte von einer

Parallelführung nicht mehr gesprochen werden. Die ursprünglichen Pläne sahen eine Führung lediglich durch die Babenbergerstraße in beiden Richtungen vor. Dann wäre die Bellaria nicht mehr angebunden gewesen. Auch hier setzten wir uns durch.

Midibusse

Die kleinen Steyr-Busse taten jahrzehntelang ihren Dienst zur vollen Zufriedenheit aller. Sie wurden allerdings durch einen Dieselmotor angetrieben. Alle anderen Busse fuhren mit Flüssiggas. Daher benötigten die Kleinen ein eigenes Service, was die Betriebskosten hinauftrieb. Neue Busse sollten angeschafft werden. Wir hätten gerne weiter die kleinen Busse gehabt, aber die gab es angeblich nicht für Flüssiggasbetrieb. Also wurde der Midibus angeschafft. Und weil er mehr Fahrgäste faßt, wurde das Intervall gleich auf zehn Minuten hinaufgesetzt. Zur allgemeinen Empörung waren die neuen auch noch lauter als die alten. Außerdem hatten sie an einigen Stellen Probleme, um die Ecke zu kommen, z. B. von der Plankengasse in die Stallburggasse. Komplizierte Gehsteigvorziehungen wurden entworfen.

Als es dann ans Zahlen ging, weigerte ich mich, denn wir hatten die Midibusse ja nicht gewollt. Die Verkehrsbetriebe verwiesen auf die Dezentralisierung; Straßenumbauten seien Sache des Bezirks. Nach langem Hin und Her zahlten sie dann doch. Allerdings war dann auf einmal nur mehr ein Umbau an der bewußten Stelle notwendig. Mit der Zeit lernten die Fahrer, mit den Bussen umzugehen und fahren nun gleichmäßiger und leiser. Das Zehnminutenintervall blieb aber doch erhalten.

Nachtbusse

Als der Ansturm der Jugendlichen auf das Bermudadreieck und andere Vergnügungsviertel anhielt, entschloss man sich zur Einführung von Nachtbussen. Sie fahren von Ring und Kai in die Außenbezirke. Obwohl schon im zweiten Jahr 1 100 000 Fahrgäste gezählt wurden, muß wegen der hohem Kosten jede Fahrt mit 137.– von der öffentlichen Hand bezuschusst werden. Ob da nicht Sammeltaxis oder Linientaxis billiger wären? Beides hatten wir vom Bezirk schon lange vorgeschlagen. Billiger wäre es sicher.

U3

Inzwischen wurde die U3 gebaut. Spannend war der Durchbruch des Dagmarstollens, der unter dem Graben verläuft. Tatsächlich war zum Zeitpunkt der großen Feierlichkeiten der Stollen längst fertig, er wurde dann durch eine dünne Betonwand wieder abgemauert. Diese wurde dann in Anwesenheit der helmbewährten Spitzen der Stadt und des Bezirksvorstehers durchbrochen. Wir waren alle sehr beeindruckt.

Zur Eröffnung der U3 einige Jahre später war ich nicht mehr so prominent eingeladen. Es waren ja auch einige andere Bezirke beteiligt. Als man mich auf einer Festbühne am Graben interviewte, wies ich darauf hin, daß wir die modernste U-Bahn der Welt hätten, vor allem deshalb, weil andere Großstädte schon im vorigen Jahrhundert die ihre gebaut hätten. Der Moderator beendete das Interview blitzartig. Nach den beiden Verlängerungen fährt die U3 nun von Ottakring bis Simmering.

Busspuren

Bei der Durchquerung der Innenstadt stehen den Bussen Routen offen, die für den Individualverkehr gesperrt sind. Was in anderen Bezirken als Busspur bezeichnet wird, ergibt sich in der Inneren Stadt von selbst: Vorrechte für den Öffentlichen Verkehr. Die Durchfahrt durch die Hofburg, die Habsburgergasse, die Steindlgasse, die Herrengasse, der Lichtensteg und die Schulerstraße sind eigentlich eine „Busspur".

Taxidurchfahrten

Wie überall sind die Busspuren auch für die Taxis offen, mit einer kleinen Ausnahme: der Herrengasse. Mit der Fahrerlaubnis durch die Herrengasse würden wir nämlich eine Durchzugsroute vom 9. in den 3. und 4. Bezirk öffnen, was ganz und gar dem Sinn der Verkehrsberuhigung widerspräche. Taxis würden wie vor der Einrichtung der Schleifenlösung wieder durch die Stadt rasen. Die Taxler geben das als Zielvorstellung auch offen zu. Die Route von der Bognergasse zur Oper ist nur ein Vorwand. Alle Taxifahrer sind erstaunt, wenn man ihnen vorhält, daß sie ohnehin gegenüber dem Indvidualverkehr bevorzugt sind. Wie alle Menschen nehmen sie ihre Privilegien als selbstverständlich und wünschen sich weitere.

Die Ausgleichszeit

Ein besonderes Problem sind die sogenannten Ausgleichszeiten beim Öffentlichen Verkehr. Die Fahrer der Straßenbahnlinie 43 machen selbstverständlich in Neuwaldegg eine Pause, um eine Zigarette zu rauchen oder einem menschlichem Erleichterungsbedürfnis nachzukommen. Niemand findet etwas dabei, wenn er einige Minuten warten muß. Anders ist das bei den Ringrundlinien. Es gibt keine Stelle, die als selbstverständlich akzeptiert wird. Ursprünglich am Schwedenplatz, später vor dem Regierungsgebäude situiert, war diese Wartestelle Anlaß für einige Anträge in der Bezirksvertretung. Die derzeitige Regelung scheint endlich akzeptabel: Vor dem Haus Parkring Nr. 2 bei der U3 Station Luegerplatz. Hier gibt es auch WCs. Da die Züge angehalten sind, nach einem Fahrplan zu fahren, dient die Ausgleichstelle auch dazu, Verzögerungen oder Beschleunigungen auszugleichen. Deshalb stehen die Züge unterschiedlich lang, manchmal kaum eine, manchmal bis zu fünf Minuten. Das erregt manche Passagiere, besonders wenn der Zug abfährt, obwohl gerade die gesamte Besatzung eines U-Bahnzuges die Aufzüge verläßt.

Das Warten auf Passagiere erfordert überhaupt viel Fingerspitzengefühl. Die Fahrer haben zwei Möglichkeiten. Entweder sie werden von den Insassen des Zuges beschimpft: „Fahrn wir überhaupt nimmer weiter?“ oder von jenen, die den Zug gerade nicht mehr erreichen. Sie machen sich meist in Beschwerdebriefen Luft. Selbst ein Straßenbahnfahrer kann in eine no-win Situation kommen. Was immer er tut, ist schlecht.

DIE SANIERUNGEN

Die Alte Universität

Mein besonderes Interesse galt auch den Bundesgebäuden im Bezirk. Vor allem die Alte Universität hatte es mir angetan. Pater Leo Wallner von den Jesuiten führte mich mit Vergnügen, um mir alle Bausünden zu zeigen. Er träumte nicht nur von einem renovierten Gebäude, sondern auch von einer Fußgängerzone Sonnenfelsgasse – Ignaz Seipelplatz. Da mir die Parkplätze dort aber unverzichtbar schienen, hat sich unser Verhältnis leider etwas abgekühlt. Das tut mir leid, weil er ein ausgezeichneter Radioprediger war, der mir oft zu denken gab.

Pingpong unter barocken Deckengemälden

Zuerst führte er mich mit dem Aufzug in den Saal des Jesuitentheaters. Dem Zweck entsprechend – der Saal war jahrelang vom statistischen Zentralamt benutzt worden – war der Lastenaufzug vom Erdgeschoß direkt in den Saal gebaut worden. Wir betraten also etwas überrascht den ältesten Theaterraum Wiens. Er war damals leer. Ich konnte das Deckengemälde nach Entwürfen von A. Pozzo ungehindert bewundern. Bei späteren Besuchen war der Saal zur Gänze eingerüstet. Die Restauratoren waren am Werk. Übrigens ein sehr mühseliges Verfangen. Das Deckenfresko war auf einem Verputz aufgebracht, dieser wieder auf einer abgehängten Schilfmattendecke. Im Lauf der Jahrhunderte waren die Drähte, an der sie hing, durchgerostet oder drohten zumindest es zu tun. Die Drähte wieder hingen an massiven Holztrams, die fast fugenlos verlegt waren. Alles war stabil, aber nur sehr selten gab es einen Spalt, um die Drähte neu zu verankern. Mühsam mußte man die Schilfmattendecke „angeln“ und dann fixieren. Die eigentliche Restaurierung der Malerei war dagegen eine Routineangelegenheit. Diese war Anfang der Fünfzigerjahre schon einmal restauriert worden. Trotzdem war die Renovierung dringend notwendig. Diese Tatsache stärkte meine Überzeugung, daß langfristig nur Räume, die auch verwendet werden, intakt bleiben. Unverwendete und meist auch ungeheizte Räume werden viel schneller wieder renovierungsbedürftig. Seit damals war es mein Ziel, die Innenstadtpalais zuerst einer Verwendung zuzuführen und erst dann über die Form der Renovierung zu reden. In vielen Fällen war dann auch das Bundesdenkmalamt sehr einsichtig, was die notwendigen Veränderungen betraf.

Schießstand neben den betenden Jesuiten

Pater Leo Wallner führte mich weiter durch den riesigen Gebäudekomplex. In der Front Postgasse gab es einen Kellerabgang zum Aktenlager des Bezirksgerichtes Innere Stadt. Dort gab es eine „biologische Aktenvernichtungsanlage“: Die Akten vermoderten schlicht und einfach. Ich hoffe, daß nie jemand gehalten war, dort einen Akt zu suchen.

Im Erdgeschoß befand sich die Kraftsportabteilung des Polizeisportvereines, der unkündbarer Mieter in der Alten Universität war. Die Räume, die den Boxern und Ringern reserviert waren, strömten einen unverwechselbaren Duft aus. Daneben unverkennbar Odeur d`Häusel. Zur Kraft gehört bei der Polizei natürlich auch das Schießen. Ein Schießstand, besser ein Schießzimmer, ist schnell eingerichtet. Im Raum hinter den Zielscheiben war die Kapelle, in der die Jesuiten ihr Chorgebet verrichteten. Da Polizisten selten schon in der früh Schießübungen machen, war die Sache jedoch ungefährlich.

Im ersten Stock befand sich die alte Universitätsbibliothek mit dem alten Deckenbild von Anton Herzog aus dem Jahr 1734, unter dem einige Eisentraversen angebracht waren. An jeder Traverse hing eine Emailleuchte mit einer 150 Wattlampe. Unter jeder Lampe stand ein Tischtennistisch, die Fenster hinter den Spielern waren mit schwarzem Papier verklebt, um Gegenlicht zu vermeiden, das die Spieler gestört hätte. Es ergab sich eine bedrückende Atmosphäre.

Im Innenhof der Alten Universität stand ein Werkstattgebäude ohne jeden architektonischen Wert, neben einigen schattenspendenden Bäumen. Der Hof war total verwahrlost, hatte aber einen gewissen idyllischen Reiz. Die Absicht, hier eine Garage zu errichten, wie es der planende Architekt Hueber vorgesehen hatte, wurde aber bald fallengelassen.

Den Zugang zur Bibliothek bildet die reich ziselierte Porta Ducale. Auch dieses Baujuwel wird durch einen brutal eingebauten Aufzug entwertet. Die architektonische Bedenkenlosigkeit, mit der in der Alten Universität agiert wurde, sucht ihresgleichen. Niemand scheint sich bewußt gewesen zu sein, daß es sich hier um wertvollste Bausubstanz handelt, die man eigentlich mit der größten Sorgfalt pflegen sollte.

Nutzerbesprechungen

Das nimmt auch nicht wunder, wenn man die verschiedenen Ziele der Nutzer analysiert. Den ursprünglichen Gründern und Betreibern der Universität, den Jesuiten, war nur mehr ein kleiner Teil für ihre Wohnbedürfnisse, zum Beten und zur Seelsorge geblieben. Den größten Raumbedarf hat die Akademie der Wissenschaften. Sie benützt das große Hauptgebäude zwischen Bäckerstraße und Sonnenfelsgasse. Die Großzügigkeit mit der im 19. Jahrhundert gebaut wurde, macht dieses Gebäude aber nur sehr schwer nutzbar. Das Erdgeschoß wird fast zur Gänze von der Aula eingenommen, im ersten Stock nehmen Festsaal, Beratungssäle, Vorräume und das Stiegenhaus fast die gesamte Geschoßfläche in Anspruch. Daß Präsident und Generalsekretär etwas arbeiten, war damals offenbar unvorstellbar. Wenn man den Präsidenten besuchen will, irrt man durch leere Räume. Unterteilungen für einen modernen Büro- und Wissenschaftsbetrieb sind kaum möglich. Daher breitete sich die Akademie vor allem in der Alten Universität aus.

Sowohl der Polizeisportverein als auch das Zentralmeldeamt zogen aus, auch wenn den Wienern die Adresse noch sehr präsent ist. Im Postgassentrakt logiert auch das Universitätsarchiv. Es untersteht der Universität Wien und hat mit der Akademie der Wissenschaften aber auch schon gar nichts zu tun. Auf Einladung des Wirtschaftsministeriums gab es immer wieder sogenannte Nutzergespräche. Alle Nutzer wurden eingeladen, ihre Bedürfnisse zu formulieren. Herausgekommen ist dabei nie etwas. Das Ministerium war froh, kein Geld aufwenden zu müssen, weil es ohnehin keine Einigung gab. Keiner wollte nachgeben. Entsetzt zeigte mir der Jesuitenprovinzial das Protokoll, das unter anderem die Formulierung enthielt: „Unserer Stellungnahme aus dem Jahr 1956 ist nichts hinzuzufügen!"

In den letzten Jahren entwickelte die Akademie unter ihrem Präsidenten wieder Initiative. Im Wurmfortsatz der Riemergasse soll ein neuer Eingang geschaffen werden. Wichtig ist, daß gleichzeitig die Stiege und der Aufzug zum Jesuitentheater gebaut werden, damit dieser Raum genutzt werden kann. Derzeit gibt es keine Notausgänge. Wird die Gelegenheit versäumt, wird der älteste Theaterraum Wiens wohl endgültig vergammeln.

Der Bäckerstraßendurchgang

Großes Ärgernis bei den Bewohnern erregt immer wieder der Zustand der Bäckerstraßenpassage. Ungepflegt, voll mit illegal geklebten Plakaten, bietet sie willkommene Abgeschiedenheit, um in der Nacht notwendige Dinge zu erledigen, ohne ein Lokal aufzusuchen. Am Morgen stinkt dann die Passage eben wie ein ungepflegtes Häusel. Schwer zu erklären ist, daß für die Pflege von Bundesprivatgrund der Hausmeister ebenso zuständig sei wie bei Privathäusern. Kritisch wurde die Sache, als die Polizei auszog und damit auch die beamteten Pfleger. Gelöst wird dieses Problem wohl erst werden, wenn dieser Bereich in einer Gesamtrenovierung einer neuen Verwendung zugeführt wird. Etwa, wenn statt der mickrigen Grünfläche wieder Verkaufskioske an die Mauer der Uni angebaut werden. Eine gewisse Beruhigung hat gebracht, daß die Galerie Suppan das Lokal Ecke Seipelplatz gemietet hat.

Der autofreie Ignaz Seipel-Platz

Wie Pater Leo Wallner träumen natürlich auch Bezirkspolitiker von einem autofreien Ignaz Seipel-Platz. Er ist einer der schönsten Plätze der Innenstadt und eine prächtige Kulisse für Theateraufführungen. Früher war das Spectaculum-Musik- und Theaterfest sehr aktiv, doch ist in den letzten Jahren der Schwung verloren gegangen. Wenn wir nur Ideen hätten, wo wir 84 Ersatzparkplätze (am Platz selbst, in der Bäckerstraße, in der Sonnenfelsgasse und am Lugeck) hernehmen könnten. So wie der Platz derzeit genutzt ist, kann es nicht weitergehen.

150 Jahre Akademie der Wissenschaften

Von Autos frei hätte sich der Platz präsentiert, wenn sich die Akademie der Wissenschaften mit ihrem Plan durchgesetzt hätte, anläßlich des 150 jährigen Bestandsjubiläums eine Spirale zu errichten, die, einem naturwissenschaftlichen Modell nachgebildet, vom Platz in den zweiten Stock und ins Jesuitentheater geführt hätte. Besorgte Bezirksräte und vor allem der „flexible" Vorsitzende des Bauausschusses sprachen sich dagegen aus. Statische Gutachten hätten die Standfestigkeit durchaus bestätigt. Schließlich scheiterte die Sache an der Finanzierung. Ob sie schön und zweckmäßig gewesen wäre, bleibe dahin gestellt.

So wird die Alte Universität noch lange die Herzen der Innenstadtpolitiker bewegen. Wenn es keine harte Entscheidung gibt, wird es weiter halbherzige Lösungen geben.

Die mittelalterliche Straße auf der Freyung

Als die Oberfläche der Freyung neu gestaltet werden sollte, weil sich die Garage der Vollendung näherte, kam Architekt Häuselmaier zu mir, um meine Meinung zu hören. Zu seinem Leidwesen war ich wenig begeistert. Vor allem die Zweiteilung der Freyung, die sich durch die unterschiedliche Pflasterung ergab, ärgerte mich. In dieser Angelegenheit war aber der Zug schon abgefahren, die Entscheidungen waren vor meiner Zeit gefallen. Auch die Pergola, in Höhe und Ausdehnung dem Pavillon angeglichen, den Lukas von Hildebrandt entworfen hatte, mißfiel mir vor allem, weil sie in Nirosta ausgeführt werden sollte. Es war Swobodas Lieblingsmaterial. Heute ist sie erfreulicherweise überwachsen und nicht weiter auffällig. Wenig durchdacht waren auch die Einfahrt in die Garage und die notwendigen

Hinweise. Die Hinweissäule wurde immer wieder umgefahren und schließlich ganz entfernt. Wahrscheinlich ist die geringe Auslastung der Garage auch darauf zurückzuführen.

Vor dem Palais Harrach sollten Reste der mittelalterlichen Straße in den Gehsteig eingebaut werden, die bei den archäologischen Grabungen gefunden worden waren. Zwei riesige zusammenhängende Teile bewiesen, daß auch im Mittelalter großzügig gepflastert worden war. Daneben hatte man einzelne kleine Straßenteile und einzelne Steine gefunden. Jeder Teil wurde sorgfältig nummeriert; die beiden großen Stücke wurden in Beton gegossen und sollten an Ort und Stelle wieder verlegt werden. Es stellte sich aber heraus, daß die Steine nur 3 cm aus dem Beton ragten. Da die gefundene Straße keine geraden Kanten hatte, gab es Steine, die bis zu 10 cm vom Betonrand entfernt waren. Die mittelalterliche Straße war ausgefranst und das Problem des Anschlusses an den übrigen Belag unlösbar. 3 cm tiefe Löcher waren für die Fußgänger unzumutbar; bei Unfällen wäre die Stadt haftbar gewesen.

Schließlich stellte man die beiden großen Stücke ins Depot, sammelte die Kleinfunde, verzichtete auf die archäologische Numerierung und bastelte ein entsprechendes Straßenstück, das aber eigentlich so nie gefunden worden war. Es liegt heute eher unbeachtet neben den beiden Vitrinen, die das Historische Museum der Stadt Wien nur sehr unwillig betreut.

DIE ALBERTINA UND DAS GLASHAUS

Rost und Verfall

Nach fast 90 Jahren und nach zwei Weltkriegen zeigte das Glashaus im Burggarten ernste Verfallserscheinungen. Wenn man näher hinsah, verstand man, daß der zuständige Ingenieur der Bundesgärten auf der Verpflichtung, Schutzhelme zu tragen, bestanden hatte. Im Fundamentbereich war die Mauer fast 30 cm nach außen verschoben. Die Lager der Eisenkonstruktion waren fast durchgerostet. Die Gläser waren zum Großteil gesprungen. Es war ein Jammer.

Aber noch immer wurde das Glashaus als Gewächshaus verwendet. Alle Grünpflanzen, die bei Veranstaltungen und Bällen die Säle der Hofburg zieren, wurden hier aufbewahrt und gepflegt. Leider waren die Schienen, die ursprünglich unterirdisch zum großen Saal führten, nicht mehr brauchbar. Und es ist bequemer, mit Hubstaplern hin und herzufahren. Die unterirdische Verbindung gibt es aber noch immer. Vielleicht will einmal eine Bundesregierung aus der Hofburg in den Burggarten.

ÖVP-Bürgerinitiative

Die Bezirksräte Günther Wachtl und Friedl Fallmann nahmen sich des Problems an. Sie organisierten eine ÖVP-Bürgerinitiative, organisierten Veranstaltungen und sammelten Unterschriften. Sie überreichten mir medienwirksam eine fast 5 kg schwere Gußeisenrosette. Schließlich wurden die zuständigen Minister, zuerst Robert Graf, später Wolfgang Schüssel und Franz Fischler mit der Unterschriftensammlung konfrontiert. Die Renovierung wurde angegangen.

Das Caféhaus

Zuerst mußte aber die Verwendung geklärt werden. Noch hatte Kommerzialrat B. Mietrechte am Glashaus. Sein Caféhaus hatte einen unkündbaren Mietvertrag. Er pokerte hoch und verlangte eine entsprechende Ablöse. Natürlich kann die öffentliche Hand so etwas Unmoralisches nicht zahlen. Es ging zwischen Wirtschaftsministerium, dem Finanzministerium und der Finanzprokuratur hin und her. Am Ende behielt Kommerzialrat B. Mietrechte am Glashaus, konnte in den schöneren Mittelteil übersiedeln und war eigentlich der Sieger dieser Auseinandersetzung. Wie schon früher beim Privatparkplatz am Heldenplatz. Auch dort mußte die öffentliche Hand den Vertrag verlängern, obwohl niemand mehr die Verpachtung von Privatgrund des Bundes zur Weitervermietung als Parkplatz wollte.

Fallmann und Wachtl unterstützten auch die Idee des Leiters der Bundesgärten Fischer-Colbrie, das Schmetterlingshaus aus Schönbrunn in das Glashaus des Burggartens zu übersiedeln. Es wurde wunderschön ausgestaltet und ist heute eine willkommene Attraktion.

Minister Molterer konnte 1997 das Glashaus eröffnen. In der Mitte ein herrliches Trend-Café, rechts das Gewächshaus, das im Winter den Grünpflanzen Unterschlupf bietet, links das Schmetterlingshaus. Das Gewächshaus kann im Sommer als Veranstaltungsort verwendet werden.

Augustinerkeller oder Grafik

In einem ebenso erbärmlichen Zustand befand sich die größte und bedeutendste Grafiksammlung der Welt, die Albertina. Kaum Ausstellungsmöglichkeiten, keine Lagermöglichkeiten. Unter „Mister Albertina“ Hofrat Koschatzky wurde mit bescheidenen Mitteln renoviert, aber jedermann war klar, daß nur eine Totalsanierung eine adäquate Präsentation der Schätze dieser Sammlung ermöglichen würde. Ein riesiger Tiefenspeicher sollte die Grafiken aufnehmen, Arbeits- und Vortragsräume sollten die wissenschaftliche Arbeit ermöglichen.

Bäume auf der Rampe

Auf alten Ansichten ist die gesamte Albertina von der Oper aus zu sehen. Kein Baum verdeckt die eigentliche Hauptfassade auf der Rampe. Als nun überlegt wurde, den Haupteingang wieder in die Mitte zu verlegen, entstand eine angeregte Diskussion um die Baumreihe. Die Bäume waren direkt auf die Rampengewölbe gepflanzt worden. Im Laufe der Jahrzehnte waren einige Wurzeln in die Gewölbe eingedrungen und drohten sie zu zerstören. Sie müßten gefällt werden. Wenn man sie aber fällt, solle man überhaupt auf sie verzichten; sie entsprächen nicht der ursprünglichen Planung und würden nur die Architektur verdecken.

Bei den Verhandlungen verwies ich auf das Wiener Baumschutzgesetz und fragte, wo die Ersatzpflanzungen vorgesehen seien. Die Bäume waren jahrzehntelang Schattenspender gewesen und hatten den Aufenthalt auf diesem südseitigen Plateau erträglich gemacht. Außerdem führte ich ins Treffen, daß die Fassade ohnehin nicht mehr sichtbar sei, weil inzwischen Goethehof und Staatsoper gebaut worden seien. Eine Baumfällung ohne Neupflanzung sei nur gegen meinen Willen möglich. Daß ich in dieser Frage die Medien hinter mir haben würde, war allen klar. Endlich gaben die Planer auf und beschlossen, die Bäume in einer Betonwanne wieder zu pflanzen. Wie recht ich gehabt hatte, stellte sich heraus, als Klaus Albrecht Schröder sofort nach Amtsantritt beschloß, den Eingang von der Mitte des Gebäudes nach vorne an die Stirnseite zu verlegen. Die künftigen Besucher ersparen sich lange Wege und das Plateau wird wieder zum Erholungsraum.

Oberhuber – ein „Energiebündel“ mit bezauberndem Kleinkind

Unter dem neuen Leiter der Albertina Konrad Oberhuber ging nichts weiter. Er fiel vor allem dadurch auf, daß er mit seinem Kleinkind und Ehefrau bei allen Veranstaltungen auftauchte, die mit bildender Kunst zu tun hatten. Obwohl die Kleine reizend war, ging der Vater doch allen, vor allem seinen Kollegen, auf die Nerven. Das ging soweit, daß sie sich so setzten, daß keine drei Plätze nebeneinander freiblieben. Oberhuber mußte dann stehen bleiben oder in einer der hinteren Reihen Platz nehmen.

Ausweiche im Akademiehof und im Looshaus

Nach Beginn der Arbeiten wurde der Akademiehof zum Ausweichquartier der Albertina. Eine der ersten Ausstellungen war einer Ironimus Retrospektive gewidmet. Im Ausstellungsraum im Obergeschoß des Akademiehofes waren alle Prominenten – sie wollten ja ihre Portraits sehen – versammelt. Ministerin Gehrer nahm die Eröffnung mit einer wohlvorbereiteten Ansprache vor. Nur verstanden hat sie kein Mensch, denn die Akkustik dieser Halle ist schrecklich. Auch für Ausstellungen entwickelt der Raum wenig Charme. Die Empore wirkt kleinlich und schafft eine gedrückte Atmosphäre. Der eigentliche Raum ist kahl und verwinkelt. Es befriedigt mich, daß der mitverantwortliche Architekt die mißglückte Vernissage am eigenen Leib erlebte. Schließlich hatte er gemeinsam mit Roland Rainer den Bau entworfen. Innen unbrauchbar und außen häßlich. Die beiden hatten einen mehr als ein Jahrzehnt alten Entwurf aus der Schreibtischlade gezogen. Die Kulturstadträtin fand harte Worte. Selten war ich mit ihr so einig.

Ein anderes Ausweichquartier für die Albertina wurde im Looshaus am Michaelerplatz etabliert. Es kommt allerdings nur für kleinere Präsentationen in Frage.

Oberhuber verging aber bald die Lust, weil beide Lokalitäten kaum dem Ruf der Albertina entsprachen. Auch sein Nachfolger setzte keine Initiativen mehr.

Klaus Albrecht Schröder

Nach Oberhuber wurde Klaus Albrecht Schröder zum Leiter der Albertina bestellt. Sofort ging er daran, die Planung zu überarbeiten. Der Eingang wurde besucherfreundlich an die Stirnseite verlegt. Meiner Anregung, den Eingang in der Augustinerstraße doch im Interesse der Besucher zu belassen, folgte er nicht. Statt dessen wollte er den gesamten Albertinaplatz umgestalten. In einer freundlichen Aussprache wies ich ihn auf die Notwendigkeiten hin, Zu- und Abfahrt zum Plankengassenviertel, Fiakerstandplatz, Radweg und leider auch noch Ein- und -Aussteigstellen für die Busse zu koordinieren. Im übrigen hätte jeder Architekt die Sehnsucht, sein Baujuwel bestens zu präsentieren; boshaft fügte ich hinzu: Besonders, wenn ihm zum Bau selbst nichts einfällt. Außerdem sähe ich keine Möglichkeit, die enormen Kosten im Bezirksbudget zu bedecken. Das überzeugte aber leider nicht ganz.

Wettbewerb

Schröder wollte eine mechanische Aufstiegshilfe zum Eingang in die Albertina. Dazu wurde ein Wettbewerb unter ausgewählten Architekten ausgeschrieben. Ich wurde in die Jury berufen. Hollein, Holzbauer, Coop Himmelblau und

Zaha Hadid lieferten Entwürfe. Holleins Entwurf entsprach am ehesten und griff am wenigsten in das gewohnte Stadtbild ein, trotz seiner obligaten Flugdachrampe.

Es gibt für diese Aufstiegshilfe einen Sponsor; ob das Geld nicht doch für die eigentliche Renovierung gebraucht wird, wird sich herausstellen. Nach dem letzten Kassasturz fehlte noch eine Menge Geld.

Der Scheißhäuselturm

Inzwischen wird bereits eifrig gebaut. Tiefenspeicher, Vortragssaal und Arbeitsräume sollen unter der Rampe entstehen. Kurzfristig gab es eine Verzögerung, als die Stadtarchäologie einen Turm des alten Klosters entdeckte. Er war offenbar zur Aufnahme der Fäkalien bestimmt gewesen. Es ist unglaublich, aber es stinkt auch noch nach 300 Jahren. Wegen des hohen Wertes der Ausgrabung muß nun der Tiefenspeicher rund um den Turm herumgebaut werden. Ich hoffe, daß die Entlüftung funktioniert, sonst sind in Zukunft die Schätze der Albertina auch am Geruch zu erkennen.

DAS FIGAROHAUS

Hotel oder Weihestätte

Das im 17. Jahrhundert gebaute Haus reicht von der Schulerstraße bis in die Domgasse. Hier wohnte Mozart 1784 bis 1787 und vollendete die Oper „Figaros Hochzeit". In der Wohnung ist eine kleine Gedenkstätte eingerichtet. Das Stiegenhaus und der Eingang sind in einem beklagenswerten Zustand. Das Haus steht unter Denkmalschutz. Deshalb sind Umbauten nur sehr schwer zu erreichen.

Dem Hauseigentümer gehört nicht nur das Figarohaus, sondern auch das benachbarte Hotel König von Ungarn. Er will, daß sich das Haus selbst erhält. Eine Vermietung ist kaum möglich, weil selbst das Montieren von Steckdosen zum unüberwindlichen Hindernis wird. Lange konnten die Denkmalschützer sich nicht entschließen, welche Schicht der barocken Wandmalerei nun wiederhergestellt werden solle. Der Hausherr wollte daher auch die Stockwerke zwei und drei an die Stadt Wien, im Speziellen an das Historische Museum vermieten. Zum marktüblichen Mietzins von etwa S 200.–/m^2, was dem verantwortlichen Beamten, Hofrat Düriegl, gar nicht gefiel. Er hatte offenbar erwartet, die übrigen Stockwerke ebenfalls zum Friedenskronenzins zu erhalten. Seither ist die Situation verfahren. Ich schleppte Peter Marboe zu einem Mittagessen in den König von Ungarn. Im Gespräch wurden alle Möglichkeiten durchgegangen, Vermietung oder Verkauf. Der Hausherr war auch bereit, das Museum selbst zu betreiben. Doch ist seither noch immer nichts geschehen. Hofrat Düriegl ist immer noch im Amt.

Die großartige Neugestaltung

Dieselbe Architektin, die auch die mißglückte Mozartausstellung im Künstlerhaus verbrochen hatte, gestaltete die Gedenkräume im Figarohaus um. Mit hellen Holzvitrinen und der Möglichkeit, Mozarts Musik zu hören. Da sich offenbar gerade in diesem Stockwerk nichts denkmalschützerisch Erhaltenswertes befand, konnte man die Räume total ausräumen und weiß ausmalen. Die Maler durften auch mozartblaue Handabdrücke an die Wand drücken. Die Sehnsucht der Japaner zu sehen, in welchem Umfeld Mozart gearbeitet hat, wird aber so nicht befriedigt. Die Touristen und Musikinteressierten sollten halt nicht so bürgerlich verstockt sein, meinte wohl die Architektin. Daß trotzdem noch immer 70 000 Besucher kommen, um nichts zu sehen, grenzt an ein Weltwunder. Mozart hören könnte man eigentlich in jedem Plattenladen bequemer.

Skurril war die Eröffnung der neugestalteten Räume. Die Stadträtin mit ihrem Zweifel an der Hochkultur tat sich unerhört schwer, Lobendes über Mozart zu sagen. Höhepunkt war der Satz: „Hier spielte ein bekanntes Streichquartett mit Wolfgang Amadeus an der 1. Geige, wer die zweite Geige gespielt hat, weiß man nicht, Leopold Mozart an der Bratsche und Michael Haydn am Cembalo." Ein Aufseufzen der fachkundigen Anwesenden unterstrich die Äußerung. Alle wunderten sich, daß die Wiener Kulturstadträtin nicht weiß, daß das Cembalo kein Streichinstrument ist und daher in einem Streichquartett nichts zu suchen hat. Der Unterschied zwischen Cello und Cembalo sollte klar sein.

Noch immer Gstätten

Nach wie vor ist der Zustand des Figarohauses ein Skandal. Die Fenster der oberen Stockwerke sind inzwischen mit Plastik verklebt. Sowohl in der Schulerstraße als auch in der Domgasse erweist sich Wien keineswegs als Kulturstadt. Erst kurz vor der Wahl 2001 konnte Stadtrat Marboe die Anmietung der beiden Obergeschoße melden. Das Museum wird ausgeweitet. Ob es dem neuen Satdtrat auch ein Anliegen ist, wird sich bald zeigen.

DER DOM

Die ewige Aufgabe

Wie jeder größere Dom hat auch der Stephansdom eine Dombauhütte, in der alle notwendigen Handwerker beschäftigt sind, die den Dom renovieren und in Schuß halten. Steinmetze, Maurer und Tischler arbeiten unter der Leitung des Dombaumeisters Dipl. Ing. Wolfgang Zehetner. Alle verfügen über eine Spezialausbildung, weil die allgemein übliche Ausbildung nicht ausreichen würde, der historischen Bausubstanz gerecht zu werden. Daß sie alle schwindelfrei sein müssen versteht sich von selbst. Die Bausubstanz des Domes ist teilweise schon jahrhundertealt und bedarf daher einer besonderen Pflege. In den letzten Jahren wurde das Riesentor wieder hergestellt, die romanischen Bogen mit der leichten Spitze sind wirklich die originalen. Alle Vermutungen, daß in der Gotik der Eingang verändert worden wäre, haben sich als falsch erwiesen.

Vor der Installierung einer Fußbodenheizung gestattete man dem Archäologen Forschungen im Bereich der Westempore. Dabei stellte sich heraus, daß es schon im ersten Jahrtausend an dieser Stelle eine Kultstätte gegeben haben muß. Wiens Geschichte erhält damit eine neue Facette. Auch der Südturm wies schwere Schäden auf. Teilweise mußten tragende Teile ausgetauscht werden. Dazu war es notwendig, mit einer Manschette den oberen Teil des Turmes zu sichern, bevor die tragenden Steine ersetzt werden konnten. Auch diese Risikoperiode ging ohne größere Probleme zu Ende.

In den vergangenen Jahren wurde der Dom photogrammetrisch vermessen, was besonders schöne Idealpläne ergab. Auch die kleinsten Teile können nun originalgetreu rekonstruiert werden.

Mit dem langjährigen Dombaumeister Stögerer hatten wir vom Bezirk anfangs Probleme. Als er die Kanzel von Anton Pilgram mit einem Plastikschutz versah, protestierte Bezirksrat Dozent Knoll. Daß sich die Bezirksvorstehung in Bauangelegenheiten des Domes einmischt, war bis dahin undenkbar. Zur Eskalation kam es, als der Dombaumeister einen Aufzug zwischen den Katakomben und dem Raum hinter dem Hochaltar bauen wollte, um Sessel zu befördern. Bezirksrat Dozent Knoll verweigerte die Zustimmung des Bezirks, was für große Aufregung sorgte. Wie so oft kam ich in die Schere zwischen berechtigten Anliegen, wie sie von den Bezirksräten formuliert worden waren, und der Aufrechterhaltung einer guten Beziehung. Heute hätte ich mit Kardinal Schönborn, dem Dompfarrer und dem jetzigen Dombaumeister Ansprechpartner, mit denen solche Probleme besprochen werden können. Damals war es schwieriger. Ich mußte nachgeben.

Der neue Dombaumeister Wolfgang Zehetner ist ein dynamischer Architekt, der auch an der Renovierung des Technischen Museums mitgearbeitet hat. Er versucht nicht nur den Dom grundlegend zu erneuern, sondern auch die Öffentlichkeit zu mobilisieren. Als er die Verschalung der Heidentürme mit neuen Methoden austrocknete, erforderte das den Einsatz neuer Techniken.

Die Finanzierung der Domerhaltung

Eine jährliche Straßensammlung und die Zahlscheine, die der Zeitung des Domerhaltungsvereines beigelegt werden, sind fixe Bestandteile der Finanzierung der Dombauhütte. Mit 7 Millionen Schilling Erlös trägt der Lift auf den Nordturm den größten Brocken bei. Ein Steinmetz wird seit Jahr und Tag von der Firma Manner bezahlt, weil ja der Dom auf jeder Packung Mannerschnitten zu sehen ist. Die Erzdiözese steuert lediglich eine Million bei. Die Stadt Wien hat ihren Beitrag von null auf 500 000.– und später auf 1 Million Schilling gesteigert.

Das Dom-Puzzle

Schon Ende der Achtzigerjahre kam der Bezirksparteiobmann der Innenstadt ÖVP auf die Idee, dem Dom zu helfen. Wir starteten eine Aktion. Neben einer Hütte der Bäckerinnung, die verbilligt zugunsten des Domes Brot verkaufte, wurde eine große Wand aufgebaut. Nun konnten spendewillige Passanten einen Puzzlestein um 40.– erwerben und an der bezeichneten Stelle aufkleben. Stein Nr. 1043 an der Stelle, die mit 1043 markiert war. Im Ganzen gab es 1600 Steine. Viel zu langsam wuchs das Bild, das den Dom im 19. Jahrhundert darstellte. Anfangs waren alle mit Feuereifer dabei; als sich aber abzeichnete, daß wir Wochen brauchen würden, bis das Puzzle fertig wäre, ließ der Eifer nach. Bei windigem Wetter begannen die Tafeln über den Platz zu wandern und waren nur von kräftigen Männern zu halten. Wir gaben nach 10 Tagen auf. Etwa 20 000.– kamen doch zusammen. Auch die Bäcker konnten eine ähnliche Summe beisteuern.

Es war Bürgermeister Zilk, der auf die Idee kam, einen zweiten Verein zur Sammlung von Sponsoren und Geld zu gründen. Eine Grundsubvention aus dem Bankensektor sorgte dafür, daß ein Büro eingerichtet und eine Generalsekretärin engagiert werden konnte. Die verschiedensten Aktivitäten wurden besprochen und mit Hilfe von Sponsoren durchgeführt. Da mir dieser Wille zur Tat gefiel, reklamierte ich mich in diesen Verein hinein und wurde gnädig als einfaches Vereinsmitglied aufgenommen. Bis zuletzt bestand meine Tätigkeit auch darin, in der Generalversammlung den Antrag auf Entlastung des Vorstands zu stellen, weil nie ein anderes einfaches Mitglied zur Generalversammlung erschien.

Generalsekretärin wurde Rosa Spitzauer, eine Persönlichkeit mit Durchsetzungskraft. Durch sie entstand erstmalig in Wien eine moderne, wenn auch österreichische Spielart von Fund-Raising. Es war schwer, ihr etwas abzuschlagen, was sie sich in den Kopf gesetzt hatte. Im Lauf der Jahre wurde eine wunderbare Zusammenarbeit daraus. Langlaufloipen und Slalomhänge wurden zugunsten des Domes aufgebaut, Konzerte veranstaltet und dabei namhafte Beträge gesammelt.

Der Stephansplatz als Werbespielwiese

Schon bald kamen findige Werbemanager darauf, daß es viel Prestige bringt, wenn man dem Dom hilft und gleichzeitig für das eigene Produkt wirbt. Eine Kranfirma wollte Passanten mit einer Gondel den Dom auf und abfahren lassen, eine andere wollte Bunjee jumping am Stefansplatz veranstalten, auch unzählige Marktveranstalter drängte es plötzlich auf den Stephansplatz. Da ich immer der Überzeugung war, dass auch der heiligste Zweck die Mittel nicht heiligt, leistete ich Widerstand. Erst 1998 konnte ich im Verein durchsetzen, dass ein Tagessatz für die Verwendung des Stephansplatzes festgelegt wurde. Wir wollten 500 000.– verlangen. Erhalten haben wir diese Summe fast nie, aber sie war eine gute Verhandlungsbasis und hat dazu geführt, daß sich die Kleinkrämer verschreckt zurückzogen. Es ist auch bisher immer gelungen, die Werbeaufschriften auf ein vertretbares Ausmaß einzuschränken.

Ein aus Legosteinen gebauter Dom brachte 200 000.–. Mit einer Langlaufloipe am Stephansplatz warb man für die Schi-WM. Als Präsident Schröcksnadel für die alpine WM in St. Anton einen Slalomhang aufbauen wollte, waren wir schon vorsichtiger. Ich spielte den Bösen und ließ mich erst bei einer namhaften Summe weichklopfen. Die Veranstaltung wurde ein Erfolg, obwohl die Temperaturen sommerlich waren und die Piste davonschwamm. Neben der späteren Weltmeisterin Michaela Dorfmeister waren Dompfarrer Faber und Bundeskanzler Schüssel am Start. Gewonnen hat der Slalomstar außer Dienst Thomas Sykora. Eine frostige Angelegenheit war dagegen der Start einer neuen Wiener Orchesterformation mit heiterer Musik, gesponsert von der Wiener Städtischen. Wir froren besonders bei den launigen Zwischentexten, auch im Juni gibt es leider kalte Tage.

Die Bäcker und die Zuckerbäcker, pardon Konditoren

Die Bäcker wurden von unserer ÖVP Aktion inspiriert und stellten ihre Brothütte zweimal im Jahr zugunsten des Domes auf. Mehrere Jahre stellten sie sich in den Dienst der guten Sache, bis die Zuckerbäcker auf dieselbe Idee kamen, einen eigenen „Domspitz“ kreierten und entsprechende Erlöse einbrachten. Da war Feuer am Dach – aber nicht auf dem des Domes! Nicht nur die kammerinterne Rivalität zwischen den beiden Innungen, sondern auch die persönliche zwischen den Innungsmeistern flammte auf, bis dann die Bäcker abzogen und für andere soziale Zwecke sammelten.

Sie holten einen rührigen Fleischhauer zuhilfe und boten alles an, was sich der Wiener wünscht. Die umliegenden Würstelstände und Fleischhauer tobten. Die Fleischerinnung tat bei dieser Aktion mit. Das führte im Innungsausschuß zu erregten Debatten, vor allem, als die Aktion auf den Graben auswanderte, weil ich den Stephansplatz für Aktionen zugunsten des Domes freihalten wollte. Im Innungsausschuß gab es wechselnde Mehrheiten, dafür und dagegen. Die letzte Abstimmung fiel gegen die Beteiligung der

Fleischerinnung aus. Ich wollte aber auch am Graben nur Institutionen und nicht Einzelfirmen karitative Aktionen erlauben. Die Bäcker waren böse auf mich. Beim ersten Mal hatten sie immerhin den Großteil eines Rettungsautos zusammengebracht. Der Scheck war im großen Rahmen überreicht worden, mir wurde sogar das „Goldene Brezel" der Bäckerinnung verliehen.

Obwohl ich ihnen meine Grundsätze erklärt hatte, kümmerten sie sich beim nächsten Mal um nichts und engagierten wieder den bekannten Fleischhauer. Sie wunderten sich sehr, als ich ihnen das „Goldene Brezel" zurückschickte. Beim nächsten Mal gingen sie raffinierter vor; sie erklärten für Licht ins Dunkel zu sammeln. Damit hatten sie Kurt Bergmann als Verbündeten gewonnen, der ein energischer Verhandler war. Schließlich einigten wir uns auf die Definition, es wären Nebenrechte der Bäcker. Wenn ich mir den Stand anschaue, müssen diese sehr umfangreich sein. Wenig begeistert sind die Kaufleute des Grabens, die diese Aktion als zuwenig elitär empfinden. Was Kurt Bergmann zu diesem Argument sagte, sei verschwiegen.

Georg Riha

Jährlich werden vom Heldenplatz einige Heißluftballons gestartet. Dort ist genug Platz und unerwartete Windboen können nichts anrichten. Da auch Bürgermeister Zilk schon vom Heldenplatz gestartet war und ihm auch ein mißglückter Start nicht geschadet hat, gilt der Platz als sicher. Das Zeitungsfoto, das Zilk zeigt, wie er über den Rand des umgestürzten Fahrgastkorbes schaut, dürfte ihn aber weniger gefreut haben.

Ballonstartbewilligungen wurden zum Routinefall. Um so größer mein Erstaunen, als ein Ballonfahrer auftauchte, der darauf bestand, vom Stephansplatz aus zu starten. Ich versuchte, ihn von der Gefährlichkeit des Ansinnens zu überzeugen, aber er gab nicht nach. Er wolle den Ballon auch nur auf 250 Meter Höhe steigen lassen und dann dort fix vertäuen. Von dort solle der Stefansdom gefilmt werden. Es werde auch niemand in einer Gondel sitzen. Die Kamera werde an einem 130 Meter langem Seil heruntergelassen und ebenfalls fix vertäut. Sie lasse sich rundum schwenken. Gesteuert werde sie vom Boden aus.

Im übrigen käme nur ein windstiller Tag in Frage. Da mußte ich ihn aufklären, daß sich der Dom auch an den schönsten Tagen seinen Wind selber macht. Die Sonne scheint auf das Dach und den Stein des Südturmes und erwärmt sie. Die Strahlung erwärmt die Luft, diese steigt auf. Es entsteht ein Kamineffekt und am Platz unten weht der Wind. Aber auch durch diese Fachkenntnis war der Ansucher nicht zu beeindrucken. Er baue am Morgen auf und bis die Steigwinde kämen wäre alles längst fixiert.

Langsam näherten wir uns dem Kern. Er wolle einen Film über den Dom machen. Jetzt begann ich mich für die Sache zu erwärmen. Der Film werde den Dom im Wechsel der Jahreszeiten zeigen. Alles Leben im Dom werde gefilmt, er werde die Falken im Flug beobachten. Meine Begeisterung stieg. Schließlich wurde aus dem zweifelnden Bezirksvorsteher ein begeisterter Förderer des Projektes. Der Universumfilm „Der Dom lebt“ begann Gestalt anzunehmen. Gemeinsam mit Frau Spitzauer versuchte ich, weitere Sponsoren aufzutreiben.

Als der Film fertig war, begeisterte er alle Welt. Junge Falken, Schmetterlinge und arme Kirchenmäuse bevölkern den Dom. Seltene Insekten wurden monatelang beobachtet. Besonders beeindruckte mich der feine Humor, der den Film nicht nur interessant, sondern auch kurzweilig machte. Die aufwendige Technik erlaubte außergewöhnliche Einblicke, die man nicht so bald wiederholen kann. Heute ist Georg Riha mit seinem Verfahren ein gesuchter Mann, der Skispringen aus neuer Perspektive zeigt, weil die Kamera mit dem Springer mitfährt. Auch die wunderschönen Bilder während des Neujahrskonzertes werden vom Kamerateam dieses großen Künstlers geliefert.

Mir hat er den Titel „Bedenkenträger" verliehen und das Bild für den Umschlag dieses Büchleins kostenlos zur Verfügung gestellt. Der „Bedenkenträger" ist, so glaube ich, für meine gesamte Tätigkeit als Bezirksvorsteher eine sehr passende Bezeichnung. Daß aus einem solchen auch ein Förderer werden kann, hat Georg Riha im Nachspann des Universumfilmes dokumentiert: Dort werde ich genannt, worauf ich sehr stolz bin.

Der Dachstuhl

Beeindruckend ist unser geliebter Steffl von allen Seiten. Großartig sind auch seine drei Schiffe im Inneren. Wenige aber kennen den Dachstuhl. Über dem Kirchenschiff erhebt sich ein riesiger Raum, der vor dem Brand des Domes im Jahre 1945 mit einem hölzernen Dachgebälk gefüllt war. Die derzeitige Konstruktion lieferte die VOEST. Die neuen Stahlträger wiegen trotz ihrer Stabilität die Hälfte der ursprünglichen Holzkonstruktion. Lange Lampenreihen erhellen den Raum nur notdürftig. Die erste Lampe rechts ist unerklärlicherweise immer in Bewegung. Ein Dommodell zeigt, daß der Dom früher höher aus dem Boden ragte. Stufen führten zu den Eingängen. Von einer Empore sieht man hinunter auf den Platz. Von dort musiziert die Gardemusik jährlich ihr Turmblasen in der Adventzeit.

Die neue Orgel

Wie viele gotische Dome hat auch der Stephansdom im Grunde eine schlechte Akkustik. Schließlich braucht der Ton von der Orgel über dem Riesentor bis nach vorne merkbar viel Zeit. Beim Begleiten mußte der Organist nach jeder musikalischen Phrase eine Generalpause einlegen, damit das mitsingende Volk einigermaßen zurechtkam. Kardinal Groer wollte dem Abhilfe schaffen und beauftragte eine neue Orgel, die im Seitenschiff Aufstellung fand. Domorganist Peter Planyavsky spielt nun direkt neben dem Chor und dem Orchester. Das ergibt einen homogenen Klang. Auch das Mitsingen ist viel harmonischer. Nach einigen Jahren hat man sich auch an die architektonische Lösung gewöhnt. Der Schauspieler Götz Kaufmann, ein Nachkomme des Erbauers der Chororgel beim Riesentor, trauert natürlich der großen Orgel nach und versucht noch immer sie zu retten.

Das Riesentor

Besondere Schäden wies das Riesentor auf. Es sollte renoviert werden. Sofort flackerte wieder die alte Diskussion um die Farbgestaltung auf. Früher seien die romanischen und gotischen Dome bunt gewesen. Also forschte man nach und kam auf vier Farbschichten. In einer kleinen Ausstellung wurden die alten Farbgebungen vorgestellt. Damit war die Diskussion auch schon wieder zu Ende, denn niemand fand an den alten Mustern Gefallen. Das Riesentor erhielt zur Entsalzung eine Schönheitspackung, verrottete Teile wurden ergänzt. Heute strahlt das Riesentor in seiner beeindruckenden Schönheit wieder.

Gleichzeitig suchte man nach Spuren der Vorgängerkirche, um das genaue Gründungsdatum zu erforschen. Man wurde fündig, allerdings wiesen einige Teile auf noch ältere Fundamente hin. Man überbaute die Ausgrabungen und versenkte eine Metallhülse mit den Namen der Sponsoren der Gegenwart. Aber schon zwei Jahre später gruben die Archäologen weiter. Sie fanden im Innenraum neue Fundamente, die darauf hinweisen, daß die älteste Kirche schon 400 nach Christus an diesem Platz gestanden ist. Die Geschichte des Domes ist viel länger, als wir bisher angenommen haben.

Selbstmörder am Nordturm

Ende der 80er Jahre stürzte sich ein Lebensmüder vom Nordturm. Dem Wunsch eines Bürgers, den Umkreis des Nordturms abzuschranken, damit kein unschuldiger Passant zu Schaden kommt, wurde nicht entsprochen. Während die Schutzgitter erhöht wurden, sprang der Nächste in den Tod. Die Schutzgitter sind derzeit aber so hoch, daß niemand mehr springen kann.

Die Wetterstation

In Wien wird die Luftqualität, ihre Belastung mit schädlichen Substanzen und Staub, an elf verschiedenen Stellen gemessen; unter anderem neben dem Dom am Gelände der Dombauhütte und unter dem Dach des Domes. Dort befinden sich jene Meßgeräte, die die Luftqualität messen. Schließlich ist es für den Wiener Durchschnitt wichtig, die Luftqualität nicht nur auf dem Stephansplatz in 35 Meter Höhe, sondern auch unmittelbar neben dem Fiakerstandplatz zu messen. Die Ergebnisse werden dann mit elf anderen, insbesondere mit denen vom Herrmannskogel, addiert und durch elf dividiert und in der Alserbachstraße oder am Anfang der Währingerstraße auf einer großen Tafel angezeigt. Alle sind dann begeistert, wie sauber die Luft in diesen stark befahrenen Straßen ist. Weil ich mich immer wieder über die mangelnde Seriosität der Messungen empört hatte, hielt man es nicht mehr für zweckmäßig, mir wöchentlich die Übersicht über die Schadstoffbelastung der Wiener Luft zu schicken. Damit hatte ich keine sachlichen Unterlagen, wenn ich auf diese Täuschung der Wiener aufmerksam machen wollte. Deshalb glauben die Wiener noch immer, daß sie in der Alserhochstraße die Schadstoffbelastung der Alserbachstraße ablesen können.

DIE HÄUSER DER VEREINIGTEN EISEN- & STAHLWERKE

Die Weltausstellung

Für 1995 bewarb sich Wien gemeinsam mit Budapest um eine sogenannte „kleine Weltausstellung". Große Pläne wurden gewälzt. Die Überplattung der Donauuferautobahn wurde beschlossen. In einer Volksabstimmung sollten die Wiener sich ebenfalls dafür aussprechen. Doch zwei Drittel stimmten dagegen und erteilten den Sozialpartnern, den Roten und den Schwarzen, eine Absage. Bei einer Wahlbeteiligung von 45 % hatten kaum 16 % der Bevölkerung für die Weltausstellung gestimmt. Schon damals zeichnete sich ab, daß der Wähler sich eigene Gedanken macht. Gleichzeitig fiel auch die Entscheidung zugunsten des Kraftwerkes Freudenau.

Mit der Entscheidung gegen die Weltausstellung wurde aber eine große Chance vergeben. Wien stellte sich als innovationsfeindlich und wenig großzügig dar. Die Völkerverbindung mit Ungarn interessierte niemanden. Sechs Monate Auslage für die Welt zu sein, reizte nicht. Ein unverzeihlicher Fehler war sicher, daß Wien sich nicht gleichzeitig als Messestandort positioniert hat und die Nachnutzung der Platte unklar blieb. Auf der Platte sind zwar inzwischen interessante Bauten entstanden, die Entscheidung über die Wiener Messe fiel aber erst 2001. Rückblickend muß man froh sein, daß die Weltausstellung nicht stattgefunden hat. Sie wäre mit nur halbem Herzen betrieben wahrscheinlich ebenso ein Flop geworden wie die in Hannover einige Jahre später.

Neue Hotelpläne

In Erwartung der Weltausstellung hatte eine japanische Gruppe die vier VEW Häuser am Opernring erworben, um dort ein Hotel zu errichten. Eine Architektengruppe entwarf eine akzeptable Lösung. Viel Geld sollte investiert werden. Als uns das Projekt vorgestellt wurde, waren wir durchaus zufrieden. Die Häuser waren bis dahin fast zur Gänze für Büros genutzt worden. Drei Mietobjekte waren zweifelhaft und stellten sich bei näheren Recherchen als bewohnte Wohnungen heraus. Es gab dort Wahlberechtigte. Circa 420 m^2 sollten daher für den Hotelbau in einem ordentlichen Verfahren, das heißt unter Einbeziehungen des Bezirksbauausschusses, umgewidmet werden. Der Bezirk stimmt bis heute Umwidmungen aber nur zu, wenn entsprechende Ersatzflächen wieder zu Wohnzwecken zur Verfügung gestellt werden. Die Situation verhärtete sich, wir bestanden auf 420 m^2, die Japaner waren der Meinung, daß eine Milliardeninvestition Ausnahmen rechtfertige.

Der Bauausschuß und die MA 35

Da die Stadt Wien die Investoren nicht verlieren wollte, wurde der Akt der MA 35, die für öffentliche Bauten zuständig ist, zugewiesen. Senatsrat Bock, der von der Einmischung der Bezirke grundsätzlich wenig hielt, entschied, daß es keine Wohnungen gegeben habe, der Bauausschuß daher gar nicht zu befassen sei. Die Wut im Bezirk war groß. Natürlich fanden die üblichen Schuldzuweisungen statt, so die, ich hätte hinterrücks der Lösung zugestimmt. Insbesondere die freiheitliche Fraktion nutzte die Situation.

Was Senatsrat Bock übersehen hatte, war die Tatsache, daß auch die im Flächenwidmungsplan vorgesehene Bauhöhe überschritten werden sollte. Und dafür war wieder der Bauausschuß zuständig. Diesmal unumgehbar. Er nutzte seine Macht und verlangte erneut Ersatzwohnflächen. Der Hinweis auf die bereits erfolgte Entscheidung nutzte nichts. Ich riet den Architekten, für den Hoteldirektor eine Wohnung in entsprechender Größe vorzusehen, das wollten die Japaner aber nicht. Ich war kurz vorher im Hotel Intercontinental in der Generaldirektorswohnung eingeladen gewesen und wußte daher, daß es durchaus üblich ist, den Chef im Hause wohnen zu haben. Die Japaner wollten offensichtlich jeden Quatratmeter an Hotelgäste vermieten.

Schließlich kam auch noch die Absage der Weltausstellung dem offenbar schwierigen Verfahren in die Quere. Die Japaner verkauften die Liegenschaft an den Garagentycoon Breiteneder und verloren, wenn die Gerüchte stimmen, mehrere hundert Millionen. Unser Image als Investitionsplatz in Japan war damit aber dahin.

Und wieder Hotelpläne

Fast ein Jahrzehnt verfielen die vier Häuser. Es fand sich keine Nutzungsmöglichkeit. Einkaufszentrum oder Museum, Büros, Wohnungen, alles wurde überlegt. Kurzfristig war der Standort auch als Alternative für das Museum der Republik im Gespräch, das nach dem Willen des Leiters des Jewish Wellcome Service im Palais Epstein situiert werden soll, wo allerdings der Bundesrat einziehen will, der im Parlament nicht genug Platz hat. Erst im letzten Jahr kristallisiert sich am Opernring wieder ein Hotelbau heraus. Voraussetzung dafür ist allerdings der Bau von entsprechenden Parkmöglichkeiten. Da ich mich noch genau an die Bürgerinitiative Schillerplatz erinnerte, setzte ich mich von vornherein mit den Bürgern ins Einvernehmen. Da alle froh waren, daß sich bei diesem Schandfleck der Inneren Stadt endlich etwas tut, war die Stimmung gut. Als ich auch Volksgaragenplätze anbieten konnte und dafür sorgte, daß genug Parkplätze und die Verkehrsrelationen erhalten blieben, gab es allgemeine Zustimmung. Jetzt muß nur noch gebaut werden. Fünf nach zwölf steuerte auch noch Rektor Pruscha von der Akademie der bildenden Künste die Idee einer Wasserfläche am Robert Stolz Platz bei.

Vorangegangen war eine großzügige Aussiedlung der Geschäftslokale aus den VEW Häusern. Der Schneider Hantak übersiedelte in die Tuchlauben in ein funkelnagelneues Lokal, die Styria Buchhandlung wurde ins Erzbischöfliche Palais in der Rotenturmstraße einquartiert. Nur mein Freund und Wirtschaftsbundobmann Edi Steinmetz blieb hart und verhandelte zäh. Sein Sohn führt den Betrieb noch heute am Opernring. Ob das Hotel rund um die Blumenhandlung Sädtler gebaut werden muß, ist bis heute unklar.

DAS PALAIS HARRACH

1690 durch Domenico Martinelli erbaut ist es ein Schmuckstück der Freyung. Nach 1945 wurde es eingedeckt und notdürftig renoviert. Ein Barockjuwel, an dem sich die Problematik vieler Innenstadtpalais entzündete. Im Erdgeschoß gibt es wenig vermietbare Räume, im Harrach waren das ein Glasgeschäft und eine Boutique, im Stock darüber denkmalgeschützte Repräsentationsräume. Für Bälle oder Konzerte sind diese Räume meist zu klein, wegen ihrer Schönheit durften sie aber auch nicht verändert werden. Für die Verwendung als Seminarraum fehlte die Infrastruktur. Nur ab dem zweiten Obergeschoß und im Dachgeschoß konnten Veränderungen vorgenommen werden. Im Dachgeschoß nur, wenn das Bundesdenkmalamt dem Einbau von Dachgaupen zustimmte. Ich habe nicht nur beim Harrach darauf hingewiesen, daß die Dachgeschosse in der Barockzeit von der Dienerschaft bewohnt waren und Gaupen daher etwas selbstverständliches waren. Wo sonst hätten die Diener wohnen sollen? Zu meiner Freude habe ich am Petersplatz ein Zeugnis für meine Theorie. Aber auch unter diesen Voraussetzungen sind Palais kaum wirtschaftlich zu nutzen, geschweige denn Gewinn zu erarbeiten. Palais sind nur zu renovieren, wenn sich ein Mäzen findet.

Oskar Josef Schmidt

Das Harrach stand im Eigentum der Stadt Wien. Eine Renovierung war nicht vorgesehen, weil die Verwendung unklar war. Da kam der Kunstsammler Oskar Josef Schmidt ins Gespräch. Er hatte eine Sammlung österreichischer zeitgenössischer Kunst und wollte sie im Harrach ausstellen. Er erwarb das Harrach um 62 Millionen, gleich darauf auch das

Palais Kinsky. Ein anscheinend unermesslicher Reichtum, den er aus Ölquellen und einer Reifenfabrik im Burgenland bezog, ermöglichten ihm das. Da er auch die Meinung des Bezirksvorstehers einholen wollte, bedrängte er meinen Büroleiter um einen sofortigen Termin. Da mein Tagesablauf verplant war, erklärte ich mich bereit, nach der letzten Veranstaltung im Alten Rathaus auch noch ins Kinsky zu pilgern.

Als ich etwa 10 Minuten verspätet ankam, erwartete mich an der Haustüre ein würdiger Herr, der sich als Rechtsanwalt vorstellte. Mir kam das zwar etwas komisch vor, aber bitte. Renovierungspapst Wehdorn stellte mir dann das Projekt vor, gegen das es kaum Einwände gab. Ich wollte lediglich einen Behindertenzugang in die Garage auf der Freyung. Den gibt es auch noch heute, leider nicht öffentlich zugänglich. Inzwischen hat die Garage ja schon einen eigenen Lift. Anschließend wurde ich in die Privatgemächer geladen. Schmidt zeigte mir Fotos der Ölquellen und des Luxuskreuzers sowie seine Kunstschätze. Seine Frau hatte getigerte Augenbrauen und versuchte sofort familiären Kontakt aufzunehmen, weil wir doch gleichaltrige Kinder hätten. Ich fand, daß wir noch keinesfalls so vertraut seien und gab eine ausweichende Antwort. Als dann eine schriftliche Einladung kam, lehnte auch meine Frau ab. Das sollte sich schon bald als richtig erweisen.

Schon bald stellte sich nämlich heraus, daß der Reichtum Schmidts keineswegs so unermesslich war wie vermutet. Das Kinsky war mit 172 Millionen belehnt und auch sonst schien es an den Mitteln für die vertraglich zugesicherte Renovierung des Harrach zu mangeln. Schmidt verkaufte das Harrach um 210 Millionen an eine CA-Tochter. Da die Stadt ein Rückkaufsrecht hatte, schrien die Oppositionsparteien auf. Schmidt hatte mit Duldung der Stadt 148 Millionen lukriert, das Geld hätte die Stadt auch selbst verdienen können. In einer emotionalen Debatte im Gemeinderat wurde Zilk beschuldigt, ein persönlicher Freund Schmidts zu sein. Schließlich hatte Dagmar Koller am Opernball vor laufenden Fernsehkameras die dritte Frau Schmidts als Freundin bezeichnet. Zilk leugnete nähere Beziehungen und beschuldigte den Bezirksvorsteher, mit Schmidt befreundet zu sein. Ich wurde ins Rathaus geholt und schilderte vor dem ganzen Gemeinderat mein einziges Zusammentreffen. Es war keine angenehme Situation. Seither versuchte ich, solche Treffen nur mehr mit einem Zeugen zu besuchen.

Schmidt hatte übrigens auch zu Udo Proksch Beziehungen. Die Angelegenheit wurde auch vom Kontrollamt geprüft. Obwohl Zilk und Mayr offenbar einem Schwindler aufgesessen waren, kam nichts dabei heraus. Allerdings begann damals die Debatte über die Rolle des Kontrollamtes, das damals nicht einmal ansatzweise unabhängig war. Die Unterstellung unter den Magistratsdirektor war eine totale.

Das Harrach wurde von den neuen Eigentümern renoviert, das Kunsthistorische Museum eröffnete eine Dependance, im Erdgeschoß entstanden Geschäftslokale, sie wurden mit Wiens erster Einkaufsgalerie im Palais Ferstel verbunden, ein italienisches Restaurant siedelte sich an. Im Dachgeschoß entstanden Wohnungen. Die größte auf drei Ebenen. Der vielen Treppen wegen darf man hoffen, daß die Bewohner nie alt werden.

Das Kinsky dämmerte vor sich hin und wurde erst 1990 von Karl Wlaschek gekauft und auf Hochglanz gebracht. Es beherbergt heute ein Auktionshaus und den unvermeidlichen Italiener. Die herrlichen Prunkräume werden fallweise vermietet. Montags tagt hier ein Rotaryclub.

LICHT UND FASSADEN

Anstrahlung der Fassaden

Ein besonderer Wunsch des Bürgermeisters war die Anstrahlung der öffentlichen Gebäude. Die MA 33 machte sich mit Feuereifer an die Arbeit. Zuerst wurde die Hofburg am Michaelerplatz mit neuen Beleuchtungseffekten versehen. Die Säulen bekamen eigene Hintergrundlampen. Bei Nacht fährt aus einer gegenüberliegenden Dachlucke ein besonderer Beleuchtungskörper. Der Platz wirkt zauberhaft. Besonders hell sollte die Front Babenbergerstraße des Kunsthistorischen Museums werden. Die Beleuchtungsfirmen tobten sich aus. Die Fassade erstrahlte nun in leuchtendem Weiß. Ich wies darauf hin, daß sie keineswegs weiß sei und daß der Maria Theresienplatz viel dunkler sei. Die von innen angestrahlten Riesenampeln würden an Wirkung verlieren. Nach vielen Versuchen – Scheinwerfer wurden montiert, wieder abmontiert oder an anderen Stellen wieder instaliert – einigten wir uns auf eine bescheidene Lösung.

Grabenhof oder Pestsäule?

Als mich die Firma Heldwein zu einer Vernissage lud, ging ich über den Graben und sah die mir bekannte Crew abwartend herumstehen. Sie warteten auf den Bürgermeister, der Grabenhof sollte nach seiner Renovierung ausgeleuchtet werden. Da man mich nicht geladen hatte, ging ich nach der Präsentation wie zufällig wieder vorbei. Zilk und Generaldirektor Hauff von der Beamtenversicherung beäugten zufrieden das Ergebnis. Nur der Bezirksvorsteher, der gar nicht eingeladen war, fragte, ob auch die Pestsäule beleuchtet werden solle. Die lag nämlich im Dunkel. Zuerst versuchte mich Zilk abzuwimmeln. Ich hatte aber bereits das Interesse von Generaldirektor Hauff geweckt. Er erklärte sich bereit, die Dreifaltigkeitssäule ebensfalls zu beleuchten. Ich ging zufrieden meines Weges. In der Adventzeit unterstützte er sogar die Kaufleute, als sie die Säule farbig und dynamisch ausleuchteten.

Mit einer Lichtdusche wurde auch der Südturm des Stephansdoms ausgeleuchtet. Stolz zeigte mir Stadtrat Swoboda das Ergebnis von seinem Arbeitszimmer aus. Wie Windbäckerei leuchtete der Turm, strahlend hell. Ich wies darauf hin, daß gotische Bauwerke ganz bewußt vom Gegensatz von Licht und Schatten leben und bei dieser Art der Beleuchtung die Einzelheiten verlorengingen. Swoboda widersprach heftig, mir würde nichts gefallen, ich hätte immer etwas zu meckern. Er hatte die Lichtdusche geschenkt erhalten und wollte offenbar die Spenderfirma nicht kränken. Ich ging eher deprimiert weg. Ich war überzeugt, mit meiner Bemerkung nur böses Blut gemacht und nichts erreicht zu haben. Umso erfreuter war ich, als nach 14 Tagen eine neue Beleuchtung installiert wurde, die Licht und Schatten berücksichtigte.

Laserprojektion aufs Domdach

Beim Sylvesterpfad wurde das Dach des Doms zur Projektionsfläche für ein Laserexperiment. Wilde Muster wurden auf den Dom projiziert. Vom Haashaus ein toller Anblick. Ich glaube nicht, daß man von der ebenen Erde viel gesehen hat. Jedenfalls gab es keine Wiederholung. Das Laseranstrahlen wurde bei der Staatsoper zur bleibenden Einrichtung während des Opernballes. Auch auf das Gebäude der Ersten österreichischen Sparkasse wollte man in der Adventzeit Muster werfen. Die Veranstalter waren ganz empört, daß ich keinen Container am Graben stehen haben wollte von wo der Laserstrahl gesendet werden sollte. Man fand dann im gegenüberliegenden Haus ein Fenster und damit war die Sache erledigt.

Mich ärgerte immer wieder, dass die Stadtverwaltung zum unrechten Zeitpunkt die falschen Ideen hatte. Gerade in der Adventzeit sorgen die Kaufleute ohnehin für die entsprechende Atmosphäre und gaben viel Geld dafür aus. Jede zusätzliche Attraktion lenkt ab und stellt die andern Maßnahmen in Frage. Im Frühling oder im Sommer wären Aktionen durchaus wünschenswert, aber da kann man niemanden ärgern.

Einen besonderen Gag dachte sich Hofrat Seipel aus, als er im Künstlerhaus und im Kunsthistorischen eine Ägyptenausstellung veranstaltete. Drei Laserstrahlen vereinigten sich in luftiger Höhe und wiesen so auf die Veranstaltungsorte hin.

Als die Firma Zumtobel in der Jasomirgottstraße ein Geschäft eröffnete, wollte sie ein von Hollein entworfenes Steckschild. Von diesem wäre ein Laserstrahl in den Himmel gerichtet gewesen. Nach langer Diskussion über den Standort und die möglichen Folgewirkungen verzichtete die Firma auf diesen Gag.

Damit war aber ein Grundprinzip angesprochen. Normalerweise beeinspruchte ich Geschäftsschilder nicht. Auch die MA 19 Stadtbildpflege war tolerant. Die Geschäftsleute müssen am Besten wissen, was für ihr Geschäft richtig ist. Trotzdem ist die Kontrolle durch die Behörde wichtig. Es liegt ja im Interesse des Unternehmens, ein möglichst großes und möglichst auffälliges Schild und Portal zu haben. Nur, wenn es Instanzen gibt, die diese Ambitionen einbremsen, sind die Geschäftsleute von sich aus zurückhaltend. Manchmal gibt es aber auch empörte Anrufe der Geschäftswelt, wenn jemand ein Schild bewilligt erhält, das mißfällt. Wie überall geht es auch hier um das gesunde Gleichgewicht zwischen Freiheit und behördlicher Anordnung. Wenn man eine klare Linie hat, akzeptieren die Betroffenen meist den Bescheid, wenn man dem Nachbarn aber Dinge erlaubt, die man ihnen verboten hat, dann ist der Korruptionsvorwurf sofort da.

Der Lichtpfad

Eine meiner Lieblingsideen war die dynamische Anstrahlung von Einzelheiten, um den Passanten auf diese Schönheiten gezielt aufmerksam zu machen. Normalerweise geht der Wiener offenbar ohne seine Augen zu heben. Nun haben aber Wiens Architekten auch über Augenhöhe viel gestaltet. Den Husaren am Haus Kohlmarkt 1 kennt man ja gerade noch, aber wer kennt den Engel am Haus der Ärztestiftung in der Rotenturmstraße oder die Philosophen auf der Rampe des Parlaments, wer kennt die Figuren auf den Museen. Wir Wiener müssen offenbar erst auf diese Schönheiten aufmerksam gemacht werden. Es gibt wunderschöne Hauszeichen, schmiedeeiserne Balkone und kunstvoll gestaltete Fassaden.

Statisch herausgehobene Einzelheiten werden nur kurzfristig Aufmerksamkeit erregen. Deshalb wollte ich diese Herrlichkeiten nur 15 bis 20 Sekunden lang anstrahlen und das alle ein bis zwei Minuten wiederholen. Ohne großen Aufwand und vor allem ohne Lärm oder Musik könnte man wunderschöne Efekte erzielen. Vielleicht wird die Idee Wirklichkeit, wenn sich die Touristen in ein, zwei Jahren von ihren Handys durch Wien führen lassen.

Andere haben aber die Schönheiten Wiens entdeckt und entwickelten daraus den Engelspfad, der in der Osterzeit Wiener und Gäste erfreut. Zumindest die zahlreichen Engelfiguren werden so für kurze Zeit dem Vergessen gerissen. Leider ist der Engelpfad mit Musik verbunden, teilweise werden durchaus interessante Stücke gespielt, aber für die unmittelbar Anwohnenden ist das nicht immer ein Vergnügen. Man vertraut eben nicht nur der Wirkung des Lichts.

Am Lugeck

Das Haus Lugeck 4 gehört der Jupiter Volksfürsorgeversicherung. Sie renovierte und revitalisierte mit viel Feingefühl. Das Haus war für das Warenhaus Orendi von Franz Neumann 1897 erbaut worden. Im Stil des Historismus zog er über zwei Stockwerke eine große Glasfront, um den Warenhauscharakter zu betonen. Einem meiner Bürger mißfiel das gewaltig. Er forderte, die Fassade im ursprünglichen Zustand zu erhalten. Er war sehr enttäuscht, als ich ihm mitteilte, daß der Bau 1897 genau so entworfen worden ist.

DIE GASTRONOMIE UND DIE NÄCHTLICHE RUHE

Bermudadreieck

Es waren innovative Gastronomen, die Herren Sadtke, Feyer, Harasin, Fischer und Gutharz, die sich anfang der Achtzigerjahre zusammenfanden und aus der sterbenden Seitenstettengasse eine blühende Gastronomiestraße machten. Vor allem die Jugend wurde angesprochen. Das Stift Seitenstetten vermietete begeistert Lokale, die seit Jahren unvermietet waren. Bald folgten die anderen Hauseigentümer. Alle dachten anfangs nicht an die Folgen. Der Wandel machte sich vor allem Nachts bemerkbar. Tausende Jugendliche bevölkerten nicht nur die Lokale, sondern blieben auch vor den Lokalen stehen und sitzen. Massive Bewohnerbeschwerden waren die Folge. Für die Schallisolierung innerhalb der Häuser wurden vom Magistratischen Bezirksamt umfangreiche Schallschutzvorrichtungen vorgeschrieben. Diese dienten für alle nachfolgenden Betriebe im ersten Bezirk als Vorbild. Gegen den Lärm auf der Straße war viel schwieriger vorzugehen. Im Grunde war die Polizei für die Aufrechterhaltung von Ruhe und Ordnung zuständig. Aber diese konnte nur einschreiten, wenn es „ungebührlichen Lärm“ gab. Abgesehen von der Frage, was ungebührlich heißt und was Lärm mit einer Gebühr zu tun haben soll, oder ob die Entrichtung einer Gebühr den Lärm sanktioniert, war klar, daß der Lärm „das ortsübliche Ausmaß“ nicht überschreiten darf. Da der Lärm bald ortsüblich war, gab es kaum Möglichkeit einzuschreiten. Die Bewohner fanden sich bald mit der Situation ab, obwohl ihre Beschwerden zurecht bestanden. Auf die Bürgerinitiativen und die anderen Abwehraktionen gehe ich im Kapitel über die Bewohner genauer ein.

Die Wirte im Bermudadreieck blieben weiter initiativ. Sie feierten nicht nur den Faschingsausklang, sondern später auch Halloween, mit Festen auf der Straße. Auch in den Sylvesterpfad wurden sie eingebunden. Die Kultusgemeinde veranstaltete ein jüdisches Straßenfest, das großen Zuspruch fand. So kam auch eine andere Zielgruppe in die Seitenstettengasse.

Rudolfsplatz

Ähnlich verlief die Entwicklung am Rudolfsplatz, als der Textilgroßhandel nach St. Marx auswanderte. Für jedes freiwerdende Lokal boten Wirte bis zu 20 % mehr an Miete als es andere Unternehmer zahlen konnten. Auch gutwillige Hauseigentümer, die eigentlich keine Gastronomie wollten, gaben nach einiger Zeit auf und vermieteten an Beisel und Bars. Die Macht des Marktes war nicht aufzuhalten. Vor allem junge Wiener gingen abends in die Stadt. Jede Gruppe fand ihr Stammlokal. Eine Vermischung der einzelnen Gruppen fand nicht statt. Daraus erklärt sich auch die Bedeutung der Türsteher, über die jedes Lokal verfügt. Sie haben dafür zu sorgen, daß nur Mitglieder einer bestimmten Ziel- und/oder Altersgruppe Einlaß finden. Auch das Bedienungspersonal rekrutiert sich aus der gleichen Gruppe. Man ist unter sich. Kritisch wurde es für mich, als mein Sohn in einem solchen Lokal als Kellner zu jobben anfing. Das blieb den Hausparteien natürlich nicht verborgen. Nach Anfangsschwierigkeiten fand man aber dann doch einen modus vivendi. Mir fiel ein Stein vom Herzen.

Wobei das Bedienungspersonal eine besondere Bedeutung für die Unternehmer hat. Wechselt es zu einem neuen Lokal, zieht es die ganze Gruppe mit und das ursprüngliche Lokal ist von heute auf morgen leer. Der betroffene Unternehmer muß eine neue Zielgruppe finden. Kaum hat er neue Besucher, kommt möglicherweise die alte Gruppe wieder, weil das neue Lokal nicht den Erwartungen entspricht. Trotz dieser Schwierigkeiten und der Tatsache, daß das Angebot täglich zunahm, blieben die Insolvenzen erstaunlich gering. Die meisten Jungunternehmer waren meist ohne großen finanziellen Rückhalt in das Abenteuer einer Eröffnung gegangen. Ich wundere mich, wie sie alle überleben.

Die Wiener Jugendschutzbestimmungen sind veraltet und kaum exekutierbar. Die Überschreitung der Ausgehzeiten wird von den meisten Eltern sanktioniert, besonders wenn das Kind von der Polizei bereits hops genommen worden ist. Auch wenn die Eltern überrascht sind, daß ihr Kind keineswegs bei einer Freundin zum Lernen übernachtet, sondern fröhlich im Bermudadreieck herumstreift, holen sie ihren Sprössling sofort aus dem Wachzimmer ab und schimpfen auf die intolerante Polizei. Der Alkoholausschank an Jugendliche ist kaum zu kontrollieren, da sich Kellner und Polizei schwertun, eine Vierzehnjährige von einer Achtzehnjährigen zu unterscheiden.

Es gibt auch eine Bestimmung, die vorschreibt, daß das billigste nichtalkoholische Getränk nicht teurer sein darf als das billigste alkoholische. Es wird eben ein Viertel Sodawasser um 10.– angeboten. Umso erstaunter waren wir, als Tequilla um 5.– abgegeben wurde. Auf unsere wütenden Proteste teilte man uns mit, daß alles rechtens sei. Verglichen wurde nämlich der Literpreis. Ein Unterschied zwischen weichen und harten Getränken ist nicht vorgesehen. Noch dazu ist diese Vorgangsweise in einem Bundesgesetz abgesichert. Seither bemüht sich der Bezirk um die Novellierung des Gesetzes durch den Nationalrat. Ich brauche wohl nicht zu betonen, daß das keineswegs in der Wiener Stadtverfassung vorgesehen ist. Der freiheitliche Bezirksvorsteherstellvertreter, der im Hauptberuf Mitarbeiter im freiheitlichen Parlamentsclub war, konnte zwar

Erfolge verzeichnen, aber es wird noch ein langer Weg werden.

Verschärft wurde die Situation, als es sich immer mehr einbürgerte, in das Bermudadreieck und auf den Morzinplatz zu gehen, ohne die ansässigen Lokale heimzusuchen. Man brachte den Alkohol gleich mit oder versorgte sich beim Würstelstand oder der Tankstelle am Kai. Der Verkauf rund um die Uhr in einer Tankstelle ist durchaus sinnvoll. Wer ist nicht dankbar, wenn er Vergessenes auch in der Nacht noch kaufen kann. In der speziellen Situation war der Bezirk aber gar nicht glücklich und auch die Wirte ärgerten sich über die lästige Konkurrenz. Als nun die Tankstellenbetreiber endlich darangingen, die hässlichen schwammerlähnlichen Bauten zu entfernen, wollten sie gleich die Verkaufsfläche vergrößern. Die Verschönerung der Tankstelle war uns sehr recht, das nächtliche Angebot aber noch mehr auszuweiten aber weniger. Also versuchten wir, die Fläche zu verkleinern und eine Nachtsperre zu erreichen. Wenn die Nahversorgung in der Nacht in ganz Wien erwünscht ist, muß das nicht im Ersten erwünscht sein. Schließlich hat sich der Tankstellenbetreiber zu einem Kompromiß beim Angebot bereit gefunden. Er wird sicher nicht eingehalten werden.

Rathausplatz

Als der Rathausplatz für den Durchzugsverkehr gesperrt werden sollte, stimmte ich sofort zu. Damit würde man das ganze Viertel vom Durchzugsverkehr befreien und gleichzeitig Hof, Freyung und Graben von Veranstaltungen freihalten können. Leider hatte ich mich da aber verrechnet. Der Durchzugsverkehr wurde zwar geringer, erst in letzter Zeit wird wieder vor allem wegen der Verringerung der Fahrspuren auf der Zweierlinie verstärkt über den Bezirk „abgekürzt“.

Der Druck, Veranstaltungen im Zentrum abzuhalten, wurde aber keinesfalls geringer. Im Gegenteil, der Rathausplatz kam als neues Zentrum der Unruhe dazu. Bürgermeister Zilk und später Vizebürgermeisterin Laska entdeckten den Platz sofort als ihre Spielwiese. Der Christkindlmarkt war ja schon Tradition. Festwocheneröffnung und Maiaufmarsch der SPÖ selbstverständlich. Aber da gab es doch noch so viele Wochen im Jahr, in denen sich der Platz unberührt präsentierte. Es mußte etwas geschehen. Im September schlug der Chinesische Nationalzirkus unter der Obhut von André Heller seine Zelte auf. Es war ein großer Erfolg. Trotzdem blieb mir schleierhaft, warum er gerade mitten in der Stadt stattfinden mußte. Parkplatznot rundum – kein Besucher verirrte sich in die bequeme Rathausplatzgarage – die Bewohner tobten. Wirklich grantig wurden sie aber erst, als Herbert Grönemeier und Eros Ramazzotti in einer Lautstärke spielten, die in der ganzen Innenstadt zu hören war.

Bürgermeister Häupl versprach, keine Veranstaltungen mehr zuzulassen, bei denen Eintritt verlangt würde. Als ich schon glaubte, den Bewohnern etwas mehr Ruhe verschafft zu haben, erfolgte ein neuer Anschlag. Der Veranstalter der Gewerbeausstellung – nämlich die Wirtschaftskammer Wien – kam auf die Idee, der Ausstellung durch Popkonzerte mehr Attraktivität zu verleihen. Der Bürgermeister lud uns genüßlich zu einem klärenden Gespräch. Präsident Nettig und die Vertreter des Gewerbes hatten tausend Gründe, warum die zusätzliche Bühne im Freien notwendig sei. Das Programm sei schon gedruckt und die Künstler schon engagiert. Ich erreichte, daß die Lautstärke und der zeitliche Rahmen stark eingeschränkt wurden. Deshalb hat dieses Event wenig Beschwerden verursacht.

Der Rathausplatz als Sportplatz

Die krampfhaften Versuche, den Rathausplatz zu füllen, gingen weiter. Allerdings mit bescheidenem Erfolg. Wer die bezaubernde Tennisfee Kurnikowa sehen wollte, hatte nur Glück, wenn er gerade bei ihrem einzigen kurzen Auftritt anwesend war. Die anderen Stars waren gleich gar nicht gekommen. Ein Flopp sonder Maßen. Ich werde nie begreifen, warum man Millionen in die Errichtung einer Tribüne steckte, statt gleich eines der vorhandenen Tennisstadien zu erweitern.

Ähnliches galt für den Eistraum. Als der Plan dafür erstmals ventiliert wurde, fragte ich am Eislaufverein und beim Engelmann an, ob sie Einbußen befürchten, wenn am Rathausplatz ein Eislaufplatz entstehe. Ich wurde nicht einmal einer Antwort gewürdigt. Heute beklagen sich beide.

Die mißglückte Mozartausstellung und das Filmfestival

1991, im 200. Todesjahr Mozarts, gestaltete die Stadt Wien eine Mozartausstellung. Stadträtin Pasterk hatte eine italienische Ausstellungsgestalterin mit der Durchführung beauftragt. Diese verrammelte die großzügigen Räume des Künstlerhauses mit eigenen Bauten, die die Besucher in ihrer Bewegungsfreiheit einengten. Man ging durch einen engen Schlauch und wurde von den Nachdrängenden gezwungen weiterzugehen. Ein Verweilen war nicht möglich und auch nicht erwünscht. Die Werke Mozarts sollten den Zeiterscheinungen gegenübergestellt werden, etwa der damals hochmodernen medizinischen magnetischen Heilmethode, wie sie in „Cosi fan tutte" persifliert wird. Gezeigt wurde natürlich jede Menge Sozialkritik, Mozarts Genie ging daneben unter. Man merkte, daß die Liebe zu jenem Mann fehlte, der auf allen Sektoren der Musik Außerordentliches geleistet hat, ob es nun Kammermusik, symphonische Musik, das Lied oder die verschiedensten Gattungen der Oper sind. Viele Vorgänger und Nachfolger haben auf einzelnen Gebieten Werke geschaffen, die die Zeit überdauerten; keiner konnte so wie Mozart in allen Bereichen punkten. Diese Grunderkenntnis kann aber nur jemand haben, der keine Berührungsängste mit der sogenannten Hochkultur hat. Mozart ist kaum zu politisieren. Salzburg ging dann in Schloss Kleßheim den anderen Weg, weswegen die Ausstellung dort ein wesentlich besseres Echo in der Presse hatte.

Um den Flop mit der Mozartausstellung auszumerzen, wurde das Filmfestival vor dem Rathaus großzügig ausgebaut. Die Filme mit den großen Mozartopern stießen auf breite Zustimmung beim Publikum und lockten fast 300 000 Zuseher an. Das übertraf meine Erwartungen bei weitem, denn ich hatte damit gerechnet, daß die tollen Anfangszahlen bald zurückgehen würden. Offensichtlich ist also die Auffassung, daß Opern nur von einer Minderheit goutiert werden, falsch. Das Interesse hat weitere zehn Jahre angehalten, ist ungebrochen und hat das sommerliche Festival zu einem fixen Bestandteil des Wiener Kulturlebens gemacht. Das blöde Schlagwort von der Hochkultur hat sich damit ad absurdum geführt. Nicht importiertes Regietheater, sondern bleibende Qualität wird nachgefragt.

Auch das Figarohaus in der Domgasse war 1991 nicht präsentabel. Deshalb wollte man Mozarts Sterbehaus im „Jubiläumsjahr“ in der Rauhensteingasse zumindest als Fassade herzeigen. Auch ein Mozartgedenkraum sollte dort gestaltet werden. Schließlich einigte man sich auf die Errichtung einer Spanholzfassade. Als sie fertig war, weigerte sich der vorgesehene Sponsor Kurt Falk, dieses Machwerk zu bezahlen. Bühnenarchitekten mußten her, um eine möglichst naturgetreue Hausfassade mit beleuchtetem Sterbezimmer zu konstruieren. Der Gehsteig war zwar eingeengt und wurde in der Nacht zweckentfremdet, trotzdem konnte man mit dem Ergebnis zufrieden sein. Als krönender Abschluß wurde die Straße mozartblau eingefärbt. Es bleibt rätselhaft, warum und wann Mozart das Blau bevorzugt hat. Die Straße zeigte noch nach Jahren Spuren dieses Einfärbens. Erst nach dem Umbau des Kaufhauses Steffl verschwanden die letzten Spuren des Mozartjahres. Der Mozartshop im Kaufhaus entspricht wohl auch nicht dem ursprünglichen Gedanken eines Gedenkraumes.

Die Hofreitschule und die Fledermaus

Im Jahr 1989 fand vor dem Rathaus zur Eröffnung der Festwochen eine Galavorstellung der Spanischen Hofreitschule statt. Viele freundliche Zuschauer erfreuten sich an den harmonischen Bewegungen der Pferde. Andere gingen fadisiert weg, weil ihnen Sinn, Aufbau und Kunstfertigkeit nicht erklärt wurden. Schade um die einmalige Gelegenheit, einer breiteren Öffentlichkeit eine der wichtigsten Kulturinstitutionen Wiens näher zu bringen.

Im nächsten Jahr akzeptierte die Kulturstadträtin den zweiten Akt der „Fledermaus" als Eröffnungsevent. Adolf Dalapozza war in Hochform. Rund um ihn tat sich aber leider nicht viel. Es war keine erstklassige Aufführung. In Wien sollte man aber nicht mit Zweitklassigem die Festwochen eröffnen.

Placido Domingo und Agnes Baltsa verschwendeten ihre wunderschönen Stimmen und opferten sie der Tonanlage. Nur die Zilk'sche Eröffnungsansprache blieb über die Jahre in ihrer gewohnten Qualität.

Der Sylvesterpfad

Der 31. Dezember ist ein besonderer Tag. Schon immer zog es die Wiener in die Innenstadt, um den Jahreswechsel am Stephansplatz zu feiern. Sekt brachten sie in der Manteltasche mit. Wenn die Flasche leer war, wurde sie in hohem Bogen weggeworfen. Das gab einen schönen Knall und man mußte sie nicht nach Hause tragen. Nach Mitternacht wankte man dann durch einen knöcheltiefen Scherbensee.

Die Einrichtung eines Sylvesterpfades sollte hier Abhilfe schaffen. Der Bürgermeister berief eine Arbeitsgruppe ein. Fremdenverkehrsverband, Hoteliers, Sekterzeuger und Gastronomen versammelten sich unter dem Vorsitz von Helmut Zilk zu ersten Gesprächen. Zwischen Stephansplatz, Feyung, Neuem Markt und dem Bermudadreieck sollten Sektstände und andere gastronomische Stände errichtet werden und so die Mitnahme eigener Sektflaschen unnötig machen. Die Einhebung eines Pfandes für die Gläser und die Punschbecher reduzierte das Scherbenaufkommen.

In der Kommission bestand ich aber noch zusätzlich darauf, daß die unmittelbar anrainenden Betriebe zuerst zu befragen seien. Schließlich würden diese ihre Sanitäranlagen zur Benützung freigeben müssen. In den ersten Jahren drängten fast doppelt so viele Unternehmer zum Sylvesterpfad als Plätze zur Verfügung standen. Die Auswahl mußte von einer eigenen Kommission getroffen werden.

In der Seilerstätte

Ein eigenes Vergnügungszentrum entwickelte sich im Bereich der Seilerstätte. Auch dort entbrannte bald ein wilder Konkurrenzstreit. Die Betriebe Queen Anne, Bora-Bora und Bettelstudent waren die Vorreiter in diesem Bereich, andere Betriebe folgten dieser Initiative, sodaß ein neuer Unruheherd entstand. Am Anfang protestierten die Bewohner heftig, aber zu meinem Erstaunen versiegten die Beschwerden bald. Ich kam aber nach kurzer Zeit darauf, daß die Unternehmen nicht mit den vornehmsten Mitteln gegen die Beschwerden gearbeitet hatten. Verklebte Türschlösser und Reifenpannen setzten die Bevölkerung unter Druck. Deshalb ging ich dazu über, Beschwerden auch anonym an die Polizei weiterzuleiten, um die Beschwerdeführer vor solchen Racheaktionen zu schützen. Innerhalb kürzester Zeit akzeptierten dann die Unternehmer, daß mit uns nicht zu spaßen ist. Besonders kritisch wurde es, als die Unternehmer gegeneinander vorgingen und ein Lokal mit Buttersäure unbenützbar gemacht wurde. Der Gestand war so stark, daß die gesamte Einrichtung erneuert werden mußte. Erfreulicherweise kam es aber in der weiteren Folge zu keinen weiteren Racheakten.

Kurze Versuche des Straßenstrichs

Im gleichen Bereich entstanden auch Nachtlokale, die der Lustbefriedigung dienten. GoGo-Dancing und ein Nobelpuff zogen bald auch Damen an, die ihre Kunden auf der Straße ansprechen wollten. Es gelang der Polizei aber sofort, diesen unerwünschten Straßenstrich wieder zu entfernen. Schließlich wollte ich diese Errungenschaft meines Vorgängers beibehalten.

Robert Stolz-Platz

Auch am Robert Stolz-Platz entstand eine Krisenregion, weil dort eine Disco mit Namen „Bergwerk“ Jugendliche anlockte. Im Sommer bevölkerten diese aber nicht nur die Disco, sondern auch die gesamte Wiesenfläche des Robert Stolz-Platzes. Da dieser Bereich weit von den anderen Krisengebieten entfernt war, mußte die Polizei eigene Streifen einrichten. Wie bei allen solchen Betrieben wanderte die Zielgruppe nach einiger Zeit zu einem anderen Lokal ab, so daß heute in diesem Bereich einigermaßen Ruhe herrscht.

Im Laufe der Jahre gab es bald kein Gebiet mehr, das nicht in der Nacht durch Gastronomie belastet war. Immer wieder tauchte in diesem Zusammenhang die Forderung der Bewohner auf, man möge doch einfach die Bewilligungen verweigern. Es war jedesmal meine Aufgabe, den Bewohnern zu erklären, daß die Behörde, aber auch der Politiker keine Macht habe, rechtlich einwandfreie Vorbringen zu verbieten. Man kann weder einem Unternehmer vorschreiben, wo er sein Lokal eröffnen will, noch einem Hausherrn untersagen, sein Lokal zu vermieten. Selbstverständlich wurde daher mittels Auflagen darauf geachtet, daß kein Lärm und kein Geruch die Bewohner des eigenen Hauses und der Nachbarschaft belästigt. Manche Bescheide enthalten dann bis zu 200 einzelne Maßnahmen. Dadurch soll sichergestellt werden, daß nicht nur die Nachbarn, sondern auch die Besucher dieser Lokale vor jeder Gefahr geschützt sind.

In diesem Zusammenhang kommt aber dann sowohl von den Bewohnern als auch von den Unternehmern der Vorwurf der Bürokratie. Der Bewohner will bestens geschützt sein und der Unternehmer möchte möglichst frei schalten und walten können. Daher sind behördliche Maßnahmen, wie die Vorschreibung umfassender Brandschutzmaßnahmen, Fluchtwege und Lärmisolierungen notwendig. Bürokratie macht in diesem Fall durchaus Sinn.

Selbsthilfe oder städtische Verwaltung

Natürlich könnte man sich auf den Standpunkt stellen, daß jedes Haus eine Hausordnung hat, die den Mieter verpflichtet, ab 22 Uhr Ruhe zu bewahren. Das gilt natürlich auch für die Betriebe im Haus. Wenn sich der Betriebsinhaber nicht daran hält, können die Wohnungsmieter auch den Hausherrn zur Verantwortung ziehen. Die Situation wäre daher auf zivilrechtlichem Weg zu klären. Dann würde man die so verhaßte Bürokratie nicht mehr benötigen. Dieser Gedanke beschäftigte mich von Anfang an.

Er bekam erhöhte Aktualität, als in einem Haus in der Weihburggasse ein stadtbekanntes Puff in eine Disco umwandelt worden war. Statt verschämt einschleichender Herren kamen auf einmal hunderte Jugendliche und machten im Haus, aber auch vor dem Haus, großen Radau. Die Bewohner waren verzweifelt. Besonders ein bekannter Kolumnist der Kronen Zeitung. Ich versuchte, ihn für den Gedanken des Zivilrechtsweges zu begeistern. Da der Zivilrechtsweg aber als langwierig und teuer von der Mieterversammlung eingestuft wurde, stieß meine Anregung auf wenig Gegenliebe. Meine Überlegung wurde vor allem als Flucht vor der Verantwortung interpretiert. Der Glaube an die Macht der Bürokratie war offensichtlich doch stärker. Ich sprach dann mit dem Hauseigentümer, der in Anbetracht der Beschwerden ohnehin schon an eine Änderung gedacht hatte. Bald gab es wieder das ruhige Puff, womit sich die Bürgerinitiative zur Wiedererrichtung eines Bordells erfolgreich durchgesetzt hatte.

Die Punschhütten

In der Vorweihnachtszeit ist es Mode geworden, zu gemeinnützigen Zwecken dem Alkohol in Form von Punsch zuzusprechen. Die Idee dazu kam ursprünglich von den Lions und von einem Kiwanisclub. Alle anderen gemeinnützigen Vereinigungen dieser Stadt blicken seither mit Neid auf die elf Punschhütten, die im Advent sehr erfolgreich für soziale Zwecke sammeln. Natürlich wird da vor allem der Verdienst am Westgraben gesehen. Daß die anderen Standorte keineswegs gleich lukrativ sind, wird kaum beachtet. So ist etwa der Punschstand in der Wollzeile kaum angenommen worden. Er übersiedelte dann auch auf Wunsch der Kaufleute im Bereich Kärntnerstraße/Weihburggasse vor das Haus Kärntnerstraße 6, womit vermieden werden sollte, daß die Demonstranten gegen Pelztierfabriken an diesem Standort ihre Samstagdemonstration abhalten.

Wer einen Punschstand eröffnet, muß sich klar sein, daß er nicht nur die Investition des Punschstandes hat, sondern auch dafür sorgen muß, daß dieser während der Öffnungszeit von mindestens drei Leuten betreut wird. Da es sich vor allem um freiwillige Helfer handeln soll, ist es sehr schwer, die entsprechende Kontinuität zu erreichen. Die Arbeitszeit der Direktoren, Rechtsanwälte und Ärzte darf man keineswegs berechnen, aber schon wenn die Anwesenheitslöcher mit Studenten gefüllt werden müssen, sinkt der Ertrag meist gegen Null. Nicht übersehen darf man auch, daß man für den Punsch lediglich Spenden erwarten darf. Eine echte Preisforderung durch Wort oder durch Anschlag würde bedeuten, daß die betreffende Punschhütte einer gewerblichen Tätigkeit nachgeht. Damit wären alle Vorteile der Gemeinnützigkeit verloren.

Gerade das regt aber die fast 800 Innenstadtgastronomen zurecht auf, weil ihnen durch die Punschhütten Umsatz entzogen wird, noch dazu von Einrichtungen, die keine steuerliche Belastung fürchten müssen. Deshalb wird dieser Krieg zwischen Gastronomie und Punschhüttenbetreibern auch in Zukunft weiter toben.

Jährlich habe ich mindestens zehn Wünsche nach zusätzlichen Punschhütten abgelehnt. Das war nicht immer leicht, weil jeder gemeinnützige Verein glaubt, mit der Punschhütte den Stein der Weisen gefunden zu haben. Interventionen vom ORF und Regierungsmitgliedern von Stadt und Bund waren keine Seltenheit. Besonders kritisch wurde es, als die

Ehepartner der Mitglieder der Bundesregierung sich einbildeten, einen eigenen Punschstand errichten zu wollten. Christine Vranitzky und der Ehemann der damaligen Umweltministerin Rauch-Kallat versuchten mich dazu zu überreden, zu überzeugen und zu erpressen. Um einen größeren Eklat zu vermeiden, überredete ich die Lions am Graben, der Bundesregierung ihre Hütten an zwei Tagen zur Verfügung zu stellen. Zu meiner und der Lions Freude hatten die hohen Damen und Herren die logistischen Probleme total unterschätzt. Nach zwei Jahren war keine Rede mehr von einer Fortsetzung dieser Aktion.

Schanigarten auf der Fahrbahn

367 Schanigärten beleben in der Sommerzeit die Straßen der Innenstadt. Da es aber 800 Gastronomiebetriebe gibt, stöhnen all jene, die keinen betreiben können. Sie sehen ihre Existenz gefährdet, weil in der schönen Zeit angeblich niemand mehr in ihr Lokal kommt. Daher gab es von Anfang an einen starken Druck, Schanigärten auch im Bereich der Fahrbahnen zuzulassen. Sofort nach meinem Amtsantritt arbeitete ich mit der Wirtschaftskommission ein Zehnpunkteprogramm aus, nach dem die Bezirksräte bei der Bewilligung eines Schanigartens vorgehen sollten. Die Länge des Portals, die Anzahl der Sitzplätze, die Ausgestaltung und der Charakter des Betriebes sollten ausschlaggebend sein. Parkplätze sollten prinzipiell keine geopfert werden.

Innerhalb kürzester Zeit sammelten sich über 100 Wünsche auf meinem Schreibtisch. Da aber das Nachgeben in einzelnen Fällen bedeutet hätte, daß man die anderen ungleich behandelt hätte, war ich in dieser Angelegenheit sehr stur. So hätte ein Nachgeben in der Bäckerstraße bedeutet, daß man neun Betrieben Schanigärten hätte geben müssen, wenn man diese Ungleichbehandlung nicht will.

Schanigärten dürfen von 1. März bis 15. November bis 22 Uhr, in der Zeit von 15. Juni bis 15. September in der Innenstadt bis 24 Uhr geöffnet sein. Das ist eine Errungenschaft des letzten Jahres, die eine größere Gerechtigkeit in den Bezirk gebracht hat. Schließlich waren schon vorher Graben, Kärntnerstraße, Ring und 2er-Linie bevorrechtet. Hier durfte über die gesamte Zeit bis 24 Uhr offen gehalten werden. Beschwerden gab es in diesem Bereich keine. Diese Vorrechte stammten noch aus einer Zeit, als die Stadtverwaltung Anreize schaffen mußte, überhaupt einen Schanigarten aufzustellen. Man kann sich heute nicht vorstellen, daß es eine Zeit gegeben hat, in der vom Aussterben des Schanigartens die Rede war. Damals hat man alles getan, um die Errichtung eines Schanigartens zu erleichtern. Dementsprechend waren auch die Bescheide. Noch heute gibt es Betriebe, die diese Bescheide hüten, schließlich sind sie goldeswert.

Die Protektionskinder

Mein Bemühen, in die Schanigartenvergabe Ordnung zu bringen, wurde im allgemeinen geschätzt, allerdings gab es auch Ausnahmen, bei denen über die Entscheidung des Bezirksvorstehers drübergefahren wurde. Unsere Machtbeschränkung wurde uns bei solchen Gelegenheiten deutlich vor Augen geführt. In der Postgasse oder in der Marc-Aurel-Straße entstanden so Schanigärten gegen meinen Willen und gegen den der Wirtschaftskommission, die ich immer wieder zu Rate zog. Besonders ärgerte mich, als der Chefredakteur eines großen Nachrichtenmagazins, der sich unbedingt als Gastronom versuchen mußte, nicht einsehen wollte, daß auch er genauso behandelt wird wie alle anderen. Die ganzen hehren Grundsätze, die er in seinem Leitartikeln vertrat, galten nicht mehr, wenn es sich um seine eigenen Interessen handelte. Hätte ich für jemanden anderen, etwa ein Parteimitglied, eine Ausnahme gemacht, hätte er mich zurecht in der Luft zerrissen. Nur für ihn sollte die allgemeine Gleichbehandlung nicht gelten. Er hat dann schließlich doch auf höchste Intervention den Schanigarten erhalten, aber trotzdem das Abenteuer des freien Unternehmertums mit einigen finanziellen Verlusten beenden müssen. Auch mit Schanigarten wird aus einem Chefredakteur kein Gastronom.

Überhaupt fällt auf, daß Betriebe, die besonders stark intervenieren, entweder unmittelbar vor dem Verkauf stehen oder vor dem Konkurs. Für den Schanigarten wird manchmal bis zu 1,5 Millionen bezahlt. Der höchste Preis, der mir bekannt ist, war auf der Kärntnerstraße eine Monatspachterhöhung für die Schanigartenzeit von 125 000 Schilling. Die konnten natürlich nicht erwirtschaftet werden. Den Betrieb gibt es nicht mehr.

UND WIEDER DER VERKEHR

Die Schleifenlösung und ihre Ausnahmen

Schon mein Vorgänger hatte in dem Bereich des Stallburgviertels eine Verkehrsschleife eingeführt. Autos, die bei der Oper einfuhren, mußten diesen Bereich wieder über die Oper verlassen. Damit war der Innenring vom Schottentor bis zur Wollzeile unterbrochen worden. Wir wollten diese Politik fortsetzen und unterbrachen den Innenring ein zweites Mal im Bereich der Johannesgasse. Der Durchzugsverkehr war damit unterbunden. Schwierigkeiten gab es natürlich in der ersten Zeit, weil jede geänderte Einbahnführung zuerst einmal auf Widerstand stößt, da die Menschen aus ihrem gewohnten Verhalten gerissen werden. Von der Schwarzenbergstraße war die Johannesgasse nur erreichbar, wenn man den Ring überquerte. Damit war die Route unattraktiv, bot aber den Bewohnern doch die Möglichkeit, beim Suchen des Parkplatzes in unmittelbarer Umgebung der Wohnung zu bleiben. Man lernte bald diese Einrichtung zu schätzen, nicht so die beiden Hotels. Sie erreichten im vergangenen Jahr die Umdrehung der Nebenfahrbahn zwischen Fichtegasse und Johannesgasse. Diese Rücknahme einer einmal getroffenen Maßnahme hat bisher nicht zu einem erhöhten Verkehrsaufkommen geführt, sodaß der verkehrspolitische Zweck der Unterbindung des Innenrings nach wie vor gewahrt bleibt.

Keine Lösung gibt es noch für den Bereich Salztorgasse/Wipplingerstraße einerseits, sowie Salztorgasse/Wollzeile/Rotenturmstraße andererseits. Hier gibt es noch zuviel Durchzugsverkehr. Durch die Straßenanordnung scheint aber eine andere Lösung kaum möglich. Immerhin ist es gelungen, in diesem Bereich den Autobustourismus (Den Stephansdom vom Autobus aus sehen) zu unterbinden.

Die bösen Autobusse

Wie überhaupt im Laufe der Zeit die Autobusse zum Feindbild der Bewohner geworden sind. Deshalb war es unser Bestreben, den Autobusverkehr so zu kanalisieren, daß die Belästigung innerhalb des Rings minimiert wird. Sind vor zehn Jahren noch alle Autobusse in die Innenstadt eingefahren, dürfen das heute nur mehr Busse in Begleitung von konzessionierten Fremdenführern, und das auch nur mehr bei der Albertina und durch die Schulerstraße zum Stephansplatz. Andere Busse haben innerhalb des Rings nichts mehr verloren, es sei denn, sie liefern ihre Fahrgäste bei einem Hotel ab. Neuerdings wird auch wieder zum Ronacher zugefahren. Wollen Busse länger stehen, müssen sie bezahlen. Hier überwacht die Firma Apcoa mit Erfolg und sorgt für Ordnung. Nicht verhindern kann man natürlich, daß ein Buschauffeur stundenlang auf der Ringstraße kreist.

Ein größeres Chaos dürfte nach der Eröffnung des Museumsquartiers eintreten, weil von Seiten des 7. Bezirkes keinerlei Vorkehrungen für die ein- und aussteigenden Bustouristen getroffen wurden. Schon von der abgewählten Vorsteherin wurden die krausesten Vorstellungen unter dem Motto „Die Leute soll'n halt ..." eingebracht. Es ist abzuwarten, wie der neubestellte grüne Bezirksvorsteher reagieren wird.

Tempo 30

Viel Diskussionen hat eine Tempo-30-Zone in Hietzing ausgelöst. Sinn und Unsinn wurden diskutiert. Alle Zeitungen beteiligten sich an der Diskussion. Inzwischen bereiteten wir in aller Ruhe die Tempo-30-Zone innerhalb des Ringes vor und beschilderten sie. Zu meinem größten Erstaunen wurde die Maßnahme von Anfang an akzeptiert. Die Bewohner des

Bereiches zwischen Ring und 2er-Linie fühlten sich sogar benachteiligt, weil wir nicht sofort auch in diesem Bereich eine ähnliche Maßnahme gesetzt haben. Offenbar waren sich alle der Tatsache bewußt, daß das Fahren mit 50 km/h und mehr in der Innenstadt ein enormes Risiko darstellte. Mit diesem Schritt wurde aber auch das Verhältnis zu den Radfahrern wesentlich verbessert. Der Druck, eigene Radwege zu bauen, ließ schlagartig nach.

Radfahren

Bei meinem Amtsantritt gab es in der Innenstadt vor allem den Ringrundradweg, der ursprünglich von der Firma Coca-Cola gesponsert worden war. Er hat mit seinen vielen Verschwenkungen und Verengungen noch jedem Jungjournalisten Stoff für eine ganze satirische Seite geboten. Wenn man den Radweg näher kennt, weiß man, daß die gelben Striche manchmal durch Türen von Telefonzellen oder von Wartehallen der Straßenbahn bestimmt werden. Jede 30-cm-Verschwenkung hat einen Sinn, auch wenn das nicht auf den ersten Blick zu durchschauen ist. Trotzdem gibt die Trennung von Fußgängern und Radfahrern Anlaß zu Ärger auf beiden Seiten, etwa im Bereich des Schottenringes beharrt jeder auf seinem Recht. Wahrscheinlich ist aber eine gemischte Nutzung die Zukunft. Die Radfahrer werden zwar kaum akzeptieren wollen, daß die Fußgänger dann auch auf einem Radweg gehen dürfen, auf der anderen Seite aber wollen sie schon längst auch in den Fußgängerzonen fahren. Ich bin überzeugt, hier gibt es einen Kompromiß.

Die Radfahrer dürfen in der Inneren Stadt zusätzlich noch die Autobusrouten und Taxischleifen mitbefahren, sodaß die Innenstadt für Radfahrer bequem zu durchqueren ist. Schwierig wird es, wenn uneinsichtige Radfahrer immer den kürzesten Weg fahren wollen, wie etwa ein ORF Redakteur, der die Einbahnrichtung in der Seilerstätte umgedreht haben wollte, um von der Himmelpfortgasse 2 in die Argentinierstraße fahren zu können. Meine Empfehlung, das Rad bis zur Oper zu schieben, wurde als Zumutung empfunden.

Das Geschenk der Grünen

Um mein Verständnis für das Radfahren zu steigern, schenkte mir die Radfahrgemeinschaft Argus ein Rad, das ich auch fleißig benutzte. Ich verstand den Sinn, wollte mich aber durch die Annahme eines Geschenkes auf keinen Fall kompromitieren. Deshalb habe ich mich nach dem Preis des Rades erkundigt und eine entsprechende Spende überwiesen. Meine Frau war nicht begeistert, ein so teures Rad hätte sie mir nie gekauft. Ich bin allerdings mit der Zeit draufgekommen, daß Radfahren nicht sehr kommunikativ ist. Die Menschen reden mit einem Fußgänger viel lieber. Die Frequenz der Verwendung hat daher im Laufe der Jahre wieder abgenommen.

Ampel oder Nichtampel

Im Zuge der Verkehrsberuhigung konnte auch die Anzahl der geregelten Kreuzungen reduziert werden, was nicht nur für Fußgänger und Autofahrer angenehm ist, sondern auch das Bezirksbudget entlastete. Freyung/Heidenschuß, Schwarzenbergstraße/Walfischgasse oder Albertina konnten auf Blinken gestellt werden. Auch die Kreuzung Stadiongasse/Reichsratsstraße hat sich bewährt, auch wenn einige Mitglieder des freiheitlichen Clubs noch immer Probleme haben, dort die Straße zu überqueren.

Die Räumzeit

Für viele Fußgänger ist es unverständlich, daß die Fußgängerampeln, vor allem im Bereich des Rings, nur einige Sekunden auf Grün geschalten sind und dann sofort wieder auf Rot springen. Vor allem ältere Menschen fühlen sich durch diese Regelung verunsichert. Was die wenigsten wissen: Bevor der Querverkehr grün erhält, gibt es die sogenannte Räumzeit, die großzügigst bemessen ist. Jeder, der bei Grün die Straße betritt, kann sicher sein, daß er den gegenüberliegenden Gehsteig erreicht, auch wenn er älter oder gehbehindert ist.

Parken, aber lieber nicht in der Garage

Im Lauf der 13 Jahre wurden einige Garagen geplant und fertig gestellt. Freyung, zwei Ringstraßengaragen, Georg-Coch-Platz-Garage, sie haben das Parkplatzangebot um fasst 2000 Stellplätze erhöht. Es dauert nur einige Zeit, bis die Wiener bereit sind, Garagen auch zu akzeptieren. Trotzdem freut man sich, wenn freier Raum gewonnen werden kann. Versuche, gemeinsam mit den Wirten des Bermudadreiecks die Auslastung der Garagen in der Nacht zu heben, sind mangels Kooperation der Gastwirte gescheitert, obwohl die Garagen mit der Einräumung eines 20 %igen Nachtrabattes durchaus großzügig waren. Leider haben bei dieser Aktion auch nicht alle Garagen mitgetan, aber überall dort, wo elektronisches Zahlen möglich ist, wäre auch der 20 %-Bonus zu lukrieren gewesen.

Eine andere Aktion war der Innenstadtscheck der Einkaufsstraßen, der sowohl in den Garagen als auch im Taxi eingelöst werden kann. Die Kaufleute mußten diese Schecks erwerben und gaben sie bei entsprechendem Einkauf ihren Kunden mit. Leider wurden 50 % der Schecks weggeworfen. Das erforderte ein kompliziertes Rückverrechnungssystem.

Derzeit sind es nur mehr 80 Betriebe, die diese Schecks an ihre Kunden ausgeben. Eigentlich würde sich diese Aktion einen größeren Erfolg verdienen.

Schwellen und Gehsteigvorziehungen

Bei meinen vielen Taxifahrten (das Taxi war mein Dienstwagen) beklagen sich die Fahrer immer wieder über die sogenannten Ohrwascheln. Auch hier haben wir einiges in der Innenstadt getan, ohne auf nennenswerten Widerstand zu stoßen. Breitere Gehsteige in den Kreuzungsbereichen ermöglichen ein konfliktfreies Überqueren der Straße, ebensolches gilt für Anhebungen der Straße auf Gehsteigniveau. Allerdings sind diese Maßnahmen nur dort sinnvoll, wo es um die Sicherheit der Fußgänger geht. Der Lärm und die Abgase sind im Bereich einer solchen Schwelle immer höher. Für die Umwelt bringt es also nichts. Ein großer Erfolg wurde entgegen der Prophezeiung des ÖAMTC auch die Verbreiterung der beiden Gehsteige in der Schottengasse. Es gelang sogar, auch einen Radweg unterzubringen. Ein böses Gerücht ist, daß die Schwelle zwischen Irisgasse und dem Platz Am Hof errichtet wurde, damit Altbürgermeister Zilk vom Gasthaus des Bauer Gustl problemfrei nach Hause kommt.

Verkehrszeichen am Michaelerplatz

Ein Problem bilden immer wieder die Verkehrszeichen, die zwar in einer Großstadt zum Straßenbild gehören, aber trotzdem als störend empfunden werden. Die rigorose Auslegung der Straßenverkehrsordnung durch den Verwaltungsgerichtshof zwingt die verordnende Behörde, besonders genau vorzugehen. Das hat uns immer wieder Probleme gebracht. Es geht aber auch anders, das zeigt der

Michaelerplatz. Ordnungsgemäß beschildert würden noch 14 zusätzliche Schilder auf dem Platz stehen. Wie man sieht, geht es auch ohne. Auch der Herr Bundeskanzler und die Diplomaten wissen, daß sie die Straßenverkehrsordnung übertreten, wenn sie von ihren Chauffeuren über den Michaelerplatz geschwindelt werden.

Radar im Stau

Ein besonders gutes Mittel, die Geschwindigkeit beim Autofahren zu reduzieren, ist die Aufstellung einer Radarmeßstation. Da diese im Mittelalter noch nicht erfunden war, gibt es leider keine historischen Modelle. Nicht einmal Otto Wagner wußte davon. Die Radarfallen des ersten Bezirks befinden sich vor allem im Bereich des Kais. Alle anderen Anschläge, etwa im Bereich des Opernringes, konnte ich abwehren. Der Dichterfürst Goethe selber hätte dort die Radarüberwachung übernehmen sollen, wozu er aber wenig Lust hatte.

Skurril war auch, als auf der 2er-Linie hinter dem Rathaus eine Radarmeßanlage montiert werden sollte. Ich hatte gerade durchgesetzt, daß an dieser Stelle wieder geparkt werden darf. Die Radarmeßanlage hätte daher immer nur Tempo Null gemessen. Die Anlagen werden überhaupt gerne in Bereichen aufgestellt, in denen der Verkehr ohnehin immer wieder zum Stehen kommt. Mich würden die Auswertungsquoten im Bereich des Franz-Josef-Kais interessieren.

Riemergasse – Ein Geschenk der Firma Hoffmann & Maculan

Niveauunterschiede sind in der Innenstadt keine Seltenheit, schließlich ist Wien in Terrassen angeordnet. Manche Senke, wie die von der Seilerstätte zur Riemergasse hinunter und dann die Singerstraße wieder hinauf erklären sich aus zahlreichen Aufschüttungen. Ecke Riemergasse/Singerstraße gab es sogar Stufen im Gehsteig und vor allem keine Möglichkeit für Mütter mit Kinderwagen oder Rollstuhlfahrer, den Gehsteig zu benutzen. Als nach dem Bau des Hauses Singerstraße/Riemergasse die Straßenoberfläche wieder hergestellt werden sollte, wollte die MA 28 neben dem abgetreppten Gehsteig einen zweiten Gehsteig installieren. Mir schwebte eine grundsätzlichere Umgestaltung vor und es gelang mir, Alexander Maculan dafür zu gewinnen. Er legte auf seine zweifellos vorhandene Wiederherstellungspflicht noch einiges drauf, so konnten wir diesen Kreuzungspunkt so renovieren, daß jederman ihn nun problemfrei benutzen kann. Alle Gerüchte, daß die Firma Maculan deshalb in finanzielle Schwierigkeiten geraten ist, sind aber aus der Luft gegriffen.

Der Schwarzenbergplatz

Der Schwarzenbergplatz ist ein Verkehrsknotenpunkt, weil dort einerseits die Linie D, andererseits die Linie 71 das Verkehrsgeschehen bestimmen. Insbesondere wird von den Ringlinien in die Radiallinien umgestiegen. Zwischen den Straßenbahnstationen, rund um das Denkmal, wurde auch geparkt. Unvorsichtige Autofahrer stellten ihren Wagen manchmal so ungeschickt ab, daß der Straßenbahnverkehr behindert war. Die Wiener Verkehrsbetriebe beantragten daher die Errichtung von Kettenpollern. Als sie bereit waren, diese auch zu bezahlen, konnten sie errichtet werden und eine Verkehrsbehinderung war so unmöglich geworden.

In der zweiten Phase wurde an eine Verschönerung dieser Situation gedacht, weil es niemanden gab, der die rot-weißen Kettenpoller schön fand. Die Magistratsabteilung 19 plante eine Lösung mit Gehsteiganhebungen. Darüberhinaus aber auch die gänzliche Befreiung des inneren Platzes von parkenden Autos. Schweren Herzens stimmten wir zu, weil der Platz nun wieder als solcher erkennbar wurde. Wie sich auch herausstellte, hatten nur sehr wenige Anwohner dort geparkt. Die Beschwerden kamen durchwegs von Besuchern anderer Bezirke. Konzertbesucher des Musikvereins bildeten eine eigene Beschwerdegruppe.

Der Schwarzenbergplatz befindet sich aber nicht nur im 1. Berzirk, sondern reicht weit über die Zweier-Linie hinaus. Ein Großteil liegt im 4. Bezirk, beim Rennweg grenzt auch der 3. Bezirk an den Schwarzenbergplatz. Eine großräumige Verkehrslösung schließt den Karlsplatz, die Lothringerstraße, den Rennweg, den Heumarkt und die Prinz Eugen Straße ein. Kompliziert wird die Situation noch dadurch, daß dort die Bundesstraße 1 geführt wird, die in Bregenz beginnt und bei der Urania endet. Der Verlauf ist genau festgeschrieben und jede Änderung bedarf eines Bundesgesetzes. Die problematische Verschwenkung von der Lothringerstraße zum Heumarkt ist aber ungeklärt.

Als ich mein Amt antrat, fand ich bereits 17 verschiedene Vorschläge vor, wie der Verkehr dort zu führen sei. Unter den Stadträten Hatzl und Swoboda kamen weitere drei dazu. Schließlich einigte man sich auf die Variation 19: Die B1 bleibt bis zur Johannesgasse im 1. Bezirk und schwenkt erst dort zum Heumarkt. Die Lisztstraße sollte verkehrsfrei gemacht werden. Die ursprüngliche Idee, auch am Heumarkt verkehrsberuhigende Maßnahmen zu setzen, konnte ich gemeinsam mit dem Bezirksvorsteher des 3. Bezirkes, Erich Hohenberger abwürgen. Inzwischen war als neuer Stadtrat Bernhard Görg zuständig. Der Heumarkt sollte weiterhin Richtung Prinz Eugen Straße und in der Gegenrichtung offen bleiben. Auf dieser Basis wurde ein Architektenwettbewerb ausgeschrieben, den ein Spanischer Architekt gewann. Sein Vorschlag sah färbige Lichtbänder im Boden vor, vor allem am Abend wäre das ein schönes Bild. Offiziell gehen die Planungsarbeiten in diese Richtung weiter. Es bleibt abzuwarten, ob die neue Rathausmehrheit diesen Vorschlag in die Realität umsetzt. Nach drei Jahrzehnten Planung kann es ja auf ein weiters Jahrzehnt nicht ankommen. Auch die Stoßdämpfer der Autos sind viel besser geworden, so daß der Straßenbelag, der noch an das Vorkriegswien erinnert, keine größeren Schäden anrichtet.

Fußgängerzonen

Rechnet man alle großen und kleinen Fußgängerzonen zusammen, verfügt die Innenstadt über den größten Fußgängerbereich Europas: Das große U, Graben, Kohlmarkt, Kärntnerstraße mit seinen Stichstraßen, Krugerstraße, Annagasse, Marco d'Aviano Gasse, Donnergasse und Kärntner Durchgang, Dorotheergasse, Bräunerstraße und Trattnerhof, sowie die Naglergasse, anschließend der Stephansplatz, seit 2001 mit Goldschmiedgasse, wenige wissen, daß auch die Fütterergasse zwischen Tuchlauben und Petersplatz bereits seit Jahren als Fußgängerzone verordnet ist. Die Ausgestaltung sollte noch heuer erfolgen. In diesem Grätzl sind auch die Kleeblattgasse und seit neuestem der Judenplatz autofrei. Stubenbastei und Kumpfgasse, die Domgasse sind im westlichen Viertel der City den Schülern und den Fußgängern gewidmet. Wobei überhaupt alle Schulen in einer Fußgängerzone liegen oder zumindest über eine naheliegende verfügen. Es war bisher leider unmöglich, unmittelbar vor den Schulen in der Hegelgasse verkehrsfreie Zonen zu schaffen. Wien hat einen Flair für Fußgänger bekommen. Man geht gerne zu Fuß.

DIE STADTMÖBLIERUNG

Der Poller

Da Besucher und Bewohner wohl gleichermaßen nicht in der Lage sind, Gehweg von Fahrbahn zu unterscheiden, gibt es die wunderbare Einrichtung der Poller. Ursprünglich erfunden um die Pferde festzubinden, entwickeln sie sich vor allem in der zweiten Hälfte des 20. Jahrhunderts zu einem Gerät, das parkende Autos von den Gehwegen fernhält. In geringerem Umfange wurden die Poller auch schon um die Jahrhundertwende eingesetzt, daher gibt es ein von Otto Wagner kreiertes Modell, das normalerweise in Altstadtzentren verwendet wird. Natürlich versucht die Kreativabteilung der Magistratsabteilung 19 immer wieder neue Modelle aufzustellen. Das bevorzugte Modell ist grau und unauffällig, hat aber keinerlei Innenstadtcharakter. Trotzdem wurden die Hofburg und der Josefsplatz hinter meinem Rücken „modern“ abgepollert.

Daneben gibt es natürlich eine Vielzahl von Modellen, wie etwa der Radabweiser, der in der Rotenturmstraße zum Einsatz kam und von den Fachleuten wegen seiner Biegung Clintonpoller genannt wurde. Für den Michaelerplatz waren ursprünglich große Steinpoller mit Ketten vorgesehen. Sie stehen heute nicht ganz logisch hinter dem Rathaus. Im Zuge der Gestaltung durch Prof. Hollein kamen am Michaelerplatz eigene Pollerideen zum Durchbruch.

Am gleichen Platz werden aber auch die berühmten Türkenkugeln zum Einsatz gebracht. Ursprünglich für den Franziskanerplatz entworfen, erregten sie erst am zweiten Aufstellungsort am Neuen Markt den Unwillen eines Architekturkritikers. Der Erfindung der Türkenkugel war eine schwierige Entscheidungsprozedur vorangegangen. Der

Bauausschuß des Bezirkes begutachtete fünf verschiedene Styropormodelle, worunter die Kugel noch die zarteste Form hatte. Als man sich endlich auf die 50 cm-Kugel geeinigt hatte, erhob der Vertreter der Behinderten vor allem wegen der Blinden Einspruch und wies darauf hin, daß Hindernisse am Gehsteig mindestens 80 cm hoch sein müssten, damit der tastende Blindenstock dieses sicher erkennen kann. Lange ging die Diskussion hin und her, bis ich fragte: „Und was ist, wenn er auf der Fahrbahn steht?" Das war dann der Kompromiß. Auf der Fahrbahn dürfen nun die Türkenkugeln eingesetzt werden

Bei der Durchsetzung der Kugeln, die ich eher mit Perlen als mit Türkenkugeln verglichen haben möchte, hat sich erstaunlicherweise Bürgermeister Zilk sehr eingesetzt. Vom silbernen Anstrich der Kugeln im Bereich des Ringes beim Rathausplatz distanziere ich mich. Nicht jede Geschmacklosigkeit ist auf meinem Mist gewachsen.

Litfaßsäulen, historisch in Plastik oder neu

Ein besonderes Möblierungsobjekt in der Innenstadt sind die Litfaßsäulen der Gewista. In der Zwischenkriegszeit wurden sie mit einem einfachen Blechhäubchen versehen. Bürgermeister Zilk wurde auf die prunkvolle Haube aus der Zeit der Monarchie aufmerksam. Sie mußte in Plastik nachgegossen werden und ziert seither einige Innenstadtbereiche. Ginge es nach der Gewista, stünden alle 2 m Ankündigungssäulen. Im Zuge eines Architekturwettbewerbes wurden neue Litfaßsäulen entworfen. Sie waren beim Probebetrieb in der Kärntnerstraße so erfolgreich, daß von einer weiteren Aufstellung Abstand genommen wurde.

Erst mit der Erfindung der sogenannten Citylight-Vitrine kam ein neuer Durchbruch. Sie kam gleichzeitig mit einer Idee der Einkaufsstraßenvereine. Diese beklagten sich, daß alle Betriebe, die nicht unmittelbar neben dem goldenen U situiert sind, kaum Chancen haben, von den Flanierenden wahrgenommen zu werden. Deshalb sollte an jedem Ende einer Einkaufsstraße ein Schild mit den Namen der Geschäfte errichtet werden. Auf der Kehrseite dieser Vitrine sollte für Kulturwerbung Platz sein. Zweiteres wurde sofort in Anspruch genommen. Heute gibt es kaum mehr eine freie Werbefläche für kulturelle Ereignisse. Nur die Kaufleute zierten sich, obwohl die Idee eigentlich von ihnen gekommen war. Die Gewista begnügt sich heute mit vier Firmenkunden, weil die Beteiligung an der ursprünglichen Idee zu wünschen übrig ließ. In solchen Momenten sehnt man sich als Politiker nach Instrumenten, mit denen man die Menschen zu ihrem Glück zwingen kann. Es erfüllt mich auch heute noch mit Zorn, wenn Menschen für eine Idee Feuer und Flamme sind, aber für die Verwirklichung keinen Finger rühren. Meistens werden dann auch noch Bezirk und Stadt aufgefordert, alles alleine umzusetzen.

Telefonzellen

Telefonieren ist eine der großen Leidenschaften der Gegenwart. Die öffentlichen Telefone sind nach wie vor Goldgruben. Trotz des Handybooms gibt es noch immer sehr viele Leute, die von einer Telefonzelle ihre Freunde und Geschäftspartner anrufen. Zu meiner Verwunderung verlangt die Telecom Austria noch immer mehr Telefonzellen. Vorhandene Standorte werden nicht aufgegeben, auch wenn sie Auslagen verdecken, was insbesondere im Bereich der Goldschmiedgasse einen Unternehmer sehr gestört hat. Das besondere Problem dabei ist, daß die drei Telefonzellen eine U-Bahn-Entlüftung verdecken. Man baute schließlich für den Unternehmer zwei Vitrinen, die ihm zusätzliche Ausstellungsflächen boten. Anders war die Situation in der Wallnerstraße, wo ein Unternehmer ein Geschäftslokal hinter zwei bestehenden Altstadttelefonzellen (massiv und undurchsichtig) gemietet hatte, und mich dann anrief, ich solle die Telefonzellen entfernen lassen. Es gelang mir in kürzester Zeit, die Post dazu zu bringen, statt der Altstadtzellen moderne Luigi-Blau-Zellen mit viel Glas und einer Werbefläche aufzustellen. Statt Dankbarkeit erntete ich aber große Enttäuschung. Auch als der Unternehmer die Werbeflächen gegen geringes Entgelt selber nutzen durfte, war er noch nicht zufrieden. Er war der hartnäckigste Interventionist in den vergangenen 13 Jahren. Mit viel hochgestellten Persönlichkeiten, vom Bundeskanzler über die Volksanwaltschaft bis zur Handelskammer, von Wildfremden bis zu persönlichen Freunden, mußte ich reden, um zu erklären, daß das Erreichbare bereits erreicht sei.

Würstelstand als Telefonzellenwand

Ein besonderes Problem ergab sich, als mein Freund und Wirtschaftsbundobmann seinen Würstelstand in der Seilergasse umbauen wollte. Über die Gestaltung mußte mit der „Stadtbildpflege“ und mit der Post über drei Telefonzellen verhandelt werden. Gefunden wurde eine recht interessante Lösung. Drei Telefonhauben wurden am Würstelstand befestigt. Ich war über diese Lösung sehr froh, konnte ich doch in vielen sensiblen Bereichen nun Zellen vermeiden. Versteckte Ecken für Hauben gibt es viel mehr.

Vitrinen im öffentlichen Raum

Da sich der Wiener beim Einkaufen gerne nach den Auslagen orientiert und vor allem Waren kauft, die er ohne einer Verkäuferin genau studieren kann, versuchen alle Unternehmer, ihre Auslagen zu vergrößern. Es war sehr schwierig, diese Wünsche auf ein Minimum zu beschränken. Da im ursprünglichen Ausbauplan der Freyung und des Palais Ferstel zwei Vitrinen vorgesehen waren und dem Museum der Stadt Wien dort zwei Vitrinen zustanden, wurde die Freyung zum Präzedenzfall. Immer wieder wurde sie mir vorgehalten, wenn ich mich gegen derartige Verbauungen des öffentlichen Raums aussprach. Sowohl die Betreiber des Palais Ferstel, als auch das Historische Museum der Stadt Wien liefern überzeugende Argumente gegen Vitrinen, weil sie ungenügend gepflegt und lieblos behandelt ein Schandfleck für die betreffende Straße sind. Ich bin neugierig, ob das Kunsthistorische Museum ein besserer Vitrinenbetreuer ist. Dessen Auslagefläche befindet sich vor einem Geschäft, dessen Inhaberin bis zur Volksanwaltschaft gegen das Kunsthistorische Museum interveniert hat, und so steht sie sicher unter besonderer Beobachtung.

Die Fahnenstangen des Herrn Noever

Besondere Ideen für die Gestaltung des Straßenraumes hat immer wieder Peter Noever vom Museum für Angewandte Kunst. Um den Eingang von der Weißkirchnerstraße stärker zu betonen, sollten zierliche Fahnenstangen die Anbringung von Transparenten ermöglichen. Daraus wurden massive Masten, die die Abspannung für zehn Verkehrsampeln tragen könnte.

Ein besonderes Anliegen war ihm auch die Errichtung einer funktionslosen Treppe mit einer funktionslosen Terrasse über den Wienfluß, wobei sogar ein Baum umbaut wurde. Von den ursprünglichen Nutzungsideen ist nichts übrig geblieben, die Zeit der großen Events ist scheinbar für das MAK vorbei.

Noever forderte auch, auf der Wotrubapromenade Ein- und Ausstiegstellen für Besucherbusse zu errichten. Da ohnehin die Gestaltungsverhandlung stattfand, lud ich das Museum für Angewandte Kunst sowie die Universität für Angewandte Kunst zu dieser Verhandlung ein. Natürlich erhob die Universität Einspruch gegen dieses Projekt, weil die Abfahrt der Busse entlang der Universität hätte erfolgen müssen. Wir fanden eine Kompromißlösung im 3. Bezirk. Dann verhandelten wir die Details der Ausgestaltung bis zum Ende. Als sich Monate später Noever gegen die dabei angewandte Architektur wandte, konnten die verhandelnden Stellen zu Recht darauf hinweisen, daß der Herr Direktor bei der endgültigen Entscheidung dabei gewesen sei und damals schon seine Bedenken formulieren hätte müssen.

Schanigartengestaltung

367 Schanigärten zieren oder verunzieren die Innere Stadt. Tatsache ist, daß der Wiener im Sommer gerne im Freien sitzt und von dort aus die Vorbeiflanierenden betrachtet. In den sensiblen Bereichen gibt es daher immer große Beratungen, wie die Begrenzung eines solchen Schanigartens aussehen soll. Saubohnen auf einem Holzgestell passen wohl nicht auf den Graben. So setzte sich in den letzten Jahren Glas als Gestaltungselement durch. Auch ob es Bedienelemente, Kaffeemaschinen, Kühlvitrinen oder gar eine Abwasch mitten auf der Straße geben soll, war heiß umstritten. Als im Zuge des Haashausneubaus Atilla Dogudan einen Schanigarten für sein Lokal im letzten Stock beanspruchte, war es mit den guten Vorsätzen vorbei. Bürgermeister Zilk verhandelte persönlich mit mir. Dogudan bekam seine Vitrine und seine Bedienungsmaschinen. Natürlich änderte ich meine Haltung auch gegenüber anderen Unternehmen, schließlich wollte ich mir nicht vorwerfen lassen, daß ich mit zweierlei Maß messe.

Die Frage nach der Notwendigkeit von Begrenzungen der Schanigärten spielt heute noch am Judenplatz eine Rolle, weil die den Platz planenden Architekten natürlich keine zusätzliche Stadtmöblierung haben wollten.

Bänke oder Sessel

Der 1. Bezirk hat an die 300 Sitzbänke zu betreuen, teilweise in Parkanlagen, teilweise aber auch im Straßenraum. In den Parkanlagen ist man dazu übergegangen, die Bänke so eng aufzustellen, daß ein Betreten des Rasens nur mit Überspringen der Bänke möglich ist. Physische Hindernisse versteht der Wiener am besten, die Bitte, den Rasen nicht zu betreten oder gar ein Verbot versteht er nicht. Dabei gibt es genug Wiesen im öffentlichen Raum, die ohnehin zum Liegen freigegeben sind. Da die Bänke des öfteren Sandlern als Nachtquartier oder als Siestasofa dienen, wurde kurzfristig auch die Wiederaufstellung der Stadtparkstühle überlegt. Inzwischen hat man sich aber an die Sandler gewöhnt.

Am Graben wurden die Bänke von den dortigen Unternehmern als Barrieren gesehen, sie interventierten bei Bürgermeister Häupl und bei mir. Da wir von der Sache nicht überzeugt waren, gaben wir hinhaltende Antworten, worauf die Unternehmer die zuständige Magistratsabteilung derart informierten, daß beide Herren dringend die Entfernung angeordnet hätten. Schon in den nächsten Tagen waren die Telefone überlastet, weil alle Senioren, die noch am Vortag dort gesessen waren, die Wiederaufstellung verlangten. Ich konnte ihnen natürlich nicht sagen, daß sie von den Geschäftsleuten offensichtlich als nutzlose Parasiten eingestuft worden waren, weil sie nie entsprechende Einkäufe tätigten. Wir stellten wieder einige Bänke auf, seither hat sich die Situation beruhigt.

Papierkörbe

Jede Großstadt benötigt in ansprechendem Intervall an den Verkehrszeichen oder auf dem Boden Papierkörbe oder Abfallbehälter. Ursprünglich gab es gitterartige Tuben, die den Nachteil hatten, daß sich einzelne Gegenstände, insbesondere Drogenspritzen, verspießten und mit der Hand herausgenommen werden mußten. Als es einige Verletzungen bei den Mitarbeitern der Müllabfuhr gab, tauschte man diese Behälter gegen größere, geschlossene, glatte aus. Da sie größer waren, konnte man sie auch in größerer Entfernung aufstellen und damit die Entleerung rationalisieren. Da entdeckten die Bewohner die Liebe zu ihrem persönlichen Papierkorb, der auf einmal nicht mehr am gewohnten Verkehrszeichen angebracht war.

In den Fußgängerzonen ist das Abfallaufkommen naturgemäß größer, deshalb wurden dort ursprünglich die sogenannten Elefantenfüße aufgestellt. Nach der Renovierung der Kärntnerstraße setzt sich aber das Windprechtingermodell durch. Das Mariahilferstraßenmodell vom Architekten Podrecca konnte sich in der Innenstadt nicht durchsetzen, obwohl es sich dem Benützer entgegenneigt.

Wartehäuschen

Die Wiener Linien, wie sich die Verkehrsbetriebe nun nennen, wollen natürlich bei jeder Haltestelle ihren Passagieren Wartehäuschen gönnen. Bei meinem Amtsantritt gab es eine Fülle von verschiedenen Modellen mit teilweise historischem Wert. Eines davon steht am Ring vor der Schwarzenbergstraße, ein Rundbau aus Beton. Das Häuschen vor dem Hotel Mariott zeigt nur mehr in Ansätzen die einstige imperiale Pracht. Es gibt dafür sogar einen Rekonstruktionsplan, der allerdings in der Verwirklichung sehr teuer ist. Der Altstadterhaltungsfonds war ursprünglich bereit, die Mehrkosten zu übernehmen, hat dann aber seine Zusage zurückgezogen. Dieses Häuschen wird nun wahrscheinlich durch ein modernes ersetzt.

Wieder war es Luigi Blau, der einen Entwurf lieferte, der von Anfang an von allen akzeptiert wurde. Nach einer kurzen Probephase am Kai konnte ich dieses Modell für die ganze Innenstadt freigeben. Luigi Blau hat einmal mehr bewiesen, daß er im stande ist, Modernes für einen historischen Bezirk wie die Wiener Innenstadt zu entwerfen. Ich bewundere seine Sensiblität und Zurückhaltung. Die neue Wartehalle hat den Vorteil, daß die Gewista Errichtung und Wartung übernimmt. Sie gewinnt damit wertvolle Werbefläche.

Die öffentlichen WCs

Auch für den Stoffwechsel der Besucher muß in einer Großstadt vorgesorgt werden. Die Innenstadt ist ausreichend mit WC-Anlagen ausgestattet. In den Passagen und U-Bahn-Stationen befinden sich modern ausgestattete Anlagen, die aber zum Teil schon an die 50 Jahre alt sind. Sie wurden in den vergangenen Jahren Schritt für Schritt renoviert. Sensationellerweise wurde eine davon in der Opernpassage privatisiert und preist sich als Operatoilet an. Diese Luxuseinrichtung wird gerne angenommen und erfreut die Benutzer bei ihrer wichtigen Tätigkeit mit Opernmusik. Ich finde es erfreulich, daß es Unternehmer gibt, die auch in nicht auf der Hand liegenden Bereichen unternehmerische Initiative zeigen.

Sorgenkinder sind aber für den Bezirk die Anlagen aus der Monarchie. Eine davon am Graben ist vorbildlich renoviert, die anderen verfallen noch. Insbesondere die oberirdische Anlage am Parkring und die Anlage am Hohen Markt sind in der Planung schon weit fortgeschritten. Am Hohen Markt ist vieles wie so oft von der Stadtarchäologie abhängig. Da das Mauerwerk total durchnässt ist, muß rund um die Anlage aufgegraben werden. Es ist zu hoffen, daß bereits in der Monarchie alles archäologisch Wertvolle zu Tage befördert worden ist. Wenn das nicht der Fall ist, kann das eine weitere Verzögerung bedeuten. Der Plan, gleichzeitig am Hohen Markt einen neuen Eingang zu den unterirdischen Ausgrabungen zu bauen, wurde wieder fallen gelassen. Die Anlagen haben alle noch ihre Mahagonieinrichtung mit den mechanischen Zählwerken. Man dürfte auch damals zu den Klofrauen wenig Vertrauen gehabt haben. Die Renovierung wird teuer, kann aber zu einem Zeugnis für die Qualität der Renovierungskultur Wiens werden.

Leuchten

In der zweiten Hälfte des 19. Jahrhunderts wurde in Wien die Gasbeleuchtung eingeführt. Bei der Elektrifizierung beließ man die Kandelaber. Diese ehemaligen Gaskandelaber werden, im Altstadtbereich freistehend und an Hausmauern angebracht, heute noch verwendet. Auch hier versucht die Stadtgestaltung modernere Objekte einzuführen. Wir sind aber stolz darauf, die traditionellen Formen in den sensiblen Bereichen erhalten zu haben. Auch in der Kärntnerstraße wurden die überdimensionierten Leuchten, die an Badeduschen erinnerten, wieder durch normale Maiglöckchenleuchten ersetzt. Da die Kärntnerstraße vom Architektenduo Windprechtinger/Holzbauer geplant worden war, pilgerte ich zu Wilhelm Holzbauer, um die Situation zu sondieren. Holzbauer reagierte mit dem Ausspruch: „Sie werden die Kärntnerstraße vergeblich in meinem Werkeverzeichnis suchen.“ Damit war die Sache klar, Holzbauer beriet uns auch bei der Aufstellung der traditionellen Leuchten.

Sensibler ist die Situation am Ring, weil dieser schon in der ursprünglichen Konzeption kein einheitliches Beleuchtungskonzept hatte. Der Gedanke, die häßliche Abspannung zu vermeiden, ist faszinierend. Technisch ergibt sich aber eine Fülle von Problemen. Beleuchtet man den Ring von der Seite mit Altstadtleuchten, so müssen auch die Bäume mehrmals im Jahr geschnitten werden, sonst wachsen die Lichtquellen zu. Es gibt daher für den Ring ein Konzept mit den unterschiedlichsten Beleuchtungsformen. Teuer wird es auf jeden Fall.

Hinweistafeln

Der Tourist möchte immer den kürzesten Weg zu den Sehenswürdigkeiten finden, deshalb sind alle Betreiber dieser Sehenswürdigkeiten interessiert, Hinweistafeln aufzustellen. Würde man allen Wünschen nachkommen, wäre die Innenstadt von einem Schilderwald übersät. Manche Betreiber wollen nicht verstehen, daß ihre Einrichtung nicht wichtiger ist als die Hofburg. Daß der Wunsch nach Hinweistafeln manchmal ungeahnte Folgen hat, wenn man ihn an den Bezirksvorsteher heranträgt, wird in einem anderen Kapitel behandelt, wo es um das Lipizzanermuseum geht.

HRDLICKA UND HOLOCAUST

300 Tote im Philipphof

Am 13. April 1945 schlug am Grundstück zwischen der Augustinerstraße und der Tegetthoffstraße eine amerikanische Bombe ein. Der sogenannte Philipphof stürzte in sich zusammen und begrub über 300 Menschen unter sich. Die Keller dieses Hauses galten als besonders sicher, deshalb traf sich dort tout Vienne. Die Kellergewölbe haben die Bombe auch überstanden, es war jedoch mit den Mitteln des Jahres 45 nicht möglich, die Verschütteten zu befreien. Mir klingt heute noch ein Satz meines Großvaters in den Ohren: „Jetzt ist das schon drei Wochen her und die klopfen noch immer." Sehr viele Bewohner der Innenstadt haben ein Familienmitglied im Keller des Philipphofes verloren. Die Opfer sind hilflos verhungert und verdurstet.

Gerade deshalb hat die Wiederverbauung des Grundstückes immer große Emotionen ausgelöst. Von einer Tiefgarage bis zu der Errichtung eines Bundesländerhauses war die Rede.

Gegen Krieg und Faschismus

Alfred Hrdlicka suchte schon lange einen Standort für sein Mahnmal gegen Krieg und Faschismus. Bürgermeister Zilk und die Rathausmehrheit stellten ihm das Grundstück am Albertinaplatz zur Verfügung. Eine vielschichtige Diskussion begann. Einerseits meldeten sich die Nachkommen und Verwandten der noch verschütteten Toten und forderten eine ordnungsgemäße Exhumierung, andererseits ging wieder einmal die Diskussion um den Faschismusbegriff los. Auch die Ästheten meldeten sich zu Wort und forderten eine historisierende Platzgestaltung. Der bekennende Kommunist Alfred Hrdlicka hatte natürlich einen umfassenden Faschismusbegriff, der alles als rechts einstufte, was nicht volksdemokratisch war. Alle Zeitungen beteiligten sich an dieser Diskussion.

Hilfe der Krone

Bis sich die Kronenzeitung der Angelegenheit annahm und einen Feldzug gegen dieses Mahnmal startete. Es war dies einer jener wenigen Fälle, in der sich die Kronen Zeitung gegen das Stadtoberhaupt stellte. Die Haltung der ÖVP war durchaus klar. Man konnte nicht für Krieg und für Faschismus sein, man konnte auch nicht dagegen sein, daß mit einem Mahnmal gegen diese beiden Begriffe agitiert wird. Man konnte aber sehr wohl gegen den Standort sein. Eine Abqualifizierung des Künstlers Hrdlicka kam ebenfalls nicht in Frage, er war international anerkannt und viele von uns schätzten seine Werke. Seine Haltung zum Kommunismus und zu Stalin hatte eher skurrile Züge und entzog sich einer ernsthaften Diskussion. Für mich ist wenig verständlich, warum er mit seinen Aussagen von einigen Zeitungen ernst genommen wurde. Es kann doch wohl nicht sein, daß die überspitzten Formulierungen allein ausschlaggebend waren.

Erfreulich, aber keineswegs entscheidend war dagegen, daß die Kronen Zeitung ebenfalls das Mahnmal an dieser Stelle nicht wollte. Trotzdem blieben wir erfolglos. Auch die Unterstützung der Kronen Zeitung ist nicht immer eine Erfolgsgarantie.

Einfach Beton drauf

Als klar war, daß das Denkmal errichtet werden würde, begannen die Probleme mit der Gestaltung des Umfeldes. Im ersten Entwurf sah der Künstler eine Rasenfläche vor. Das hätte aber 60 cm Erdreich bedeutet. Mit der etwa 50 cm dicken statischen Absicherung wären das 1,10 m gewesen. Wenn man davon ausgeht, daß das Mahnmal nicht auf einem Sockel zu stehen kommen soll, hätte das bedeutet, daß man in die Kellergewölbe eingegriffen hätte, was wieder bedeutet hätte, daß man die Toten gefunden und ordnungsgemäß exhumieren hätte müssen. Da man das vermeiden wollte, verzichtete man auf das Gras und legte lediglich eine 60 cm dicke Betonschicht über das Grab von 300 Menschen. Eine eher brutale Vorgangsweise. Ich forderte weiterhin die Grasfläche, das brachte mir viel Sympathie.

Orpheus betritt den Hades

Der Entwurf von Alfred Hrdlicka sah die Verwendung von bereits fertigen Skulpturen vor. So war die Skulptur „Orpheus betritt den Hades" sowie der Grundentwurf des straßenwaschenden Juden bereits fertig und lediglich die zweite Skulptur „Am Tor der Gewalt" mußte noch kreiert werden. Diese Skulptur ließ lange auf sich warten und es dauerte über ein Jahr, bis das Mahnmal in seiner heutigen Form fertiggestellt war.

Der straßenwaschende Jude

Die Figur des straßenwaschenden Juden erweckte nicht nur den Unwillen der Betroffenen und deren Erben, sondern sie wurde tatsächlich auch von wenig sensiblen oder naiven Touristen als Sitzplatz zweckentfremdet. Hrdlicka versah die Figur nachträglich mit Stacheldraht, deshalb kann sich jetzt niemand mehr draufsetzen.

Das Mahnmal ist heute ein fixer Bestandteil des Stadtbildes. Die große Fremdenverkehrsattraktion ist es allerdings nicht geworden, auch für die Schrift an der großen Stele wird man sich etwas überlegen müssen.

An der Seite zur Tegetthoffstraße ließ mein Vorgänger eine kleine Tafel errichten, die an die Toten erinnerte. Bei dieser Tafel gedenkt seither jährlich die Bezirksvertretung der Toten. Erst in der Ära Marboe ist es mir gelungen, diese Tafel im Stil und Aussehen an die übrigen Erklärungstafeln anzugleichen. Frau Pasterk hatte diesen Platz immer als ihr ideologisches Privateigentum betrachtet.

1938 – 50 JAHRE DANACH

Das Dokumentationsarchiv des österreichischen Widerstandes

Im Jahre 1988 war es 50 Jahre her, daß Hitler in Österreich einmarschiert war. In zahlreichen Gedenkveranstaltungen wurde der Opfer der nationalsozialistischen Ära gedacht. Da im Alten Rathaus das Dokumentationsarchiv des österreichischen Widerstandes logiert, konnte ich unmittelbar mit dem Leiter, Herrn Prof. Neugebauer, aber auch mit anderen Wissenschaftlern Kontakt pflegen. Für einige Rechte gilt das Dokumentationsarchiv zwar als links, es ist aber zumindest in der Führungsstruktur durchaus ein Produkt der rotschwarzen Nachkriegszeit. Daß auch der Kommunist Steiner führend tätig war, darf nicht wundern, wenn man die Geschichte des Widerstandes verfolgt. In den letzten Jahren ist das Dokumentationsarchiv bemüht, lückenlos die Namen der 65000 österreichischen Juden, die im KZ ermordet worden sind, zu erfassen. Diese Namen können jetzt am Judenplatz im Jüdischen Museum elektronisch abgefragt werden. Viele Menschen aus dem In- und Ausland machen von dieser Möglichkeit Gebrauch.

Der Kampf gegen das Vergessen

Durch die Veranstaltungen des Dokumentationsarchives kam ich auch in Kontakt mit der Zeithistorikerin Erika Weinzierl, dem Politologen Anton Pelinka und dem Historiker Gerhard Jagschitz. Alle drei kämpfen gegen das Vergessen. In diesem Bestreben bin ich durchaus mit ihnen einer Meinung. Ich frage mich aber immer wieder, warum wir bei einer kleinen Minderheit durchaus erfolgreich sind, bei der großen Mehrheit die Sehnsucht nach dem Vergessen aber steigt. Daneben gibt es sicher eine andere Gruppe, die ebenfalls an einem Erinnern interessiert ist, die Vorgänge aber bagatellisiert oder überhaupt leugnet. Ich fürchte, daß in den vergangenen Jahren die wissenschaftliche Arbeit zu sehr ins Moralisieren abgeglitten ist. Natürlich kann man die Nazizeit nicht ohne Emotionen betrachten. Und es sind gerade die wissenschaftlichen Erkenntnisse, die einem das kalte Schauern über den Rücken jagen und die Frage stellen lassen, wozu Menschen fähig sind, wenn ihnen ein System die Möglichkeit dazu gibt. Unser grenzenloses Entsetzen über die industrielle Vernichtung ist jedoch offensichtlich nicht ausreichend und das Geschehen der Nazizeit ist für viele immer noch unglaublich. Unglaublich heißt, daß man es nicht glauben kann und manche es nicht glauben wollen. Noch weniger beschäftigen sich viele junge Menschen mit der Frage, wie weit die Schilderungen dieser Zeit glaubhaft oder unglaublich sind. Sie wollen nicht vergessen, aber sie wollen auch den mühsamen Weg des Erinnerns nicht gehen.

13 mal 13. März

Es war Tradition, daß am 13. März jeden Jahres in der Gedenkstätte in der Salztorgasse eine Gruppe von Schülern eine Gedenkveranstaltung abhielt. Es waren meist Oberstufen aus dem Bereich der AHS, die in ihrem Zeitgeschichte-Unterricht die Fakten erarbeiteten und gleichzeitig die Gestaltung dieses Events planten. Die Schüler waren informiert, hatten einschlägige Texte gelesen, aus der Literatur erschütternde Zeugnisse herausgesucht und passende Lieder einstudiert. Ich hatte trotzdem immer das Gefühl, daß die jungen Menschen kaum emotional beteiligt waren. Es handelte sich für sie um eine ehrenhafte Pflichterfüllung. Auch für die jüngeren Lehrer war es mehr eine Bestätigung ihrer aufrechten Haltung gegenüber dem meist anwesenden Stadtschulratspräsidenten als echtes Anliegen. Die Zeit darf und kann niemals vergessen werden. Über die Mittel zur Aufrechterhaltung des Erinnerns müssen wir allerdings dringend nachdenken.

Vranitzky

Es war Bundeskanzler Vranitzky, der nach 50 Jahren die wichtigen klärenden Worte sprach und damit die Stellung Österreichs und seiner Bürger ins richtige Lot brachte. Österreich als Staat hatte es zwischen 1938 und 1945 nicht gegeben, trotzdem waren viele Österreicher führend an den Verbrechen des Nationalsozialismus beteiligt. Ich hatte mehrmals Gelegenheit, meine besondere Verbundenheit mit dieser Zeit darzulegen. Leider kam es nach 1945 nicht zu einer sinnvollen Aufarbeitung, sondern nur zum oberflächlichen Moralisieren. Das Problem dabei ist, daß man im Täter-Opfer-Held Schema dachte und sich um die vielen kleinen Mitläufer nicht kümmerte. Die beiden Entnazifizierungsgesetze nach 1945 haben eine weitgehende Klarstellung gebracht. Für die Einzelnen wurde damit ihre Rolle und die Schwere ihrer Schuld festgelegt. Sie wurden entweder wieder vollwertige Bürger, oder wegen eines Vergehens oder Verbrechens verurteilt. Zweifellos waren diese Gesetze eine Art Amnestie, damit man auch ehemalige nationalsozialistische Parteigenossen resozialisieren konnte.

Initiative des Bermudadreiecks

Auf Initiative der Wirte des Bermudadreiecks wurde der Morzinplatz, wo die berüchtigte Gestapozentrale ihr Hauptquartier hatte, zu einem Veranstaltungsplatz auf dem mehrfach durch Lesungen, Vorträge und Ansprachen auf die

Zeit zwischen 1938 und 1945 hingewiesen wurde. So kamen auch junge Menschen mit dieser Problematik in Kontakt. Dies ist sehr wichtig, weil das internationale Ansehen auch des einzelnen Menschen von der Geschichte seines Volkes abhängig ist. Für viele junge Menschen ist es enttäuschend, daß diese Zeit verurteilt wird, daß aber viele Menschen im Ausland nach wie vor den Deutschen und den Österreicher als Nazivertreter sehen. Gerade die ethnischen Konflikte in der Welt, in Europa, vor allem aber am Balkan, zeigen uns, daß die Beurteilung anderer Gruppen und Völker oft auf Ereignisse zurückgeht, die Jahrhunderte zurückliegen. Da es in Europa auch viele Völker gibt, die sich mit ihren Feinden versöhnt haben, könnte deren Beispiel in einem größeren Europa Schule machen. Die Gemeinsamkeit könnte im Vordergrund stehen, kleinere ethnische Einheiten könnten vollberechtigt weiterexistieren, vor allem auch deshalb, weil auch die größten Nationen Europas im Gesamtkontext nur kleine Gruppen sind. Selbst die Deutschen und die Franzosen sind dann eine kleine Minderheit.

Das Akademische Gymnasium

In den verschiedenen Schulen Wiens gab es unterschiedliche Anteile jüdischer Schüler. Dies deshalb, weil manche Schulen konfessionell gebunden waren oder zumindest einen entsprechenden Ruf hatten. Daneben gab es Schulen, in denen der Anteil der Juden sowohl im Lehrpersonal als auch unter den Schülern besonders hoch war. Dies war besonders im Akademischen Gymnasium am Beethovenplatz der Fall. Daher ist es sehr verdienstvoll, daß die Lehrer und Schüler des Gymnasiums immer wieder an jene Schüler und Lehrer erinnern, die im Mai und Juni 1938 „umgeschult“ wurden. Eine Tafel und nun auch riesige Steinquader vom Reichstagsgelände in Nürnberg erinnern daran. Karl Prantl, der bekannte Bildhauer, hat diesen Erinnerungsplatz für das Akademische Gymnasium gestaltet. Schüler und Lehrer erinnern jährlich an die Vertreibung der jüdischen Vorgänger.

In meinen Ansprachen habe ich immer wieder darauf hingewiesen, daß die Ursprünge des Faschismus und vor allem des Nationalsozialismus in der Verachtung anderer Menschen liegen, und daß es der Faschismus war, der diese Verachtung staatlich legitimierte und damit für jedermann salonfähig machte. Meine Analyse, daß daher jeder Mensch, der einen anderen Menschen verachtet, Grundzüge des Faschismus in sich trägt, stieß und stößt auch heute noch auf Unverständnis. Für mich ergibt aber dieses Niemals-Vergessen nur dann einen Sinn, wenn es Einfluß auf das Verhalten der Einzelnen und damit auch der Machthaber in einer Demokratie hat. Nur Erinnern um des Erinnerns Willen hilft vielleicht jenen, die emotional beteiligt sind, aber wie viele sind das noch. Erinnern, um Schlüsse für die Gegenwart daraus zu ziehen, sollte gerade beim Nationalsozialismus angestrebt werden. Das bedeutet aber auch, daß man bei der täglichen Menschenverachtung, die uns allen innewohnt, beginnen muß. Jeder von uns verachtet andere Menschengruppen. Selbst bei jenen, die das „niemals vergessen“ mit vollem Einsatz und aufrichtig betreiben, beobachte ich eine gewisse Verachtung jener, die noch immer nicht begriffen haben, wie grauenhaft und gefährlich die Zeit zwischen 1938 und 1945 in Österreich war.

Altschottenpräsident oder Politiker: Der Fall Spitzy

Zur Zeit meines Amtsantritts war ich gerade Präsident der Vereinigung ehemaliger Schottengymnasiasten. Im Schottengymnasium hatte es zwar 1938 keine Juden gegeben, dafür aber einen gesellschaftlichen Bruch quer durch jedes Klassenzimmer, weil ein Teil der Schüler sich bereits zum Nationalsozialismus bekannte. Diese gesellschaftspolitische Spaltung wird auch heute durch die Schulsolidarität nur sehr mühsam überdeckt. Da die Schule 1938 gesperrt wurde und die Schüler auf andere Gymnasien verteilt wurden, gab es erst wieder 1953 Maturanten des Schottengymnasiums. Die Nachkriegsgenerationen hatten keinerlei Verständnis für die tiefgreifenden Probleme, die es vor 1938 für Jugendliche gegeben hatte. Im Veranstaltungsprogramm für Jänner 1988 war nun ein Vortrag eines Prof. Spitzy vorgesehen. Ich hatte an den bekannten Mediziner gedacht und dem Vortrag zugestimmt. Schon bald wurde ich von Wohlmeinenden aufgeklärt, daß es sich dabei um einen persönlichen Sekretär des Führers handelte, der allerdings noch während der Nazizeit abgesprungen war und sich ins Ausland abgesetzt hatte. Nach längerer Diskussion setzte ich den Vortrag ab, was einen ungeheuren Wirbel in der Vereinigung auslöste, weil man mir vorwarf, nur an die eigene Position zu denken. Ich verlangte eine ausgewogene Vortragsreihe, damit auch die anderen zu Wort kämen. Dieser Wunsch wurde mir nicht erfüllt. Ich hätte es für ein katastrophales Zeichen empfunden, wenn die Altschotten einen Vortrag eines Hitlersekretärs und sonst nichts zum Gedenkjahr zu bieten hätten. Schließlich einigten wir uns darauf, den Vortrag im Herbst nachzuholen.

In Kenntnis der zu erwartenden Emotionen behielt ich mir die Diskussionsleitung vor. Es kam wie es kommen mußte, ehemalige Klassenkollegen, die am 24. Dezember jedes Jahr in der Heiligen Messe nebeneinander sitzen, gingen aufeinander los und versuchten, ihre damalige Haltung zu verteidigen, bzw. die Haltung des anderen zu verurteilen. Die jüngeren Jahrgänge staunten fassungslos, kaum einer meldete sich zu Wort. Spitzy, der selbst ein durchaus differenziertes Verhältnis zum Nationalsozialismus hatte, weckte alte Erinnerungen an Triumphe und Demütigungen. Für mich war es dann doch eine große Befriedigung, als er nach dem Vortrag Verständnis dafür hatte, daß ich den Vortrag im Jänner abgesagt hatte. Besonders gefreut hat mich aber die Haltung der Jungen, weil ihnen im Zuge des Diskussionsverlaufs klar geworden war, daß alle meine Prognosen eingetreten waren. Die Direktion der Schule hatte weniger Hemmungen und lud Spitzy schon im Frühjahr in die Klassenzimmer. Trotzdem hatte ich keine Sehnsucht mehr, meine Periode als Präsident zu verlängern.

Kurt Waldheim

Die Bundespräsidentenwahl brachte eine weitere Eskalation in die Diskussion über Österreichs Vergangenheit. Um den sicher scheinenden Sieg des ehemaligen Generalsekretärs der Vereinten Nationen, Kurt Waldheim, zu verhindern, wurden geschickt Gerüchte über seine Beteiligung an nationalsozialistischen Verbrechen ausgestreut. Waldheim, der damals ein kleiner Befehlsempfänger war, hatte, wie wir heute wissen, keinerlei verfolgungswerte Taten begangen. Auch der Vorwurf, er hätte gelogen, ist meiner Ansicht nach nicht aufrecht zu erhalten. Waldheim, der schließlich einer der höchsten Beamten der Welt gewesen war, ohne daß man ihn einschlägige Vorwürfe gemacht hätte, fühlte sich über die Vorwürfe erhaben und schätzte sie daher falsch ein. Seine Aussage „Ich habe nur meine Pflicht getan“ wurde in der political correctness Diskussion zerpflückt. Ich glaube aber, daß auch das rechte Wort am rechten Platz in der aufgeheizten Stimmung nicht geholfen hätte.

Dahinter standen zwei österreichische Traumata, über die wir auch heute noch moralisieren, ohne an der geschichtlichen Wahrheit wirklich Interesse zu haben. Da war erstens das Trauma, daß alle Überlebenden des Nationalsozialismus in der einen oder anderen Form weggeschaut haben. Dieses

Problem ist vielschichtig, denn einerseits wird angenommen, daß jeder Mensch gewußt hat, was mit den Juden passiert, andererseits wissen wir auch, daß Juden noch 10 Minuten vor der Gaskammer nicht an den nahen Tod glauben wollten. Verschärft wurde die Situation dadurch, daß jedes Gespräch über dieses Thema den Betreffenden selbst ins KZ bringen konnte.

Das andere Trauma war die jubelnde Begrüßung des Führers am Heldenplatz, das die Frage aufwarf, ob Österreich wirklich das erste durch die Nationalsozialisten besetzte Land war. Die Friedensordnung nach 1945 beruht auf dieser Annahme. Österreich hat sich immer auf dieser Haltung der Alliierten ausgeruht. In der Diskussion als Lebenslüge Österreichs bezeichnet, verhinderte diese Haltung eine echte Auseinandersetzung mit den Fakten. Auch heute geht es mehr darum, andere zu verurteilen als um die reelle Aufarbeitung aller Facetten dieses Problems. Besonders schädlich war natürlich, daß die Probleme gleichzeitig mit einem Wahlkampf an die Oberfläche traten. Kurt Waldheim war unentrinnbar zum Opfer dieser Diskussion geworden.

Schüssel in der Seitenstettengasse

Als Wolfgang Schüssel Vizekanzler der Republik geworden war, wurde in Israel Premierminister Izhaak Rabin ermordet. In Österreich wurde im Stadttempel eine Gedenkfeier abgehalten. Auf mein Bemühen hin kam der Vizekanzler zu diesem Gottesdienst. Dieser Besuch des Obmanns der Österreichischen Volkspartei bei der Jüdischen Gemeinde wurde sehr positiv aufgenommen.

Österreichisch-Israelische Gesellschaft

Schon mehrere Jahre war ich Mitglied des Vorstandes der Österreich-Israelischen-Gesellschaft. Walter Schwimmer hatte mich zur Mitarbeit aufgefordert. Ich bin diesem Ersuchen gerne nachgekommen. Als Schwimmer nach Strassburg berufen wurde, rückte der Wiener Stadtrat Sepp Rieder in die Position des 1. Präsidenten nach. Zu meiner Freude wurde ich zum 2. Präsidenten gewählt. Die Verbesserung der Beziehungen zu Israel waren mir immer schon ein Anliegen. Dieser Aufgabe werde ich mich auch weiter widmen. Die Lage in Israel ist weitaus komplexer als sie in österreichischen Zeitungen geschildert wird, davon konnte ich mich anläßlich meines Besuches im Mai 2001 in Jerusalem überzeugen. Der 90. Geburtstag von Teddy Kollek wurde gefeiert als gäbe es nicht ringsum Terror und Anschläge. Das Zusammenleben von Menschen verschiedener Religion und verschiedener Ethnien steht nicht nur in Israel als Problem im Vordergrund. Auch in allen anderen Krisenregionen dieser Welt geht es um nichts anderes.

Die Wende

Die Position des Bezirksvorstehers ist natürlich stark abhängig von der Kooperationsbereitschaft der mächtigen zentralen Verwaltung im Wiener Rathaus. Daher ist der Bezirksvorsteher auch immer von den Machtverhältnissen im Gemeinderat abhängig. Begonnen habe ich unter Bürgermeister Zilk an der Seite von Erhard Busek. Busek hat in seiner Zeit Bürgermeister Zilk immer wieder gezeigt, wie man auch aus der Opposition die Politik einer Stadt bestimmen kann. Zilk hingegen zeigte Busek, wie man die Vorstellungen der Opposition umsetzt und dabei noch Wahlen gewinnt. Unter den Obleuten Petrik und Wille änderte sich die Situation, von der ÖVP gingen keinerlei Erneuerungsimpulse mehr aus. Das war einerseits für Zilk angenehm, auf der anderen Seite war ihm der politische Gegner abhanden gekommen. Damit änderte sich die politische Landschaft total. Mit der Diminuierung der ÖVP zur Kleinpartei war den Sozialdemokraten zwar der seriöse politische Gegner abhanden gekommen, gleichzeitig verlor die SPÖ bei jeder Gemeinderatswahl Mandate, bis sie im Jahr 1997 unter die 50 % Marke rutschte. Nie hat sich das Sprichwort „Wenn zwei sich streiten, freut sich der Dritte“ deutlicher erfüllt als in diesem Kampf zwischen Rot und Schwarz. Freuen konnten sich bei jeder Wahl Jörg Haider und seine Freiheitliche Partei. 1987 mußte Bürgermeister Häupl, der Zilk nachgefolgt war, daher einen Koalitionspartner suchen. Die Freiheitliche Partei kam mit ihrer Grundhaltung für die SPÖ nicht in Frage, auch die Grünen waren noch nicht wirklich reif für den Eintritt in die Stadtregierung. Die ÖVP unter Bernhard Görg hatte daher bei den Koalitionsverhandlungen sämtliche Trümpfe in der Hand. Schließlich einigte man sich auf die Übernahme des Planungs- und Kulturressorts. Görg als Planungsstadtrat und Peter Marboe als Kulturstadtrat leisteten 4 ½ Jahre ausgezeichnete Arbeit und vergaßen gründlich, daß zum Weiterregieren auch das Gewinnen einer Wahl gehört. Beide meinten, die Wähler durch sachliche Arbeit überzeugen zu können. Beide übersahen aber, daß Sachlichkeit für die Wahlentscheidung keine Rolle spielt. Der große planerische Entwurf, der die Menschen vielleicht mitgerissen hätte, blieb aus. Görg wurde von den Menschen als fleißiger Arbeiter eingestuft. Eine größere Wählergruppe konnte er kaum begeistern. Außerdem vernachlässigte er die Differenzierung zu den Sozialdemokraten. Er fügte sich nahtlos in die Riege der sozialdemokratischen Stadträte und entwickelte bald ein übergroßes Anlehnungsbedürfnis.

Nicht viel besser ging es Kulturstadtrat Marboe, der fürchtete, daß man ihm eine „rechte" Kulturpolitik nachsagen könnte. Er war daher betont liberal. Alle Künstler wurden von ihm gleich behandelt. Man durfte sich wieder zu der unter der Kulturstadträtin Pasterk verpönten sogenannten Hochkultur bekennen. Für die Wähler war das aber zu wenig, schließlich hatte die Staatsoper normal weitergespielt und Peymann saß noch immer im Burgtheater. Viele, insbesondere konservative Wähler, hätten gerne gesehen, daß Peter Marboe einiges verbietet. Das wäre zwar falsch gewesen, hätte aber dem grundlegenden Bedürfnis nach Differenzierung der Parteien entsprochen. Da weder Görg noch Marboe diesem Bedürfnis nachkamen, begannen die Wähler sehr bald die Frage zu stellen, wozu es die ÖVP überhaupt noch gibt. Ein Aufschwung war weit und breit nicht zu sehen. Im Lauf der Zeit wurde die Stimmung zwar etwas besser, was sich in der Meinungsforschung manifestierte. Die ÖVP gewann zu ihren 15 % den einen oder anderen Prozentpunkt dazu. Der wirkliche Durchbruch gelang erst, nachdem sich auf Bundesebene die ÖVP mit der FPÖ verbunden hatte. Das war für viele konservative Wähler ein Zeichen des Aufbruches. Die ÖVP hatte ihr Image als Steigbügelhalter sozialdemokratischer Macht verloren. Görg mußte, um die Wiener Koalition zu halten, gegen die Schwarz-Blaue Bundesregierung stimmen. Daß er dabei in eine Entscheidungsschere kam, übersah er geflissentlich. In der Meinungsforschung war die ÖVP inzwischen auf über 20 % angestiegen. Es gab aber zwei einander widersprechende Motivationen für diese Steigerung. Einerseits die Motivation der Sozialistenfresser, denen das ständige Koalieren mit den Sozialdemokraten auf die Nerven gegangen war, andererseits die Motivation jener, die mit Haider nichts zu tun haben wollten. Nun sind widersprechende Motivationen die Grundvoraussetzung jedes politischen Problems: wenn es keine Widersprüche gibt, dann kann der Beamte oder der Computer das Problem auch lösen und man benötigt keinen Politiker.

Das Dilemma wurde aber nie angesprochen, sondern, wie so oft üblich, unter den Tisch gekehrt. Damit schlug die Stimmung um und beide Gruppen waren im Wahlkampf 2001 auf die ÖVP böse. Die Sozialistenfresser, weil Görg in Wien dennoch koalierte und die anderen, weil die ÖVP auf Bundesebene mit Haider koalierte. So kamen bei der Wahl magere 1,6 % und ein Mandat als Gewinn heraus. Die erhoffte Steigerung von 15 auf 19 oder 20 Mandate blieb aus. Obwohl man durch die vier vorhergegangenen Wahlen gewarnt war, erkannte man die Gefahr der absoluten Mehrheit für die Sozialdemokraten viel zu spät. Die verzweifelten Versuche des Vizebürgermeisters, im letzten Moment noch darauf hinzuweisen, wurden von den Wählern nicht mehr ernst genommen. Die SPÖ gewann die absolute Mehrheit zurück und regiert seither wieder allein. Die Arbeit wird für die schwarzen Bezirksvorsteher dadurch sicher nicht leichter.

DER JUDENPLATZ

Wiesenthal und Judenplatz

Simon Wiesenthal hatte sich durch seinen unermüdlichen Einsatz für Gerechtigkeit und Bestrafung der Verantwortlichen für die Verbrechen des Nationalsozialismus viele Feinde geschaffen, aber doch auch Freunde gewonnen. Seine deeskalierende Haltung in der Waldheim-Frage hat ihm auch in der ÖVP viel Sympathie gebracht. Als er nun den Wunsch äußerte, ein Mahnmal für die 65000 österreichischen Juden, die von den Nationalsozialisten ermordet worden waren, zu errichten, war man bemüht, diesem Wunsch zu entsprechen. Vor allem Kulturstadträtin Pasterk und Planungsstadtrat Swoboda sahen hier die Chance, Simon Wiesenthal mit der Sozialdemokratie zu verbinden und gleichzeitig im Wahlkampf der Freiheitlichen Partei, möglicherweise aber auch der ÖVP, Sympathien für den Nationalsozialismus zu unterschieben. Die Freiheitlichen reagierten wie erwartet. Die ÖVP stimmte auf mein Anraten grundsätzlich zu, war nur in der finanziellen Frage vorsichtig. Die Errichtung wurde daher beschlossen, unklar war der Aufstellungsort. Der Judenplatz stand von Anfang an zur Diskussion, aber ich schlug den Morzinplatz vor, denn dort stand ja das Hauptquartier der Gestapo. Pasterk konterte sofort mit dem Satz „Wenn der Schmitz was nicht will, dann stellt er es am Morzinplatz.“, weil ich schon beim Hrdlicka-Mahnmal den Morzinplatz vorgeschlagen hatte. Ein wesentlich ernsterer Einwand war der Hinweis, daß am Morzinplatz sehr viele österreichische Patrioten und Widerstandkämpfer inhaftiert gewesen waren, kaum aber Juden. Mit denen wurde kürzerer Prozess gemacht. Sie wurden direkt in die Vernichtungslager geführt. Als weiteren Aufstellungsort schlug ich den Platz neben dem Burgtor am Heldenplatz vor. Zu meiner Überraschung versuchte auch der Ombudsmann der Krone, Dr. Helmut Zilk, diesen Aufstellungsort zu forcieren. Die Frage blieb über die Wahl hinaus offen.

Der Wettbewerb

Trotzdem wurde für den Standort Judenplatz ein Wettbewerb ausgeschrieben. Neun Vorschläge langten ein, die von einer totalen Zerstörung des Platzes – schließlich ging es um 65 000 Ermordete – bis zu einer Grüngestaltung reichten. Den Wettbewerb gewann schließlich die englische Künstlerin Rachel Whiteread. Ich wurde im letzten Moment zur Jurysitzung eingeladen, konnte aber nicht teilnehmen, da ich zu diesem Zeitpunkt in New York war. Als das Ergebnis politisch angegriffen wurde, hatte der Planungsstadtrat die Kühnheit zu behaupten, ich sei ohnehin eingeladen gewesen, hätte es aber vorgezogen, nicht zu kommen. Dabei hätte Hannes Swoboda nichts riskiert. Ich hätte mich unter den neun Vorschlägen zwar an erster Stelle für Karl Prantl entschieden, aber sicher nichts gegen Rachel Whiteread eingewendet.

Häupl-Schmitz gegen Pasterk-Swoboda

Schließlich kam es zur entscheidenden Sitzung im Roten Salon des Wiener Rathauses. Bürgermeister Häupl leitete sie, neben den Stadträten Pasterk und Swoboda waren die Architekten, Senatsrat Pal, Hofrat Groß von der Israelitischen Kultusgemeinde und ich geladen. Swoboda und Pasterk drängten auf die Verwirklichung des Whiteread-Mahnmals, unabhängig von der Frage der Ausgrabungen und des Museums. Im Lauf der Sitzung stellte sich bald heraus, daß es kaum mehr eine Vertrauensbasis zwischen den beiden Stadträten und dem Bürgermeister gab. Es entstand eine Frontstellung, die mich auf Seite des Bürgermeisters sah. Die Kenntnis dieser Animositäten sollte mir auch noch in den Koalitionsverhandlungen nützlich sein. Als ich fragte, ob man wirklich wolle, daß bei der Enthüllung des Mahnmales die internationale Presse gleichzeitig ein vollkommen desolates jüdisches Bethaus fotographiert, war die Sache gelaufen. Die Verwirklichung wurde auf die Zeit nach der Gemeinderatswahl verschoben.

Das Dilemma des neuen Stadtrates

Nach der Wahl war nun der ÖVP-Stadtrat Peter Marboe für Kultur und damit für die Museen und das Mahnmal zuständig. Er versuchte, durch eine Nachdenkpause die Diskussion zu deeskalieren. In der Kultusgemeinde war auf Hofrat Groß Dr. Ariel Muzikant gefolgt. Beide fühlten sich an die vorangegangenen Beschlüsse gebunden, nennenswerten Widerstand gab es kaum, nur die Freiheitlichen meinten, daß die Ausgrabungen Mahnmal genug seien. Offenbar gibt es für sie keinen Unterschied zwischen der christlichen Schoa und dem Holocaust des Nationalsozialismus. Die Ausgrabungen allein, so wertvoll sie historisch gesehen sein mögen, hätten nur an die Verfolgungen durch die Christen erinnert, die Verbrechen des Nationalsozialismus am jüdischen Volk wären eigentlich damit den christlichen gleichgesetzt worden und so verharmlost worden.

Peter Marboe verfolgte auch in der sensiblen Frage des Judenplatzes seine liberale Linie, obwohl eine andere Lösung die Möglichkeit der parteipolitischen Abgrenzung gegeben hätte.

Die Ausgrabungen sind mitten am Platz

Wie immer, wenn in Wien Plätze neu gestaltet werden sollen, darf der Wiener Stadtarchäologe Ortolf Harl den Untergrund untersuchen. Vorgesehen waren zwei Schlitze vor dem Misrachihaus. Bei der Ortsverhandlung sagte ich dem Stadtarchäologen auf den Kopf zu, daß er ohnehin den ganzen Platz aufgraben würde. Tatsächlich wurde lediglich ein Drittel des Platzes nicht untersucht, nicht zuletzt deshalb, weil man das Lessingdenkmal nicht berühren wollte. Daß dieses später aus ästhetischen Gründen versetzt wurde, ist eine besondere Ironie. Es konnte aber auch niemand ahnen, daß die Überreste der Synagoge, die 1421 zerstört worden war, noch so gut erhalten sein würden. Sie sind der wichtigste Nachweis der Judenverfolgung in Wien im Mittelalter. Als man den Umfang erkannt hatte, war sehr bald klar, daß die Ausgrabungen zugänglich bleiben müßten. Vom Offenlassen bis zur Möglichkeit des Begehens der Ausgrabungen vom Judenplatz aus wurde alles diskutiert. Schließlich kam man zur Lösung, das Misrachihaus im Erdgeschoß und im Keller zu einem Museum umzubauen und von dort aus die Ausgrabungen zugänglich zu machen. Dabei gab es ein technisches Problem, weil die Ausgrabungen, insbesondere die Bima, knapp unter Straßenniveau lagen. Das hätte geheißen, daß sich der wichtigste Teil der Ausgrabung weit über der Augenhöhe der Betrachter befunden hätte. Man hat daher 1½ Meter herausgeschnitten. Die heutige Situierung ist daher nicht original. Auch der Boden, den die Besucher heute begehen, befindet sich weit unter dem ursprünglichen Niveau. Wenn man die Synagogenreste heute betritt, befindet man sich zwischen den Grundmauern und nicht im ursprünglichen Raum. Trotzdem ist es beeindruckend. Daß so viel erhalten blieb, verwundert die Fachleute, weil man weiß, daß im Mittelalter Stein ein wertvolles Baumaterial war und man jeden Stein wieder verwendet hat. Alles was oberirdisch übrig geblieben war, wurde zur Errichtung der Wiener Universität benützt.

Das Misrachihaus

Ein wichtiges Haus am Judenplatz ist das sogenannte Misrachihaus. Es ist das Bethaus einer kleinen aber wichtigen Gruppe der jüdischen Gemeinde von Wien. Das Haus war in einem sehr schlechten Zustand und harrte der Renovierung. Ursprünglich war geplant, das Haus lediglich zu renovieren, bald kam man drauf, daß man die Zwischendecken erneuern müßte. Ich zweifelte ursprünglich das statische Gutachten an, weil ich es für einen Vorwand hielt, wiedereinmal alles wegzureissen. Als ich nach dem Abriß der Decke einen Tram auf dem Judenplatz liegen sah, bemerkte ich, daß er total vermorscht war. Die Statiker hatten doch recht gehabt. Leider blieb es nicht beim Abriß der Decken der oberen Geschoße, auch Erdgeschoß- und Kellerdecke waren nicht in Ordnung. Mitten in die Arbeiten platzte die Nachricht, daß ein Teil der Fassade kein Fundament hat, sondern auf Lehm gebaut ist. Das Haus wäre zweifellos eines Tages in sich zusammengebrochen. Da die Gemeinde der Misrachi nur sehr wenige Mitglieder hat, war auch die finanzielle Decke sehr eng. Deshalb wurde eine sehr vernünftige finanzielle Regelung getroffen: die Stadt Wien übernimmt die Umbaukosten und mietet sich mit dem Jüdischen Museum in das Haus ein. Die Mietzinse bringen die Kosten wieder herein.

Im Misrachihaus wohnte eine Lehrerin, für die eine Ersatzwohnung gesucht werden mußte. Da sowohl diese Bewohnerin als auch die Führung der Misrachi mich um Hilfe baten, konnte ich auch hier eine Lösung erzielen, mit der beide Seiten zufrieden sein konnten.

Die Diskussion um die Notwendigkeit und Form eines Mahnmales wurde sehr emotional geführt. Ich berief eine Bürgerinformation ins Architekturzentrum ein und zeigte den Bürgern die neun Vorschläge. Prof. Hollein erläuterte als Vorsitzender der Jury die Auswahlkriterien. Die Stimmung war eigentlich recht gut, bis Stadtrat Swoboda wegen anderer Verpflichtungen die Veranstaltung verließ. Einer seiner Mitstreiter verstieg sich dann zu einem Zwischenruf, in dem er alle, die gegen das Mahnmal seien, als Antisemiten bezeichnete. Ab diesem Moment gingen die Wogen sehr hoch. Ich versprach ein sogenanntes 1 : 1 Modell, das dann am Judenplatz errichtet wurde. Die Freiheitlichen hatten mich gemeinsam mit den Grünen zu dieser Vorgangsweise verpflichtet, es war dies die letzte Koalition zwischen Blau und Grün.

Nicht nur unter den Bewohnern des Platzes, sondern auch in der Israelitischen Kultusgemeinde wurde das Mahnmal heftig diskutiert. Die Mehrheit war eigentlich gegen dessen Errichtung, insbesondere in einer Veranstaltung der Loge B'nai Brith artikulierten sich die Gegner sehr deutlich. Als die Diskussion aber in persönliche Animositäten gegen Simon Wiesenthal ausartete, gewannen die Befürworter wieder an Boden. Der Präsident der Kultusgemeinde, Hofrat Paul Groß, blieb bei seinem Ja zum Mahnmal. Nach der Neuwahl in der Kultusgemeinde hielt sich der neue Präsident, Dr. Ariel Muzikant, an den Beschluß seines Vorgängers, obwohl er ursprünglich dagegen gewesen war. In Wien wurde im Allgemeinen auf einem sehr hohen Niveau diskutiert, weil die Fronten quer durch alle Gruppen gingen. Für Einseitigkeit oder gar Antisemitismus gab es keinen Anlaß. Eine Diskussion wie in Berlin konnte daher vermieden werden.

Herr Bischof und seine Freunde

An einer Entwicklung interessiert war vor allem der am Judenplatz ansässige Möbeldesigner Wolfgang Bischof. Er hatte schon Jahre vorher Vorstellungen über die Ausgestaltung des Platzes geliefert. Vor allem aber hatte er selber im Straßenraum zwei Bänke und drei Blumenbehälter aufgestellt. Die Rücknahme ihrer Bewilligung sollte uns gegen Ende der Ausbauarbeiten noch zu schaffen machen. Rund um Bischof sammelten sich die Unzufriedenen, die das Mahnmal nicht am Judenplatz haben wollten. Er wurde zur Symbolfigur, bewährte sich aber in kritischen Situationen. Er war keineswegs ein polemischer Rabauke. Sein Einfluß war trotzdem groß, bis zuletzt fürchteten die Magistratsdienststellen seine Aktionen.

Die Verkehrslösung

Anfang der 90er Jahre war der Judenplatz teilweise verkehrsfrei gemacht worden. Es gab nur mehr einige wenige Parkplätze und eine stark reduzierte Durchfahrtsmöglichkeit. Der Judenplatz wurde zu einem beliebten Teil der Fiakerroute. Autoverkehr gab es kaum mehr. Alles in allem gab es aber zwischen dem Platz Am Hof und Wipplingerstraße noch immer 23 Parkplätze. Ich weigerte mich, den Platz in eine Fußgängerzone zu verwandeln, wenn es nicht Ersatzstellplätze gäbe. Sieben entstanden vor dem Alten Rathaus und dem Haus Wipplingerstraße Nr. 10, die übrigen 16 konnte ich der Feuerwehr abringen, die zur Empörung der Bewohner mit ihren Ausnahmegenehmigungen Am Hof sehr großzügig umgegangen war. Als nun Peter Marboe auch noch die Fiaker vom Judenplatz verbannen wollte, legte ich mich quer. Ich war der Überzeugung, daß die Kurzroute über Tuchlauben und Steindlgasse den öffentlichen Verkehr stark behindern würde. Sinn würde so eine Route nur machen, wenn man die Anzahl der Fiaker gleichzeitig reduzierte. Auf diese Weise gelang es mir, die Gerad-Ungerad Lösung für die Pferdefuhrwerke durchzubringen. Damit war der Weg zu einer Fußgängerzone geebnet.

Da die Höfe von Verfassungs- und Verwaltungsgerichtshof Privilegienparkplätze sind, mußte auch mit den beiden obersten Gerichtshöfen eine Einigung erzielt werden. Gemäß der Rechtssprechung des Verwaltungsgerichtshofes kamen vor allem Einzelberechtigungen, ausgestellt für zwei Jahre, in Frage. Da das Parken in den Höfen in einem ausgeklügelten System erlaubt worden war, ergab sich eine Zahl von fast 200 Berechtigten für maximal 40 Stellplätze. Als die Fußgängerzone fertig und als solche gekennzeichnet war, waren noch immer keine Ansuchen aus den Gerichtshöfen bei der Magistratsabteilung 46 eingelangt. Natürlich straften die Polizisten alle, die gewohnheitsmäßig in ihre Höfe einfuhren.

Der Wirbel war beträchtlich. Die Präsidenten persönlich erklärten dem Bürgermeister in sehr emotionaler Form, daß sie mit der Lösung nicht einverstanden seien. Jetzt war ich empört, weil die Gerichtshöfe ein Jahr vorher zugestimmt hatten und für jeden einzelnen Fall eine Ausnahmsgenehmigung einreichen wollten. Davon wollten sie nun nichts wissen. Vor allem die Bezirksräte und die Beamten beobachteten die Entwicklung mit Interesse und einer gewissen Schadenfreude, denn der Verwaltungsgerichtshof hatte ein halbes Jahr vorher deutlich festgelegt, daß es zulässig sei, von Bürgern für die Zufahrt zur Garage Gebühren zu verlangen, wenn diese Garage in einer Fußgängerzone liegt. Aber dies gilt scheinbar für den kleinen Bürger. Die Mitarbeiter der Gerichtshöfe sind offenbar besonders wichtige Persönlichkeiten, denen eine solche Gebühr nicht zuzumuten ist. Wie schnell sich eine Meinung ändern kann, wenn man selber betroffen ist! Schließlich wurde Bürgermeister Häupl schwach und ordnete eine neue Beschilderung an: Zufahrt zu den bewilligten Stellplätzen gestattet. Ich stimmte dieser Lösung zu, wenn sie auch für die anderen Bürger der Innenstadt gilt. Nach und nach wird die Beschilderung nun auch in anderen Fußgängerzonen der Innenstadt geändert. Da der Text auf der Zusatztafel sehr lang geworden ist und der Verwaltungsgerichtshof Tafeln mit zu langen Texten normalerweise als ungültig erklärt, bin ich gespannt, ob er seine eigene Tafel wieder aufhebt.

Schulen und Sicherheit

Im Zuge der Diskussion um die Errichtung des Mahnmals meldeten die beiden Schulen Bedenken an, weil sie Anschläge befürchteten. Polizei und Feuerwehr wurden zu erhöhter Wachsamkeit aufgerufen. Im Laufe der Bauarbeiten kam es zu einer Bombendrohung, die Volksschule wurde evakuiert, die Schüler sammelten sich im Hauptgebäude der Feuerwache Am Hof. Zur Empörung der Direktorin verließ eine Klasse die Schule über den Notausgang, der direkt auf den Judenplatz führt. Ein Trupp junger Polizisten durchsuchte die Baustelle und das Misrachihaus. Als ich fragte, wo die Schüler der Gastgewerbeschule untergebracht seien, mußten die Verantwortlichen zugeben, auf diese Schule vergessen zu haben. Die Schüler wurden in die Kurrentgasse geführt. Bombe wurde keine gefunden. Bei dieser Gelegenheit erfuhr ich, daß seit 1945 keine Bombendrohung einen realen Hintergrund gehabt hat, obwohl fast jede Woche Schulen oder öffentliche Gebäude der Stadt Wien bedroht werden.

DIE HOFBURG BRENNT

Anna am Bett

Es ist früher Morgen, als mich meine jüngste Tochter aufweckt: „Da sagt einer, daß die Hofburg brennt! Es ist sicher ein Schmäh. Ich bin mir aber nicht sicher, ob es nicht doch stimmt. Geh lieber selbst ans Telephon!"

Es war kein Schmäh. Es war die Feuerwehr, die mich dringend zum Brandplatz holte. Schnell in die Kleider und ins Auto. Ich zog das Katastrophenschild aus dem Handschuhfach und fuhr unter Übertretung einiger Verkehrsvorschriften bis zur Stallburggasse. Es war sogar ein regulärer Parkplatz frei.

Bürgermeister Zilk, Umweltstadtrat Häupl und Feuerwehrgemeinderat Kopietz waren schon da. Sie waren direkt aus der Gemeinderatssitzung gekommen, die bis in die Morgenstunden gedauert hatte.

Wir standen vor der verschlossenen Tanzschule Elmayer und starrten gespannt drei rauchende Fenster an. Der Branddirektor meldete, daß alle Bewohner evakuiert seien und in einem Bus der Verkehrsbetriebe im inneren Burghof warteten.

Immer wieder kamen Meldungen, daß es noch immer nicht gelungen war, zum eigentlichen Brandherd vorzudringen.

Als sich die Situation nicht änderte und wir tatenlos vor den rauchenden Fenstern standen, zog der Bürgermeister die Konsequenz: „Ihr habts des eh im Griff. Ich geh jetzt schlafen."

Die Evakuierung der Nationalbibliothek

Zur Sicherung der wertvollen Bestände der Nationalbibliothek sollen im Prunksaal die aufgestellten Bände ausgeräumt werden. Dazu ist aber vor allem die Zustimmung der Generaldirektorin notwendig. Leider sei sie nicht erreichbar, man habe sie in ihrer Wohnung, aber auch bei ihrer Tochter in Kritzendorf gesucht, erfolglos. Ich konnte darauf hinweisen, daß die Dame, die uns vor 10 Minuten begrüßt hatte und dann weitergeeilt war, Frau Hofrat Strebl gewesen sei. Sie war bereits in ihrem Büro.

300 Sicherheitswachebeamte unter dem Kommando von Oberst Neugeboren begannen mit der Arbeit.

Im Laufe der Nacht evakuierten sie 14 000 Bände (von 192 000!), Oberst Neugeboren war schwer krank. Schon im vorangegangenen Jahr war er lange Zeit im Krankenstand. Er war ein Mann des vollen Einsatzes, Halbheiten waren ihm verhaßt. Es wäre für ihn undenkbar gewesen, den Befehl an einen jüngeren Offizier abzugeben. Auch in dieser Nacht setzte er sich voll ein, trieb seine Leute zur Eile an, organisierte und motivierte. Es war sein letzter Einsatz. Am nächsten Tag mußte er wieder ins Spital und starb drei Tage später.

Die Arbeit war wichtig, weil sich am nächsten Tag herausstellte, daß gerade bei den beiden geräumten Regalen Löschwasser eingedrungen war. Wir hatten Glück, denn bei einem Übergreifen des Brandes wären über 90 Prozent der Bände verloren gewesen.

Der Dachstuhl steht in Flammen

Ich eilte durch den Durchgang vor der Stallburg zum Michaelerplatz und in den inneren Burghof. Die Bewohner warteten beunruhigt in den Bussen. Dort war es wenigstens warm. Lotte Ingrisch und Gottfried von Einem hatten ihre

Katzen mitgebracht. Ich wollte zurück zum Kommandostand. Als ich wieder am Michaelerplatz war, stand der gesamte Dachstuhl lichterloh in Flammen. Damit war die Stallburg gefährdet und mit ihr die Lipizzaner. Ich eilte in die Stallungen. Oberbereiter Tschautscher und Stallmeister Haminger bereiteten bereits die Evakuierung vor. Zuerst mußte die Tür in die Stallburggasse geöffnet werden. Sie war offenbar seit Jahrzehnten nicht mehr offen. Zuerst gelang es nur, einen Flügel zu öffnen. Ein Stallbursch zwängte sich neben dem ersten Hengst durch. Beide stürzten über die drei Stufen, weil sie nicht darauf vorbereitet waren. Als der zweite Flügel offen war, mußten wir Passanten abhalten in den Stall zu kommen und zu helfen. Fünf Stallburschen und fünf Polizisten mußten für die Räumung reichen. Die Passanten wurden gebeten, die Pferde zu halten. Als der rechte Flügel geräumt war, hatte kein Pferd mehr in der Stallburggasse Platz. Sie war ja total verparkt.

Inzwischen war es gelungen, Dr. Oulehla in Piber zu erreichen. Als er über die Situation informiert wurde, befahl er: „Alle Pferde in den Burggarten und dort freilassen." Nach einem kurzen Blickwechsel wiederholte der Oberbereiter: „Jawohl, verstanden! Alle Pferde in den Volksgarten und dort freilassen." Diese Wiederholung wurde akzeptiert. Der Burggarten lag in der Funkenflugrichtung. Im übrigen war es keineswegs sicher, daß das Inferno nicht doch auf die Nationalbibliothek übergreift. So zogen unter Führung eines ruhigen Hengstes die Pferde zuerst zum Graben, warteten dort auf die restlichen Hengste, und zogen dann über Kohlmarkt und Schauflergasse zum Volksgarten.

Im Volksgarten wurden die Pferde freigelassen und genossen die ungewohnte Freiheit. Pfleger und Passanten, darunter auch Pilar Goess, blieben vor Ort. Die Standardjournalistin Petra Stuiber erlitt eine Gesichtsverletzung, als einer der Hengste etwas ungestüm wurde.

Löschen, löschen!

Inzwischen gingen die Löschversuche am Josefsplatz weiter. Von drei Magirusleitern wurde mit drei Wasserstrahlen versucht, den Brand in Schach zu halten. Es war ein schrecklicher Anblick. Das Wasser bewirkte gar nichts. Diese dünnen Strahlen gegen eine riesige Flammenwand! Zum Glück stand im durchgehenden Dachstuhl zwischen Redoutensaal und Nationalbibliothek eine Mauer. Sie dürfte errichtet worden sein, um die beiden Institutionen zu trennen. Nur dort war das Wasser erfolgreich. Durch beständiges Bewässern des Daches in diesem schmalen Bereich konnte das Ärgste verhindert werden. Die Wasserschläuche waren inzwischen bis zum Burgtheater gelegt worden.

Plünderer?

Beim Kommandostand war meine Stellvertreterin Margit Schachinger eingetroffen. Sie sorgte sich um ihre Wohnung in der Hofburg. Wir gingen zum Bewohnerbus. Dort herrschte Katastrophenstimmung. Ein Bewohner behauptete, es seien Plünderer in den offenen Wohnungen. Auch Margit war besorgt. Also schnappten wir uns einen Feuerwehrmann und stiegen in den letzten Stock. Überall lagen Schlauchleitungen, die Wohnungstüren waren offen. Durch die Fenster wurde gelöscht. Schließlich liegt zwischen den Redoutensälen und den Wohnungen im Schweizertrakt nur der schmale Kapellenhof. Es war kaum zehn Meter bis zur Flammenhölle. Auch im Verbindungsgang wurde eifrig gelöscht, die Eisentüre hatte schon nachgegeben.

Von Plünderern allerdings keine Spur. Einige Bewohner waren oben geblieben. Margit kannte sie alle. Ansonsten nur Feuerwehrleute und Polizisten. Wir konnten die Bewohner beruhigen. Auch die Schäden, die die Löscharbeiten verursachten, waren erträglich.

Als wir wieder gehen wollten, öffnete sich gegenüber eine Tür und eine gänzlich verschlafene Bewohnerin fragte, was los sei. Sie war beim Evakuieren übersehen worden, weil sie die Weckrufe nicht gehört hatte. Auch Frau Hofrat Podhajsky soll Gerüchten zufolge im ersten Obergeschoß die Nacht ruhig durchgeschlafen haben, weil niemand wußte, daß es dort auch Wohnungen gibt.

Eine kalte Nacht

Nachdem ich die Bürger beruhigt hatte, ging ich nochmals in den Volksgarten. Die Pferde waren inzwischen eingefangen worden und standen neben dem Cafégarten. Die Passanten froren inzwischen erbärmlich. Ein Bereiter meldete, daß alle Pferde versorgt seien. Oberst Wöss, der Jahre in der Spanischen gearbeitet hatte, fragte nur spitz: „Seid ihr sicher, daß der Hengst, der bei der Kaiserin Elisabeth grast, nicht dazugehört?“ Auch er wurde eingeholt. Gemeinsam mit Polizeipräsident Bögl versuchte ich Ablöse für die erfrorenen Passanten zu organisieren. Aber auch ein Präsident kann nicht so ohne weiteres Leute abziehen. Es dauerte bis in die Morgenstunden, bis wir die treuen Helfer ablösen konnten.

Todmüde und geselcht kam ich um 7 Uhr 30 nach Hause. Als ich ins Schlafzimmer trat, fragte mich meine Frau: „Anna sagt, die Hofburg brennt. Gehst Du jetzt hin?“

KUNST & GENUSS – KUNSTGENUSS

Vernissagen und Geschäftseröffnungen.

Vor einigen Jahren eröffnete Huber & Lerner eine neue Mont Blanc Boutique. Der Betrieb druckt seit Jahrzehnten die vornehmsten Einladungen auf Büttenpapier mit gezacktem Rand. Wer etwas auf sich hält, besteht auf dem diskreten Hinweis unten in der Mitte: „Druck Huber & Lerner". Auch die Einladungen des Bundespräsidenten, des Bundeskanzlers, der Regierung, der Botschaften und des Hochadels werden in den Auslagen als Beispiele und zu Werbezwecken ausgestellt. Ich sage immer: „Bei Huber & Lerner können Sie in den Auslagen überprüfen, bei welchen Gelegenheiten sie NICHT eingeladen sind."

Am Stephansplatz verwandelte sich eines der letzten Hausratsgeschäfte in eine Kleiderboutique. Zur Eröffnung wurden südamerikanische Maler ausgestellt. Ehrengäste: Die Gattin des Bundeskanzlers und der Bezirksvorsteher. Als ich eintraf, ist die Fotografiererei bereits im vollen Gange. Da ich auch aufs Bild sollte, ging alles von vorne los. Christine Vranitzky, wie man sich vorstellen kann, war nicht besonders begeistert. Wahrscheinlich wußte sie nicht einmal, was ein Bezirksvorsteher ist. Ich kann es ihr nicht verübeln. Inzwischen hatten sich von den Tischen vor dem Lokal, die selbstverständlich ohne Bewilligung aufgestellt worden waren, die Tischtücher gelöst. Sie segelten im starken Wind über den Platz und erschreckten ein Fiakergespann. Die Pferde gingen durch und rammten einen anderen Wagen. Beide Wagen waren total ruiniert. Ein Pferd war an der Brust schwer verletzt und mußte abtransportiert werden. Als endlich der Pferdetransporter kam, wollte der Gaul nicht einsteigen. Da ich im Verladen nicht ganz unroutiniert bin, versuchte ich zu helfen, doch es brauchte seine Zeit, bis er endlich einstieg. Die Schaulustigen applaudierten und ich ging befriedigt zu meinem nächsten Termin.

Zilk hielt die Eröffnungsrede bei der Eröffnung des Gasthauses Lobmayr, was ihm offensichtlich Spaß machte. Er hatte die Glasausstellung schon aus Kulturmitteln der Stadt Wien gefördert und das Geschäft schien ihm am Herzen zu liegen. So zog er alle Aufmerksamkeit auf sich und ich blieb im Hintergrund.

Die Verbindung zwischen den Unternehmern, den Rechtsanwälten und der bildenden Kunst ist eng. Manchmal habe ich das Gefühl, daß hier die Scheu des Innenstadtunternehmers zum Durchbruch kommt, zugeben zu müssen, daß er auch Geld verdienen will. Die Vernissagen sollen zeigen, daß der Verantwortliche Höheres im Sinn hat und er ein kultivierter Mensch ist. Ich finde das sehr positiv. Der Wiener will eben nicht nur dem Verdienen leben, sondern auch seine Verbindung mit den schönen Dingen des Lebens beweisen. Immer wieder wurde ich zu Vernissagen in Banken, Büros und gastronomischen Betrieben eingeladen – meist Einladungen, denen ich sehr gerne folgte.

Trinkbrunnen

Auch wenn es gilt, Trinkbrunnen in Betrieb zu nehmen, ist Zilk zur Stelle. Besonders feierlich war die Veranstaltung am Hohen Markt. Professor Lintl, der bekannte Architekt, hatte den Brunnen gesponsert, Professor Muhr ihn gestaltet. Vier Granitwürfel laden zum Sitzen ein. Zwei Parkplätze wurden geopfert. Nach dem Ständchen des Männergesangsvereins kam die Rede des Bürgermeisters. Sie gipfelte in den

Worten „Schuster (gemeint ist der Generaldirektor der Ankerbrotfabrik). Du brauchst di gar net in der letzten Reihe zu verstecken. Du sponserst den nächsten.“ Das hat Professor Lintl gar nicht gefreut.

Mir bereitete es weitere Probleme. Schuster wollte unbedingt den Brunnen am Anfang der Kärntnerstraße sponsern. Ich hatte aber vereinbart, daß zuerst der Brunnen vor dem Gymnasium Schottenbastei drankommt. Dort war ein echter Bedarf. Schuster griff nach dieser Bürgermeisteranregung natürlich sofort zu und bekam seinen Brunnen in der Kärntnerstraße. Auf den Brunnen in der Schottenbastei hustete er. Für dort fand ich einen neuen Sponsor. Die Eröffnung mit hunderten Schulkindern und Studenten des Juridicums fand aber ohne den Bürgermeister statt. Alles was recht ist.

Nach dem Tod des von mir verehrten Charly Schönbichler wurde sein Teehaus von der Nichte seiner Frau übernommen. Sie ist mit einem Sohn des verstorbenen Staatsoperndirektors Eberhard Wächter verheiratet. Sie kam zu mir, um die Wiedereröffnung vorzubereiten. Otto Schenk sollte die Laudatio auf den Schönbichler und den Tee im Allgemeinen halten. Dann sollte ich auf die Geschichte, auf meinen großen Mentor und auf die Bedeutung von Innenstadttraditionsbetrieben eingehen. Als ich zur vereinbarten Zeit kam, waren die Seitenblicke voll in Aktion. Zilk war diesmal ebenfalls erschienen. Nach längerem Wirrwarr hielt Schenk seine Rede und wies darauf hin, daß er vor dreißig Jahren seine eigene Mischung kreierte und sie seither bezog. Aus Höflichkeit fragte man Zilk, ob er nicht auch etwas zu sagen habe. Zilk sagte, daß er nichts zu sagen habe und man nicht zuviel reden solle. Das dauerte etwa zehn Minuten. Natürlich war meine wohlvorbereitete Rede im Eimer. Ich konnte es mir aber doch nicht verkneifen, darauf hinzuweisen, daß auch ich seit dreißig Jahren meine eigens entworfene Mischung beim Schönbichler bezog. Zilk quittierte das mit den Worten: „Der kanns auch nicht lassen!“

Die Staatsoper geht auf die Straße

Zum Ende der Saison wollte die Staatsoper den letzten Akt der Abschlußvorstellung auf den Platz vor der Staatsoper übertragen. Vom ersten Jahr an war dies ein Erfolg. Hochkultur geht auf die Straße und das in höchster Qualität. Besonders kam dabei der Reiz der Live-Aufführung zur Geltung. Das große Abenteuer Oper wurde für alle, die damals dabei waren, spürbar. Heute freuen sich alle auf den letzten Akt der letzten Aufführung der Saison.

Schon bald aber ging es weiter, in den Sommermonaten eroberte für einige Zeit der Jazz die heiligen Hallen.

Karajanplatz

Bei einem Abendessen in einem Wiener Hotel – der Generaldirektor hatte dazu geladen – trat Generalsekretär Springer mit der Idee an mich heran, den Platz über der Garage neben der Staatsoper in Herbert von Karajan-Platz zu benennen. Ich war sofort Feuer und Flamme. Gemäß der Wiener Stadtverfassung kommt dem Bezirk das erste Vorschlagsrecht zu. Die Entscheidung fällt dann in einem Unterausschuß des Gemeinderates. Des öfteren hatte dieser Ausschuß versucht, die Bezirke zu vergessen. Deshalb galt es schnell zu handeln. Die Bezirksräte waren nach kurzem Zögern bereit. Schwierig war die Festlegung, wie weit die Benennung gehen sollte. Bei allen Neubenennungen haben wir darauf geachtet, daß möglichst wenige Bewohner, Betriebe und Institutionen ihre Adressen und ihr Briefpapier ändern müssen. Was sollte nun mit den Häusern Kärntnerstraße 51 und 53 geschehen? Sollte man die Kärntnerstraße unterbrechen und sie außerhalb des Ringes weitergehen lassen? Würde das bei Fremden nicht Verwirrung auslösen? Man einigte sich schnell auf eine Minimallösung: Umbenannt sollte nur das Plateau über der Garage werden. Damit entfiel nur die Nummer 48 der Kärntnerstraße, die Staatsoper. Da diese ohnehin unter Opernring 2 firmiert, brauchte nicht einmal sie ihr Briefpapier zu ändern. Der Bezirk formulierte einen entsprechenden Antrag.

Damit begann eine längere Wartezeit. Vorsichtige Erkundigungen ergaben, daß der Benennungsausschuß alle unsere Bedenken neu aufwärmte. Wir präzisierten nochmals. Wieder lange keine Entscheidung. Dann wurde die Katze aus dem Sack gelassen: Die Donauplatte sollte mit Musikerstraßen veredelt werden. Böhm, Bernstein und Karajan sollten eigene Straßen auf der Platte über der Donauuferautobahn erhalten. Die Kulturstadträtin sprach sich entschieden gegen die Benennung des Platzes bei der Oper aus. Die Sache war festgefahren. Springer und ich bearbeiteten den Bürgermeister, das Karajancenter, das am Kärntnerring eröffnet wurde, stieß nach. Endlich kam der Entschluß. Die Benennung war gelungen.

Professor Kupf wurde mit dem Entwurf der Straßentafel betraut. Natürlich sollte sie eine Tafel mit gotischer Schrift sein. Nun ist Herbert von Karajan ein sehr langer Name. Außerdem versuchte Professor Kupf seine Prinzipien durchzubringen. Schließlich hieß es Schillerplatz, Goethegasse und nicht Friedrich von Schillerplatz und Johann Wolfgang von Goethe Gasse. Warum also nicht schlicht Karajanplatz? Das ergab eine aufgeregte Diskussion mit Hinweisen auf die anderen berühmten Mitglieder der Familie. Vielleicht glaubte gar eine Fremder, der Platz sei nach Wolfgang von Karajan benannt! Nach dem Austausch von vielen Faxen war auch diese Frage geklärt. Es blieb bei Herbert von Karajan-Platz. Die Tafel wurde entworfen und gefertigt.

Der Termin für die feierliche Enthüllung der Tafel wurde fixiert. Eliette von Karajan hatte Zeit. Klar war, daß der Bürgermeister diesen Staatsakt vornehmen werde. Aber wie vermeidet man, daß die der Hochkultur so übermäßig zugetane Stadträtin zu Wort kommt? Man läßt einen der Wiener Kulturkritiker die Laudatio halten und verbietet auch dem Bezirksvorsteher zu reden. Gesagt getan. Zu Wort kam Franz Endler. Man hatte ausgerechnet jenen erwischt, der Karajan immer hart angegriffen hatte und bis zu einem gewissen Grad an Karajans Abgang aus Wien Schuld trug. Das amüsierte die neben mir stehende Stadrätin sehr. Nichtsdestotrotz machte Endler seine Sache ganz gut. Vielleicht ist er so wie Konrad Adenauer mit der Zeit gescheiter geworden. Eliette dürfte kaum die alten Kritiken gelesen haben.

Schlingensief

Der Platz vor der Oper, nunmehr Karajanplatz, war schon immer ein beliebtes Quartier für Veranstaltungen aller Art. Vom japanischen Drachentanz bis zu Volkstänzen, von Opernübertragungen bis zu Autopräsentationen zog sich das Spektrum der Events. Im Frühjahr erreichte mich das Gerücht, daß Christoph Schlingensief am Graben einen Container aufstellen will, um Big Brother nachzustellen. Es sei eine Veranstaltung der Wiener Festwochen und beschlossene Sache. Ich wartete die Einreichung ab, zog aber Erkundigungen ein. Dabei signalisierte ich Ablehnung, was den Festwochen offenbar sofort hinterbracht wurde. Jedenfalls erschienen zwei Mitarbeiter Luc Bondys, um den Aufstellungsort zu besprechen. Der Graben kam nicht in Frage, das erklärte ich unmißverständlich. Ich empfahl den Heldenplatz, wohl wissend, daß Hofrat Beer einen zweiten Container neben dem Widerstandscontainer keinesfalls akzeptieren würde. Die beiden zogen befriedigt ab.

Ein Anruf aus dem Bürgermeisterbüro versuchte mich nochmals zum Graben zu überreden. Frau Magister O. sprach alle Möglichkeiten mit mir durch. Es war klar, daß die Angelegenheit höchste Aufmerksamkeit genoß. Die Festwochen reichten daraufhin den Standort Karajanplatz ein. Es kam Freitag nachmittag zur Verhandlung. Der Bezirksrat, der mich vertrat, hatte den Auftrag, die Grünfläche hinter der Sezession anzubieten. Eine der meistbefahrenen Straßen führt daran vorbei. Es war also ein Platz, der hohe Aufmerksamkeit genoß, Luc Bondy konnte nicht sagen, daß man einen unattraktiven Platz anbot. Und doch wurde dieses Anbot glatt abgelehnt, Schlingensief brauche Menschen, die unmittelbar vorbeikämen. Der eingereichte Standort bei der Kärntnerstraße, zwischen Bühnentürl und Garagenaufgang hätte aber den Passantenstrom total blockiert. Die Staatsoper erhob Einspruch, stellte aber ihren Sitzungssaal zur Verfügung. Die Verhandlung stand vor dem Scheitern, als mich Bezirksrat Wachtl anrief und fragte, ob er mit Luc Bondy und Schlingensief in der Bezirksvorstehung vorbeikommen könnte. Ich stimmte zu, obwohl ich mich Freitag um 16.30 Uhr hätte durchaus verleugnen lassen können. In der Zwischenzeit verständigte ich mich mit Direktor Holender, daß weder er noch ich die Absicht hätten, eine künstlerische Veranstaltung, und sei sie uns auch noch so unwillkommen, abzuwürgen. Es war eine klare No Win Situation. Verweigert man, steht Wien in allen internationalen Zeitungen als faschistoide Stadt da, die die Freiheit der Kunst nicht akzeptiert. Stimmt man zu, geht man ein Risiko ein, kann aber seine Toleranz beweisen. Daß der Kulturstadtrat ungern eingegriffen hätte, war mir klar. Er setzte auf Toleranz allen Äußerungen der Kunst gegenüber. Seine Politik hatte eine Befreiung vom engen Provokationskunstbegriff seiner Vorgängerin gebracht. Er würde diese Errungenschaften keinesfalls aufs Spiel setzen. Er wollte sicher nicht Zensurbehörde werden. Bürgermeister und Kulturstadtrat würden zustimmen, das war mir klar. Bliebe ich hart, wäre ich der Verweigerer gewesen. Ich beschloß daher zuzustimmen.

Luc Bondy erschien mit seinen zwei Adlaten. Dann kam Schlingensief, mit seiner Igelfrisur, die längst keinen mehr schreckt und dem gewissen schlauen Lächeln eines Vierjährigen, der sagen will: Gell Mama, jetzt bin ich aber besonders schlimm! Im persönlichen Gespräch agierte er mit einem vorpubertären Charme, der ein unmittelbares Beleidigtsein nicht ermöglichte. Die Pläne wurden ausgebreitet, der Platz vor dem Bühnentürl abgelehnt. Schlingensief erklärte, daß seine Aktion „Liebt dieses Österreich“ heißen würde. Mir war klar, daß das ironisch zu verstehen war, aber das müßten wir aushalten. Ich bot nochmals die Sezession an. Nach längerer Diskussion bot Luc Bondy an, die Aktion nach zwei Tagen abzubrechen, wenn es zu Schwierigkeiten käme. Ich ließ mir das versichern und tat, als würde ich mich langsam überzeugen lassen und verlangte wieder nach Plan und Maßstab. Dann verschob ich die Container weiter in Richtung Ring, der Platz wurde genau definiert und beschlossen. Da die Aktion im Internet live übertragen werden sollte, rechnete ich nicht mit großem Interesse der anderen Medien.

So war es dann auch zwei Tage lang, bis Schlingensief die bekannte Modefirma Popp & Kretschmer mit seinem Kamerateam überfiel, um überhaupt in die Printmedien zu kommen. Erst am dritten Tag bemerkte die Krone, daß ihr Logo auf den Containern angebracht war, Cato gab Schlingensief zum Abschuß frei. Ab diesem Zeitpunkt gab es ein allgemeines Medieninteresse. Ich versuchte Luc Bondy zu erreichen, er hatte sich ins Spital zurückgezogen, seine Direktorin erklärte sich für unzuständig und ließ sich hinfort verleugnen. Wir hielten auch die restlichen zwei Tage noch durch. Das internationale Presseecho gab Peter Marboe und mir recht. Österreichs Toleranz hatte sich wieder bewiesen. Daß die Krone der beleidigten Volksseele breiten Raum einräumte, wunderte mich nicht, aber daß eine Qualitätszeitung wie die Presse hier mitzog, tat weh. Köstlich war auch die Schilderung Schlingensiefs über den Besuch bei mir. Er glaubt offenbar, mich über den Tisch gezogen zu haben. Nur daß er dem Bezirksrat ein Toupet andichtete, ist kaum als dichterische Freiheit zu akzeptieren.

In den folgenden Wochen kam die Sehnsucht der Österreicher immer wieder zum Ausdruck, nicht mehr angeschüttet zu werden. Über Leserbriefe wurde das Thema am Leben erhalten. Nur wenige fragten, welches Echo es ausgelöst hätte, wenn Marboe oder ich anders entschieden hätten.

Das Ronacher

Langsam aber sicher verfiel das Bauwerk. Immer neue Pläne entstanden, gelangten aber nicht zur Ausführung. Das Haus, das nach dem Krieg das Burgtheater beherbergt hatte und als ORF-Bühne diente, war ein Schandfleck für die Seilerstätte. Engagierte Bürger wie Michel Erb sammelten Unterschriften. Schließlich wurde Coop Himmelblau, die avantgardistische Architektengruppe, mit der Planung beauftragt. Neben der renovierten Hauptbühne sollten drei Kleinbühnen entstehen, ein Restaurant und ein Café sollten für das leibliche Wohl sorgen. Freie Gruppen sollten eine neue Spielstätte finden. Das Haus sollte aufgestockt und ein Hotel angeschlossen werden. Die Kosten ließen dieses großmannsüchtige Projekt platzen. Nach dem üblichen Geplänkel: „Wer gegen dieses Vorhaben ist, ist ein reaktionärer Hinterwäldler!“ bekam Luigi Blau den Auftrag, das Haus mit bescheidenen Mitteln zu renovieren, was ihm auch mit großem Geschmack gelang. Die Atmosphäre wurde erhalten, Neues behutsam eingebaut.

Kurzfristig spielte man „Cats" im Ronacher. Die Zuschauer wurden mit Autobussen aus dem Waldviertel bis vors Haus gekarrt. Der tägliche Verkehrskollaps in der Seilerstätte vor Beginn und nach Ende der Vorstellung machte die Bewohner rasend. Busein- und Aussteigstellen vernichteten Parkplätze und sorgten für neue Unruhe.

Seigner, der Geschäftsführer, war einsichtig. Mit ihm konnte bald die Einigung erzielt werden, daß die Autobusse nichts in der Seilerstätte zu suchen hätten. Eine Ein- und Aussteigstelle in der Ringnebenfahrbahn mußte nie verwirklicht werden.

Eine Welturaufführung

Kurz vor der Fertigstellung gelangte Ernst Kreneks „Kehraus in St. Stefan" im halbrenovierten Raum zur Aufführung. Das Stück um kleinbürgerliche Haltung und faschistische Parolen wurde für den anwesenden Komponisten zum Triumph. Die Sänger sangen in typenspezifischen Deixmasken, die erst im Finale fielen. Ein großer, beklemmender Abend, aber kein Dauerbrenner.

Die vorgezogene Eröffnung

Der deutsche Musicalunternehmer Schwenkoff und Seigner pachteten das Ronacher um 1.– S. Sie beschlossen ein Varieté-Theater und wollten mit den Wiener Philharmonikern unter Zubin Mehta eröffnen. Beide wollten bei ihrer Veranstaltung keine Politikerreden, sondern das eigentliche Publikum ansprechen.

Also meinten Zilk, Mayr, Pasterk, Klausnitzer und Häußler, eine Gegenveranstaltung organisieren zu müssen. Hier durften sie alle reden. Zilk, Mayr, Pasterk, Klausnitzer, Häußler alle kommen sie zu Wort. Kurz unterbrochen durch das Orchester der Vereinigten Bühnen. Muliar darf die Verdienste von Zilk und Fröhlich-Sandner herausstreichen. Alle, die in den nächsten Jahren nichts zu reden haben werden, kommen zu Wort. Die Philharmonikereröffnung wird trotzdem der größere Erfolg.

Das Problem des Varietés

Die erste Serie war tatsächlich dem Kabarett gewidmet. Ausgezeichnetes wurde geboten. Trotzdem blieb der Verkaufserfolg aus. Jongleure, Sänger, Taschendiebe waren vergnüglich, aber keine Kassenschlager.

Man versuchte also mit Gastspielen von Musicalstagione die Situation zu retten, doch Maximilian Schell als Higgins inmitten von Unbekannten brachte es auch nicht. Eine brave aber kaum sensationelle Vorstellung war die Folge. In der Volksoper war „My Fair Lady" mit Heltau und Stemberger ausverkauft. Inzwischen trumpften die Vereinigten Bühnen mit Cats, weniger mit Les Miserables, aber auch mit Freudiana und Elisabeth auf. Schade, daß Freudiana kein Welterfolg wurde. Ein ernstes Wiener Thema professionell dargeboten, hätte dem Ruf Wiens als kreativer Musikstadt so gut getan. Besser ging es mit Elisabeth, das immerhin nach Japan exportiert werden konnte, wo es mit ausschließlich weiblicher Besetzung brilliert.

Das Ronacher konterte mit Eigenproduktionen. Eine fleischfressende Pflanze konnte das verstaubte Ambiente des Ronacher auch nicht säubern. Ambros als Lieber Augustin blieb nur kurz am Spielplan. Sorgfältiger wurde „Sie liebt mich" vorbereitet. Eine reizende, aber bedeutungslose Geschichte um ein Verkäuferpaar in einer Budapester Parfümerie lockte die Zuseher auch nicht in Scharen ins Ronacher.

Die erhoffte Auslastung von 50 % konnte nicht erreicht werden. Seigner war schon länger ausgeschieden und Schwenkoff warf das Handtuch. Das Ronacher ging 1997 wieder an die Vereinigten Bühnen. Der jahrelange Streit, ob Schwenkoff überhaupt Musical spielen dürfe, war damit zu Ende. Die Chance, ein Musicaltheater gewinnbringend zu führen ebenfalls.

Das Ronacher mit seiner sparsamen technischen Ausstattung kann keine komplizierten Vorstellungen verwirklichen. Effekte wie in „Elisabeth“ oder „Die Schöne und das Biest“ sind nicht machbar. Im Vergleich mit den deutschen neugebauten Musicaltempeln ist das Ronacher mit 1200 Sitzplätzen zu klein.

Es ist traurig, aber wahr. In Wien geht nichts ohne Subventionen. Erst in den Koalitionsverhandlungen 1996 wurde die Privatisierung der Vereinigten Bühnen und die Minimierung der Subventionen beschlossen. Schon vorher hatten Häußler und Klausnitzer im Rahmen der vorhandenen Kollektivverträge an allen Ecken und Enden gespart. Ob die Lösung wirklich im geplanten Management Buy Out zu suchen ist, wird die Zukunft weisen.

Franz Schmidt Park

Obermedizinalrat Brunner, der engagierte Förderer der Jugend im Konzerthaus, versuchte mich für den Plan zu gewinnen, den Park vor dem Konzerthaus Franz Schmidt-Platz zu nennen. Ich sagte zu, die Sache prüfen zu lassen. Schon bei den ersten Recherchen stieß ich auf Einwände. Franz Schmidt sei ein NAZI gewesen, hieß es. Tatsächlich dürfte wenig dahinterstecken.

Der vergoldete Musikverein

Dieter Kriegs-Au, Direktoriumsmitglied der Gesellschaft der Musikfreunde, war aus der Juwelierfirma seiner Frau ausgeschieden. Seine Söhne führen die Firmen in der Kärntnerstraße und in der Freisingergasse weiter. Er war „arbeitslos". Daher nahm er sich des goldenen Saales und des Brahmssaales an. Beide waren nach 1945 renoviert worden, aber schon recht schäbig. Thomas Angyan, Generalsekretär des Musikvereines, sorgte für die Finanzierung. Was kann es Schöneres geben, als einen ganzen Saal zu vergolden. Schließlich wurde sogar eine Klimaanlage eingebaut. Sie kann allerdings aus akustischen Gründen nur in den Pausen in Betrieb genommen werden. Das größte Handicap bei der Bespielung des Saales im Mai und Juni sollte damit behoben sein.

Besonders edel gelang die Renovierung des Brahmssaales. Die alten Luster wurden wieder installiert. An die anfangs ungewohnten dunkelgrünen Felder haben sich die Besucher schnell gewöhnt.

Die Fassadenrenovierung ging schnell von statten. Leider kam es bald wieder zu Schäden.

Dieter Kriegs-Au wollte auch den Vorplatz verändern. Er wollte den Musikverein von der Zweierlinie sichtbar machen. Ich riet aus akustischen Gründen dringend ab. Die Büsche und Bäume, die jetzt die Sicht verdecken, schlucken den Verkehrslärm und schaffen eine ruhige Atmosphäre beim Betreten des Hauses.

Der Musikverein liegt ohnehin zwischen dem Ring und der Zweierlinie extrem exponiert. Wirklich ruhig ist es dort nie. Ausgesprochen ärgerlich ist es, wenn die Stadt Wien oder der vierte Bezirk auf dem Platz vor der Karlskirche Popkonzerte und Feste veranstalten, die man auch bei geschlossenen Fenstern im goldenen Saal hört. Besonders kritisch und delikat wird das, wenn das Israelic Philharmonic Orchestra zu Gast ist.

Ensembletheater Petersplatz

Dieter Haspel, noch in den Siebzigerjahren Enfant Terrible der Wiener Theaterszene, etablierte sich am Petersplatz und führt das Ensemble erfolgreich. Die Zeit der großen Provokation, wie etwa mit „Hölderlin", ist aber vorbei.

Theater die Tribüne

Prof. Anger, der Leiter des „Theaters die Tribüne" im Café Landtmann ist nicht nur ein erfolgreicher Direktor, sondern auch Bezirksbewohner. Seine Frau war jahrelang die gute Fee bei profil und trend. Fröhlich und zu jedermann freundlich. Zu Premieren wird man von den Angers nicht nur schriftlich, sondern auch persönlich eingeladen: „Ich glaube, das wäre gut zum Entspannen." Meist trifft das zu. Es ist schön, wenn Menschen an das glauben, was sie machen. Ich werde nicht nur als Aufputz für die Premiere gesucht, sondern Professor Anger möchte, daß man seine Aufführungen schätzt.

Besonders gelungen war der Ausflug von Helga Papouschek in die Schauspielerei. In drei Einaktern zeigte sie, daß sie auch ohne Einsatz der Singstimme Erfolg haben kann. Selbstverständlich war auch Ehemann Kurt Schreibmayer da und hielt seiner Frau den Daumen. Auch diese beiden sind übrigens Bewohner der Inneren Stadt.

Komödie am Kai

Ein kleines Theater, das versucht, mit wenig anspruchsvollen Stücken dem Unterhaltungsbedürfnis entgegenzukommen. Manchmal saßen Peter Marboe und ich bei der Premiere nur mit zwanzig anderen Besuchern im Parkett. Ob ein solcher Spielplan auf Dauer Erfolg bringt, bleibt abzuwarten. Die Avantgarde war mit dem Abgang von Stella Kadmon zu Ende. Sie hatte diesen Raum noch mit aufsehenerregenden Vorstellungen gefüllt.

Burgtheater

Hier muß ich beichten: Ich war in den dreizehn Jahren kein einziges Mal im Burgtheater. Über die Ära Peymann kann ich daher nichts aus eigenem Erleben berichten. Trotzdem hat mich das Verhältnis des Wieners zu seiner Nationalbühne berührt. Peymann beherrschte es meisterhaft, die Wiener aus der Reserve zu locken und zu provozieren. Insbesondere bei der Vorankündigung des „Heldenplatz" von Thomas Bernhard hat er alle aufs Eis geführt. Textzitate sorgten schon vor der Premiere für Aufregung. Sie waren Tagesgespräch, sogar Erhard Busek raffte sich zu einer kritischen Stellungnahme auf. Wieder stand die Frage des Verbietens im Raum. Das Stück wurde später zum erfolgreichsten der Ära Peymann.

Warum regen sich die Menschen so gerne auf, bevor sie vollständig informiert sind? Man müßte Goethes Faust genauso verbieten, wenn man nur einige Mephistostellen exzerpiert und auf alles andere vergißt. Wir Wiener lieben offenbar die Aufregung an sich und sind willkommene Opfer aller Entweder-Oder-Ideologien. Dieses Dafür- oder Dagegensein läßt keinen Spielraum für differenzierte Betrachtungen offen. Dabei ist das Leben vielfältig und mit einem Pro-Contra-Schema nicht zu bewältigen. Nur wer sich die vielfältigen Facetten immer wieder vergegenwärtigt, kommt der Wahrheit näher. Dieses Denken in Gegensätzen resultiert aus der Wiederbelebung des Marxismus 1968, hat aber heute noch große Bedeutung.

Besonders amüsiert hat mich immer, wenn man dem Direktor der wichtigsten deutschen Bühne – und als solche wollen viele das Burgtheater doch sehen – vorwarf, daß er das französische Wort „Chance“ wie „Schangse“ ausspricht. Als ob sein Deutsch burgtheaterreif gewesen wäre.

Heller beklagt den Verlust der Ironie

Im Kunsthistorischen Museum wurde ein Bildband über die Dachfiguren auf Wiens Staatsgebäuden präsentiert. Wunderschöne Bilder sollten uns in Zukunft verleiten, den Kopf zu heben und diesen Schmuck der Dachlandschaft zu betrachten. Offenbar sind die Menschen im 19. Jahrhundert viel öfter mit erhobenem Kopf durch ihre Reichshaupt- und Residenzstadt gegangen, sonst hätte diese reiche Zier gar keinen Sinn gehabt.

Bei dieser Präsentation hielt André Heller die Laudatio, in der er den Verlust der Ironie beklagte. Ich fragte mich, ob nicht gerade er und seinesgleichen die Ironie umgebracht hätten. Ob nicht die Holzhammermethoden moderner Regisseure den Humor im allgemeinen und die Ironie im besonderen vernichteten. Wenn man Zuschauer zur Betrachtungsweise des Interpreten zwingen will, dann läßt man keinen Freiraum. Dann hält man den Zuschauer im Grunde für zu blöd, um zu begreifen, was in einem Theaterstück steckt. Dann wird das Lachen bitter und das verstehende Lachen seltener.

Obelisken, ein Metronom und andere Schrecklichkeiten

Dem Zug der Zeit folgend vertrauten auch die großen Museen und die kleineren Ausstellungshallen nicht mehr auf die Dauerwirkung ihrer einmaligen Exponate. Sie veranstalteten Ausstellungen in der Ausstellung. Besonders Wilfried Seipel vom Kunsthistorischen, der auf Prof. Fillitz folgte, ging es energisch an. Ägyptomanie zeigte Schätze aus dem historischen Land am Nil. Wichtig war, zu signalisieren, daß das Kunsthistorische Museum außerhalb des üblicherweise Gezeigten aktiv geworden ist. Ein Obelisk bei der Staatsoper wies darauf hin. Die Rechnung ging auf. Die Schau wurde ein Erfolg. Schon bald folgten weitere Aktionen. Eingangsvorbauten bei der Albertina etwa. Universitätsdozent Knoll erkannte als erster die Gefahren einer Verrammelung des öffentlichen Raums, die immer mehr zum öffentlichen Ärgernis wurde. Andererseits war erstaunlich, wie schnell die Besucherzahlen stiegen. Alles jubelte, weil die Museen aus ihrem Dornröschenschlaf erwacht waren. Nicht nur Ausländer, sondern auch die Wiener gingen wieder ins Museum.

Doch bereits Anfang der Neuzigerjahre begannen die Museumsdirektoren nachdenklich zu werden und um ihre Exponate und Räume zu fürchten. Umfangreiche Renovierungen und neue Klimaanlagen waren notwendig. Die großen Museen erhielten mehrstöckige Tiefenspeicher zur Lagerung der wertvollen nicht gezeigten Schätze. Bei einer Benützungsbewilligung für einen solchen Speicher kam es zu erregten Diskussionen, weil Bezirksrat Neumeier darauf hinwies, daß bei einem Gebrechen der Klimaanlage die giftigen Gase sich im untersten Kellergeschoß sammeln würden, ohne daß für eine entsprechende Absaugung Vorsorge getroffen worden wäre. Es gab auch kein Frühwarnsystem, das Museumsbedienstete gewarnt hätte. Da FCKW geruchlos ist, wären Unfälle wie in Weinkellern zu erwarten. Natürlich spielten Museum, Bundesgebäudeverwaltung und die Architekten die Gefahren herunter und wollten nicht zugeben, daß sie darauf vergessen hatten. Energisch wurde darauf hingewiesen, daß der Bezirk nur „zur Information“ geladen war. Wirken wir bei allen anderen Bauten mit oder sind zumindest anzuhören, so gilt, daß bei Bundesbauten der Bezirk lediglich zu informieren ist. Trotzdem mußte der Einwand ernst genommen werden. Schließlich wollte niemand für den Ernstfall verantwortlich sein.

Besonders exzessiv wurde die Verwendung des Straßenraumes, als Seipel im Palais Harrach, das er gemietet hatte, die wunderbare Zusammenfassung der österreichischen Musikgeschichte präsentierte. Neben stummen Exponaten, wie dem Beethovenflügel oder Notenbeispielen, wurde auch eine ausgeklügelte Musikcollage zu Gehör gebracht. Damit die Musik auch auf der Freyung zu hören wäre, wurde ein riesiges Metronom aufgebaut, das man begehen konnte. Passanten blieben stehen und hörten die Mischung aus Walzer, Jodler und Mahler. Damit nicht genug, war für die Schulklassen eine Möglichkeit vorgesehen, selbst zu singen und zu musizieren. Im Hof sollte eine riesige Gehör-Schnecke aufgebaut werden. Die Geschäfte im Harrach setzten den Hauseigentümer, die ÖRAG, unter Druck, der das Vorhaben schließlich verhinderte. Seipel, der die Rechnung ohne den Wirt gemacht hatte, stand mit seiner Schnecke da und kam auf die Idee, diese auf die Grünfläche über der Garageneinfahrt zu stellen. So geschah es denn auch. Über ein halbes Jahr zierte sie die Freyung. Musizierende Schüler hörte man selten.

DAS SCHOTTENSTIFT

Stift und Kirche unserer lieben Frau zu den Schotten, die meine eigentliche religiöse Heimat sind, bedurften dringend einer Sanierung. Die Kosten waren enorm. Das Stift allein war nicht in der Lage, die enormen Beträge aufzubringen. Eine Subvention durch die Gemeinde Wien stand zur Debatte. Um die Sache in Schwung zu bringen, lud ich den Bürgermeister und den Abt des Stiftes zu einem Mittagessen zum Bauergustl. Die Sache war nicht einfach, schließlich mußte man verhindern, daß alle Wiener Kirchen dann auch kämen.

Wie immer wußte Vize Mayr Rat. Er suchte ohnehin eine repräsentative Räumlichkeit, um die Millenniumsausstellung der Stadt Wien zu präsentieren. Man beschloß, die ungenutzten Weinkeller des Stiftes auszubauen und für ein Jahr zu einem horrenden Preis anzumieten. Nachher könne das Stift die Räume nutzen. Professor Schlaus, der Stiftsarchitekt, machte sich ans Werk. Der hochverdiente Mann plante einen großzügigen Abgang aus dem ersten Hof. Ein behindertengerechter Aufzug sollte ebenfalls den Zugang erleichtern. Dabei aber sollten drei Bäume geopfert werden und der Riesenkobel hätte den Blick in die so schöne Grünoase verstellt.

Man einigte sich schließlich auf eine Sparlösung: Es mußte nur ein Baum geopfert werden und das Aufzughaus wurde 50 cm niedriger, weil man auf die Überfahrhöhe verzichtete. Diese ist vorgeschrieben, damit der Sevicemechaniker nicht zerquetscht wird, sollte der Aufzug unbeabsichtigt in Fahrt kommen. Der eingebaute Deckel läßt sich öffnen, so daß diese Gefahr nicht besteht. Mit Zustimmung der MA 19 war für den Schottenhof eine Ganzglaskonstruktion vorgesehen, weil unsere Stadtbildwächter unabrückbar daran glauben, daß man Glas nicht sieht. Über die Gesetze des Spiegels kam es wie bei vielen anderen Gelegenheiten zu erregten Auseinandersetzungen. Daß waagrechte Glasscheiben in kürzester Zeit die Exkremente der Taubenbevölkerung aufnehmen würden, wollte ebenfalls niemand glauben. Ich wies auf die Hoteleingänge, auf den Eingang der Ringstraßengalerien, die überdachte Mahlerstraße und andere Eingänge hin und setzte mich schließlich durch.

Dieser Bau blieb bis zuletzt spannend, weil der Architekt nach langem Kampf viele Einigungen unterschrieb und dann doch machte, was er wollte. Der quadratische Abgang war auf einmal achteckig und statt der Begrenzungsgitter gab es auf einmal Glaswände. Letzteres konnte noch korrigiert werden. Beim Aufzughaus selber kam es allerdings zu keinen weiteren Schwierigkeiten. Die Lösung kann sich sehen lassen.

Deshalb wurde es gleich bei der ersten Ausstellung mit einer beweglichen Metallskulptur und einem Wasserbecken verdeckt. Die Stadt Wien gestaltete zum Millennium eine Donauausstellung. Niemand verstand zwar den Zusammenhang mit den tausend Jahren, aber Wien hatte etwas getan. Architekt Podrecca sorgte gemäß den neuen Ausstellungsrichtlinien für die erwartete Finsternis. Kleine Aufschriften brachten die Besucher zum Rätselraten. Für körperliche Betätigung war gesorgt: Wer sich informieren wollte, nahm mindestens 100mal die Brille ab und setzte sie wieder auf. Meiner Anregung, bei der Garderobe Taschenlampen zu verleihen, wurde nicht Folge geleistet.

Die Pläne, das Kunsthistorische für weitere Ausstellungen im Schottenkloster zu gewinnen, scheiterten daran, daß Seipel dann doch das Harrach mietete. Die Wiener Messen präsentierten Leonardo da Vinci. Eine gut gemachte Wanderausstellung, die aber wenig Originale vorweisen konnte. Seither wird wieder ein Aussteller gesucht. Derzeit finden in dem Keller Clubbings statt

Die Räume der ehemaligen Prälatur waren ebenfalls renoviert und in ein Museum umgewandelt worden. Die herrlichen Räume präsentieren sich in neuem Glanz. Die Gemälde haben leider wenig Anziehungskraft. Die eilig engagierte Museumsdirektorin mußte wieder entlassen werden. Das Juwel des Schottenstiftes, der Altar des Schottenmeisters, wurde von Professor Schlaus in einen neu errichteten Pfarrsaal verbannt. Der Raum entspricht den Erfordernissen eines Pfarrsaales, ist kühl und nimmt auf die Mystik des gotischen Juwels keinerlei Rücksicht. Zu allem Überfluß ist der Flügelaltar geschützt an der Stirnseite angebracht und zeigt sich daher meist nur in geöffnetem Zustand. Die Fastenseite bleibt unsichtbar, weil das Rundherumgehen nicht möglich ist. Der Abt meinte, daß die Leute dann eben zweimal kommen würden.

Kunstforum Bank Austria

Gesponsert von der Bank Austria hat sich im ehemaligen Gebäude der Bodencreditanstalt das Kunstforum der Bank Austria etabliert. Ursprünglich in einem großen Raum zwischen Renngasse und Tiefem Graben untergebracht, stand es von Anfang an unter der Leitung des Kunsthistorikers Klaus Albrecht Schröder. Mit viel Engagement hat er es verstanden, durch klug zusammengestellte Ausstellungen den Ruf dieser Institution zu begründen. Alle Ausstellungen haben ein besonderes Thema und zeigen oft Künstler und Werk in einer bisher nicht gekannten Weise. Die Retrospektive von Werken einzelner Künstler läßt immer deren Leben und deren Entwicklung nachvollziehen.

Der erste Generaldirektor, der diese Institution förderte, hieß Wagner. Bei einer der ersten Ausstellungen – das Thema war „Eisenbahn“ – beschloß er seine freundliche Einbegleitung mit den Worten „Ich möchte hier nicht über Kunst dilettieren, das überlasse ich Herrn Schröder". Klaus Albrecht Schröder was not amused.

Um die Ausstellungen besser präsentieren zu können, wurde Professor Gustav Peichl mit dem Umbau des großen Raumes beauftragt. Zu meiner Verwunderung teilte er den großen Raum in drei kleinere. Viel ist dabei an Großzügigkeit verloren gegangen. Auffällig ist der Eingang gestaltet worden, mit seinen zwei Stelen mitten am Gehsteig und der berühmten goldenen Kugel über dem Eingang. Da das berühmte Metallwarenhaus „Zur goldenen Kugel" auf der Wiedner Hauptstraße zugesperrt hat, ist nun die goldene Kugel auf der Freyung ein einzigartiges Symbol. Die Garderobe war viel zu klein dimensioniert, was bei Ausstellungen im Winter oder bei Schlechtwetter eine attraktive Warteschlange zur Folge hatte.

Die Vollendung des Kunstforums fiel mit den letzten Pflasterarbeiten über der Garage auf der Freyung zusammen. Die Granitplatten waren allerdings noch nicht geliefert, deshalb asphaltierten wir den Bereich vor dem Kunstforum. Statt dankbar zu sein für diese verlorene Aufwendung, schimpfte Gustav Peichl bei der Pressekonferenz auf die mangelnde Planung der Stadt. Diese Undankbarkeit ärgerte mich, deshalb wies ich auf die Schmalspurgarderobe hin.

Als Schröder als Leiter in die Albertina übersiedelte, übernahm Ingried Brugger das Kunstforum und führt es seither erfolgreich weiter.

Graumanntheater, Pradler Ritterspiele und Herbert Lederer

Besondere Aufmerksamkeit widmete ich den kleinen Bühnen, die allesamt am Hungertuche nagten. Erfreut über mein Interesse riefen sie mich in ihrer Not manchmal zu Hilfe. Leider konnte ich weder dem Graumanntheater in der

Wipplingerstraße noch den Pradler Ritterspielen in der Biberstraße helfen. Ersteres wurde zum slowakischen Kulturinstitut. Die Pradler Ritterspiele wurden von Tamara Stadnikow in ein Kabarett umgewandelt. Nur das kleine Einmanntheater Herbert Ledereres gibt es noch immer. Er hatte mit einer Aufführung des „Gaulschreck im Rosennetz" meine Liebe zu Herzmanovsky-Orlando geweckt.

DIE KIRCHEN

Kardinal, Dechant und Pfarrer

Zu Beginn meiner Amtszeit lenkte noch die große Persönlichkeit Kardinal König die Geschicke der Wiener Diözese. Er wurde aber bald von Hans Hermann Groer abgelöst. Ihm ging der Ruf eines großen Seelenfängers voraus, den er aber in der Großstadt nie einlösen konnte. Eine Großtat ist die Installierung der neuen Orgel, die im rechten Seitenschiff des Domes errichtet wurde.

Bei Amtsantritt Groers war der Vertraute von Kardinal König, Anton Berger Dechant der inneren Stadt. Dieser war ein großartiger Prediger. Er füllte die Stephanskirche jeden Sonntag abends mit seiner humorvollen und lebensnahen Art. Zu seinem 50. Geburtstag durfte ich die Glückwünsche der Innenstadtbewohner überbringen. Schon bald wurde er durch den neuen Dompfarrer Anton Guber ersetzt. Auch mit ihm verstand ich mich sehr gut. Leider mußte er sich später nach Rom zurückziehen. Die Anschuldigungen rund um Kardinal Groer irritierten auch die Dompfarre.

Unvergeßlich bleibt mir eine Fronleichnamsprozession, nach der sich Kardinal Groer bei den anwesenden Honoratioren für ihre Teilnahme bedankte. Der Dank erfolgte zurecht. Die Prozession war endlos lang durch die Hitze der Innenstadt marschiert. Bundespräsident Waldheim, Vizekanzler Busek, viele Nationalräte und Stadträte bis herunter zum kleinen Bezirksvorsteher wurden bedankt. Nur auf den Bürgermeister hatte er vergessen. Dieser hatte nämlich während der langen Prozession immer wieder auf den Bundespräsidenten eingeredet und damit die Andacht gestört. Das war Groers kleine Rache. Trotzdem hat er ein Jahr darauf das Ehepaar Zilk-Koller kirchlich getraut, wofür sie ihm heute noch dankbar sind.

Dompfarre

Als der Dominikanermönch Dr. Christoph Schönborn zum Wiener Erzbischof ernannt wurde, atmeten alle auf. Er hatte einen viel direkteren Zugang zu den Herzen der städtischen Menschen. Er beließ zunächst Anton Guber in seiner Position als Dompfarrer und Dechant, ersetzte ihn aber bald durch Anton Faber. Guber ging nach Rom. Anton III. besticht durch seinen Einsatz, aber auch durch seine Sportlichkeit. Inlinescater verwendet er ebenso wie Seile zum Ersteigen des Stephanturmes, wobei ihm seine Bergerfahrung zugute kommt. Er scheute sich auch nicht, gegen die Elite der österreichischen Skifahrer auf dem Stephansplatz einen Slalom zu bestreiten. Bundeskanzler Schüssel hat er abgehängt.

Besonders vertraut ist mir der ehemalige Lehrer an der Diözesanvolksschule am Judenplatz, Herr Michal, der als stellvertretender Obmann des Pfarrgemeinderates immer für Ordnung im Dom sorgt. Ein besonderes Ereignis der Geschichte der Pfarre war die silberne Hochzeit des Ehepaares Michal. Für einige Bewohner, aber auch für zufällig anwesende Fremde, war es erstaunlich zu sehen, wie das Ehepaar in Sänften zur Börse getragen wurde, wo die weiteren Feierlichkeiten und viele Laudationes stattfanden.

Ich vermute, daß Direktor Michal seine Hand im Spiel gehabt hat, als ich unmittelbar nach meiner Pensionierung zum Greis ernannt wurde, dem Kardinal Schönborn am Gründonnerstag die Füße wusch. Vorgesehen sind dafür zwölf würdige Greise. Ich war einer der ältesten Greise, die anderen waren noch jünger. Diese Wertschätzung hat mich sehr gefreut.

Der Dominikanerkonvent

Hoch interessant war eine Diskussion, zu der ich in den Dominikanerkonvent geladen wurde. Beeindruckt war ich von der großen Anzahl der anwesenden Jugendlichen. Wir diskutierten in sehr offener Weise über das Verhältnis zwischen Politik und Kirche. Nach dieser Diskussion verstand ich, warum der neue Erzbischof von Wien aus diesem Orden kam. Wahrscheinlich ist es auch kein Zufall, daß es gerade die Dominikanerkirche war, die Vertreter der orthodoxen Kirche zu einer Vortragsreihe geladen hatte. Mit meiner russisch-orthodoxen Frau besuchte ich die Vorträge und freute mich über den Versuch, das Wesen der Ostkriche darzustellen und dabei Gemeinsames zu suchen.

Der Kapuzinerkonvent

Der Kapuzinerkonvent lud mich zu einem Mittagessen, bei dem wir die speziellen Probleme dieses Klosters besprachen. Die Kapuzinergruft ist ja nach wie vor ein Fixpunkt für Touristen. Bei der Erhaltung der Gruft werden die Kapuziner aber allein gelassen. Eine totale Renovierung soll erst in den nächsten Jahren stattfinden. Möglicherweise wird gleichzeitig auch eine Garage am Neuen Markt errichtet. In der Kapuzinergruft ruhen die Leiber der Habsburger, während ihre Herzen in der Augustinerkirche ihre letzte Ruhe finden. Durch beständiges Renovieren der wertvollen Särge ist die unmittelbare Gefahr der Zinkpest eingedämmt.

Die Schotten

In der Basilika „Unserer lieben Frau zu den Schotten“, wo ich 25 Jahre im Kirchenchor gesungen habe, feierte der Konvent die Eröffnung des Museums und des Museumshops.

Da sich sehr viele Leute angemeldet hatten, mußte der Festakt in die Kirche verlegt werden. Nach der Einleitung durch den Abt kamen nur mehr Absolventen des Gymnasiums zu Wort. Es waren dies Bundeskanzler Schüssel, Kulturstadtrat Marboe, der Generaldirektor der Raiffeisenbank Wien Püspök und ich. Das Museum war sehr schön geworden. Auch der Shop stieß auf große Zustimmung. Mich beeindruckt besonders, daß es gerade Mönche sind, die das Museumsprivileg der längeren Öffnungszeiten ausnützen und ihren Shop auch am Sonntag geöffnet halten.

Die Augustinerkirche

Im unmittelbaren Verband der Hofburg befindet sich die Augustinerkirche. Habsburgs Herrscher konnten direkt aus der Hofburg in die Kirche gehen. Da sie alle sehr musikalisch waren, sorgte man für gute Kirchenmusik, die in der kaiserlichen Loge besonders gut zu hören ist. Diese Musiktradition hat sich bis heute gehalten. Jeden Sonntag um elf Uhr kann man dort eine Messe mitfeiern, die höchsten Ansprüchen genügt. Nach Pater Gottfried kam ein neuer Pfarrer, der sich leider mit dem Chorleiter nicht verstand. Der Chor wanderte in die Universitätskirche aus, so daß es paradoxerweise nunmehr den Augustinerchor am Seipelplatz gibt.

In der Augustinerkirche baute der nächste Pfarrer Pater Jordan gemeinsam mit Martin Haselböck einen neuen Chor auf. Seither gibt es zwei sehr gute „Augustinerchöre“.

Die Hofburgkapelle

Da für die tägliche Messe des Hofes die Augustinerkirche zu groß war, mußte auch in der Hofburgkapelle die beste Musik geboten werden. Dort musizieren heute jeden Sonntag die Wiener Sängerknaben, der chorus viennensis und ein Orchester, das aus Mitgliedern der Wiener Philharmoniker besteht. Die Orchestermitglieder erwerben durch diese Tätigkeit sogar eine eigene Pension. Diese Messen haben einen eigenen Reiz und werden selbstverständlich von Touristen überrannt. Aber nur sehr wenige kommen in diesen Genuß, weil die Kapelle sehr klein ist. Um einmal in die Hofburgkapelle zu kommen, muß man mehrmals Wien anreisen. Eine solche Exklusivität gibt es sonst nur mehr in der Spanischen Hofreitschule. Die Zeiten, in denen auch der Demel exclusiv war, sind seit dem Umbau vorbei.

St. Michael, die Kunstpfarre

Um die bildende Kunst nimmt sich Pater Worsch in der Michaelerkirche an. Er versteht sich als Kunstpfarrer von Wien. Besonders die Fastentücher in der Fastenzeit geben Zeugnis von der Qualität der gegenwärtigen Kunst. Auch Alfred Hrdlicka sucht den Künstlertreff immer wieder heim. Ich hatte dort meine erste Begegnung mit ihm, nach unserer Auseinandersetzung um das Mahnmal beim Albertinaplatz. Es war ein sehr gelöstes, friedliches Gespräch. Seither verstehen wir einander. Auch den Galeristen Hilger lernte ich dort kennen.

Bemerkenswert ist vor allem die Gruft der Michaelerkirche. Begraben wurde in der Art, daß die Särge offen in den sehr trockenen Räumen stehen blieben. Nach einigen Jahrzehnten wurden die Särge zerschlagen, die Knochen verteilt und eine Schicht Erde darüber festgestampft. Dadurch wuchs der Boden gegen das Gewölbe. Die ehemals sehr hohen Räume wurden dadurch immer niedriger. Seit der Barockzeit gibt es keine neue Bestattung mehr. Deshalb kann man dort noch einige Särge stehen sehen. Wenn man den Deckel hebt, sieht man einen Hofbeamten mumifiziert in der Tracht seiner Zeit liegen.

St. Ruprecht

Lange Zeit galt die Ruprechtskirche als die älteste Kirche von Wien. Wenn man berücksichtigt, daß Alterlaa jahrhundertelang nicht im Stadtgebiet von Wien lag, ist sie es auch heute noch. Allerdings könnten die neuesten archäologischen Forschungen in der Stephanskirche diesen Primat zerstören. Sicher ist sie der älteste erhalten Kirchenbau. Rektor dieser Kirche ist der Holländer Pater Joop Roeland. Er bietet seine Kirche ökologiebewußten Menschen als Heimat an. Die Feier der Heiligen Messe bezieht immer alle Anwesenden in das Geschehen ein. Die Ruprechtskirche dient auch manchmal Künstlern für ihre Konzerte. Peinlich ist, wenn die Qualität vorher nicht überprüft wird.

St. Barbara

Eine besondere katholische Kirche ist die Kirche St. Barbara in der Postgasse, in der die heilige Messe nach dem Ritus der Ostkirche gefeiert wird. Ein wunderbarer Chor mit herrlichen tiefen Stimmen bringt die ukrainische Kirchenmusik nach Wien. Auch bei den Bezirksfestwochen lockte der Chor unter der Leitung von Prof. Hnadischin viele Besucher ins Alte Rathaus. Diese sogenannte unierte Kirche sollte ursprünglich das Bindeglied zwischen Ost und West bilden. Wie wir seit dem Papstbesuch in der Ukraine wissen, sind die Orthodoxen keineswegs über die Existenz dieser Kirche begeistert. Chormitglieder und der Pfarrer Prälat Ostheim-Dzerowycz pflegen auch die weltliche Beziehung zum neu erstandenen Staat Ukraine. Der Chorleiter ist Vizepräsident der österreich-ukrainischen Gesellschaft. Prälat Ostheim-Dzerowycz war ein Helfer bei der Suche eines Botschaftsgebäudes für den neuen Staat.

Eines Tages erschien obiger Vizepräsident mit zwei weiteren Chormitgliedern bei mir, weil die Ukraine ein Denkmal für den großen Nationaldichter Iwan Franko in der Postgasse vor der Kirche errichten wollte. Iwan Franko hat in der Monarchie über ein Jahr in der Reichshaupt- und Residenzstadt Wien verbracht. Vertreter der ukrainischen Regierung stießen nach. Nach dem Botschafter kam auch der stellvertretende ukrainische Kulturminister. Das Gesprächsklima war schon etwas massiver. Die Büste war da, der Entwurf für das Denkmal war da. Niemand wußte so recht was zu tun sei. Iwan Franko ist bedeutend, aber eben kein Goethe oder Schiller. Außerdem gibt es bereits eine Gedenktafel an seinem Wohnhaus. Wie immer in solchen sensiblen Angelegenheiten lag die volle Verantwortung beim Bezirksvorsteher. Jeder redete sich auf mich aus. Ich berief eine Expertenkommission mit Stadtbildpflegern und Vertretern des Bundesdenkmalamtes ein. Gemeinsam beschlossen wir, daß der Bezug zu der alten Universität zu gering sei, um eine Aufstellung zu rechtfertigen. Diese Abfuhr wurde von der ukrainischen Regierung keineswegs akzeptiert. Sie intervenierte auf Bundesebene. Das Außenministerium hatte eine Idee: „Wenden sie sich an den Bezirksvorsteher." Nur mein gutes Verhältnis zum Prälaten Ostheim-Dzerowitsch konnte hier helfen. Wir besichtigten den Platz und beschlossen, die Büste unmittelbar neben die Kirche zu stellen. Dort steht sie heute noch. Bei der festlichen Einweihung mit ukrainischen Chören wurde mein Einsatz für die ukrainische Sache hoch gelobt.

Die griechisch-orthodoxe Metropolitankirche

Für die Griechen der Monarchie wurden in der Innenstadt zwei Kirchen gebaut und ein Metropolit ernannt. Dem kleinen Österreich blieb dieser Metropolit erhalten. Die Griechen bildeten in der Monarchie eine bedeutende Gemeinde. Deshalb ist die Kirche besonders prächtig ausgestaltet und beherrscht den Fleischmarkt. Bischof Staikos repräsentiert nicht nur durch seine hohe, elegante Gestalt, sondern auch durch Diskussionsbereitschaft, Entgegenkommen und Toleranz die griechisch-orthodoxe Kirche. Wir durften bei seiner Inthronisation anwesend sein. Die Feier war besonders prächtig. Die katholische Kirche war durch Kardinal König vertreten. Als wir beim Verlassen der Kirche einige Worte mit ihm wechselten und meine Frau ihr Interesse an der Orthodoxie manifestierte, kam Kardinal König auf die russische Orthodoxie zu sprechen und überprüfte sofort, ob meine Frau wirklich russisch kann.

Die Evangelische Kirche AB

In der Zeit Josef II. wurde in der Dorotheergasse ein ehemaliges Nonnenkloster den evangelischen Christen Augsburgischen Bekenntnisses zur Verfügung gestellt, um den Sinn des Toleranzpatentes zu verwirklichen. Später siedelten sich daneben auch die helvetischen Calvinisten an. Zur Amtseinführung der neuen Pfarrerin Ines Knoll, die man nicht mit der burgenländischen Präsidentschaftskanditation Knoll verwechseln darf, war ich als Repräsentant des Bezirks eingeladen und habe auch seither mehrere Gottesdienste in der evangelischen Gemeinde besucht. Besonders beeindruckt mich das gemeinsame Singen und das lockere Verhältnis zur Außenwelt. Bemerkenswert ist auch, mit welcher Selbstverständlichkeit ehemalige katholische Priester nach ihrer Heirat in die Gemeinde aufgenommen werden.

Wie bei vielen Gebäuden in der Inneren Stadt wurde nach dem Zweiten Weltkrieg die Fassade nur notdürftig instand gesetzt. Die Verzierungen der Gründerzeit blieben weg. Deshalb dachte man daran, die Fassade zur Gänze zu renovieren, um die Bedeutung dieser Kirche herauszuheben. Die evangelische Kirche AB durfte ursprünglich keinen Turm haben. Deshalb verschwand die Notfassade des Jahres 1945 unauffällig in der Häuserflucht. Man sah nicht, daß hier eine Kirche steht. Nach der Renovierung durfte ich noch eine breiteren Gehsteig beisteuern. Heute kann sie jedermann sehen.

Evangelische Kirche HB

Daneben befindet sich die Kirche für die evangelischen Gläubigen Helvetischen Bekenntnisses. Es ist dies die erste nicht-katholische Kirche, der nach dem Toleranzpatent ein Kirchturm erlaubt wurde. Pfarrer Karner, der auch für „Die Furche“ schreibt, ist ein besonders liebenswerter Seelsorger. In der Kirche werkt ein Organist, mit dem ich in stillen Stunden an der Orgel musizieren durfte.

EINKAUFEN IN DER STADT

Elite oder Masse – die falsche Frage

Die Innere Stadt soll etwas besonderes sein, auch für besondere Menschen. Davon sind Innenstadtunternehmer felsenfest überzeugt. Ebenso felsenfest sind sie überzeugt, daß Sylvesterpfad, Stadtfest oder Carmen-Corner die falschen Leute in die Stadt bringen, weil solche Aktivitäten die Einkaufsatmosphäre stören. Gepflegte Damen mit Handschuhen und Pelz und Herren mit Zigarre und Hut, die will man in der Fußgängerzone haben. Sie sollen ungestört vom Jonak zum Heldwein und von dort ins Sacher pilgern können, die artigen Kinder an der Hand, gefolgt von ihrem Chauffeur, der ihnen die Päckchen abnimmt und die Kinder nach Hause bringt, wenn sie quengeln.

Daß es diese Käuferschicht nicht mehr gibt, wollen die Innenstadtkaufleute teils nicht zur Kenntnis nehmen. Ihre Freunde erzählen ihnen, daß sie nicht mehr in die Innenstadt kommen, weil sie den Wirbel nicht aushalten und ohnehin keinen Parkplatz finden. Die Freunde erzählen aber nicht, daß sie in die SCS fahren, dort bis zu einer Stunde auf den Parkplatz warten und sich dann von einer Menge von Leuten von Einkauf zu Einkauf schieben lassen. Würden diese Freunde in Hietzing, Döbling oder in Währing einkaufen, dann könnte man ihnen glauben. Leider tun sie das aber auch nicht, sie wollen, wie alle Konsumenten, das Einkaufserlebnis und fahren dorthin, wo sie es bekommen.

Im allgemeinen neigt der Mensch dazu, von sich auf andere zu schließen. Nur die Innenstadtkaufleute schließen von den Imagevorstellungen ihrer Freunde auf andere. Würden sie von ihren eigenen Einkaufsgewohnheiten auf die der anderen schließen, kämen sie zu ganz anderen Überlegungen.

Die bestimmenden Chefs der Inneren Stadt sind grundsolide Leute, die gerne gut leben, aber auch aufs Geld schauen. Luxus wird selten zur Schau getragen. Die Freizeitgewohnheiten reichen von Golf und Tennis bis zu Theater- und Konzertbesuchen. Für die spärlichen Barbesuche reicht die Eden durchaus aus. Ihre Kinder kaufen bei Hennes und Mauritz ein und lieben Pizza und McDonalds. Sehr wenig entspricht dem Bild, das sie vom idealen Käufer haben. Trotzdem halten sie sich für die Elite dieser Stadt. Wenn sie sich aber für diese Elite halten, warum glauben sie nach wie vor, daß es eine andere Elite geben muß, die ihren Vorstellungen entspricht. Ich werde das nie verstehen.

Internationale Entwicklungen

Vergleicht man die Entwicklung anderer Einkaufsstraßen in den Zentren der Weltstädte, so stellt man fest, daß überall der gleiche Trend Platz greift. Die großen Marken wollen ihre Ware selbst verkaufen und drängen in die besten Lagen. Gucci, Versace, benetton, Chanel und alle anderen wollen nicht nur die Erzeugerspanne, sondern auch die Großhandels- und Einzelhandelsspanne kassieren. Daneben bieten internationale Ketten billigere Ware an. Billa, BIPA, McDonalds, Meinl, Spar, Hennes und Mauritz, Palmers schon gemeinsam mit Gazelle, A&O, Schoeps etc. bestimmen das Stadtbild.

Schon heute schauen die zentralen Einkaufsstraßen in den Weltstädten einander ähnlich, wie ein Ei dem anderen. Bald wird es kaum mehr Unterschiede geben.

In Wien sind wir noch nicht so weit. Lobmayr, Backhausen, Bakalowits, Rasper, Fürnkranz, Filtz, Huber und Lerner, Theyer und Hartmuth, Roberts, Denk, Knize, Hantak, aber auch die Österreichischen Werkstätten halten das Wienerische hoch. Das Mietrecht hat ihnen sicher in der Vergangenheit dabei geholfen. Andererseits ist es auch die Kommunikation, die einiges zu verhindern hilft. In der Innenstadt kennt jeder jeden. Gerüchte machen mit ungeheurer Geschwindigkeit die Runde. Wenn aus dem Gerücht Wahrheit zu werden droht, kann man in den meisten Fällen noch etwas unternehmen.

Als etwa Dr. Christian Förster von seinem Hausherrn mit der neuen Zinsforderung konfrontiert wird, die in fünfzehn Jahresschritten wirksam werden soll, entfährt ihm der unglückselige Satz „Das kann nur der McDonalds bezahlen!" Schon wußten alle ganz genau, daß nach dem Traditionsbetrieb Förster am Kohlmarkt die Fast food Kette ihre Pforten öffnen wird. Nach kurzen Recherchen konnte ich feststellen, daß die Geschwister Förster mangels Einigkeit zwar ans Aufhören dachten, die Versicherung, der das Haus gehörte, aber keinesfalls an eine Fast food Kette dachte. Schließlich eröffnete Gucci dort seine Pforten.

Dieselbe Versicherung wollte einem Mieter am Graben gestatten, der Firma Pizza Hut ihr Lokal zu verkaufen. Statt eines Kinos hätte amerikanische Eßklultur das Bild des Grabens bestimmt. Im letzten Moment rettete ein Brief an den Generaldirektor der Versicherung den Graben vor diesem Anschlag. Die Immobilienabteilung dieser Versicherung ist heute noch nicht gut auf mich zu sprechen. Sie hatte alles schon unter Dach und Fach.

Management und Mitarbeiter des Segafredo, die heute das Lokal bewirtschaften, gehören heute zu meinen besten Freunden. Die Pizza Hut Manager besprachen daraufhin ihre Pläne mit mir. Sie berücksichtigten meine Bedenken gegen Standorte am Graben, am Stephansplatz und in der Kärntnerstraße. Gegen die Rotenturmstraße und die Jonasgrotte hatte ich keine Einwände. Weniger glücklich war ich über die Übernahme des Café Haag im Schottenhof. Sofort hob das große Jammern an. Hätten die Zeitungen über das Café

Haag geschrieben und hätten alle Menschen, die das Hinscheiden bedauerten, im Monat dort nur eine Melange getrunken, gäbe es das Haag noch immer.

DIE INNENSTADTIDEOLOGIE

Wichtig erschien mir daher ein klares Konzept für das Image der Inneren Stadt zu sein. Gemeinsam mit meinen Freunden Harry Rath, Toni Hilscher und Hanni Vanitcek begann ich Aktivitäten zu initiieren. Das WIFI bezahlte eine Untersuchung, um herauszufinden, was die Innenstadthändler bewegt. Dabei wurde nicht nur das goldene U (Kärntnerstraße Graben Kohlmarkt), sondern auch die anderen Viertel befragt. Es war meine Überzeugung, daß die Internationalisierung in den großen Straßen kaum aufzuhalten wäre. Deshalb käme den Seitengassen und den peripheren Straßen erhöhte Bedeutung für die Erhaltung des Wienerischen zu. Alle Innenstadthändler sollten ihre wirtschaftliche Kraft zu gemeinsamen Zielen vereinigen und das größte Einkaufszentrum Österreichs mit seinen 800 Einzel- und 500 Großhandelsbetrieben gemeinsam vermarkten.

In der ersten Phase bin ich damit kläglich gescheitert. Statt eines großen Vereines unter dem Titel „City Wien" entstanden zwölf Einkaufsstraßen-Vereine, die alle versuchten, für ihr Grätzel das Beste herauszuholen. Eine Fülle von Aktivitäten wurde gestartet, meist handgestrickt oder mit Hilfe der Agentur Klasan, die das WIFI zur Verfügung stellte. Leider blieb der gewünschte Erfolg aus. Frustration und Ärger machten sich breit. Trotzdem war ein erster Schritt getan.

Die zwölf Vereine

Die energischsten Maßnahmen setzten die Kaufleute am Graben. Sie begannen mit einer Weihnachtsbeleuchtung. Kleine Laubbaumstämme wurden in der Weihnachtszeit mit kleinen Lämpchen illuminiert. Es war ein bezauberndes Bild. Natürlich hatten die Grünen sofort Einwände und starteten Initiativen zur Rettung des Waldes. Es wurde ihnen weisgemacht, daß die Bäume zwischengelagert und im nächsten Jahr wiederverwendet würden.

Nach einigen Jahren probierte man Neues. Man schrieb einen künstlerischen Wettbewerb aus. Gustav Peichl wurde für den Vorsitz der Jury gewonnen. Vertreter der MA 19, die auslobenden Geschäftsleute und der Bezirksvorsteher wählten aus elf Arbeiten aus. Den ersten Preis erhielt die Idee, ein weißes Textilband zwischen dem Meinlhaus und dem Equitablepalais zu spannen und dieses zu beleuchten. Die enorme Spannweite und die Breite des Grabens machten dieses Projekt undurchführbar. Der zweite Preis ging an die Idee 24 Holzkästen als Adventkalender aufzustellen und jeden Tag einen Kasten zu öffnen. Das war umsetzbar. Da diese Idee von der Klasse Peichl an der Hochschule entwickelt wurde, sollte sie auch die Umsetzung in die Praxis durchführen. Im Zuge der Konkretisierung wurden aus den Holzvitrinen Metallvitrinen, im geöffneten Zustand dunkelblau mit goldenen Sternen.

Aus der ursprünglich geplanten goldenen Farbe wurde ein Gelb, das bald mit der Post identifiziert wurde. Ob die jungen Künstler jeden Kitsch vermeiden wollten oder ob wirklich die goldene Farbe ausgegangen war, ist kaum mehr zu eruieren. Tatsache ist, daß die „Postkästen“ bald Tagesgespräch in ganz Wien waren. 50 Unternehmer, die dafür gewesen waren, kündigten die Solidarität auf und weigerten sich mitzuzahlen. Den Initiatoren Heldwein, Hübner, Langauer-Besim und Vanitcek blieb die mühsame Finanzierung allein überlassen.

Schon das erste Fenster mit einem ironischen homo austriacus von Gustav Peichl wurde als nicht weihnachtlich von der Öffentlichkeit verdammt. Als Dagmar Koller ihre Balettschuhe ausstellte, verwahrte sich eine betagte Primaballerina der Staatsoper gegen die Verunglimpfung ihres

Standes und zweifelte die Kompetenz der Bürgermeistersgattin an. Niki Laudas Barbie Puppen am Sandstrand waren pure Reisebürowerbung.

Probleme gab es auch mit der Reihenfolge der Exponate. Es war zwar ehrenvoll, am 24.12. dran zu sein, aber das Ausgestellte war dann nur zwei bis drei Tage zu sehen. Also lud man im zweiten Jahr junge unbekannte Künstler und öffnete alles bereits am 1. Dezember. Damit ging aber der Reiz verloren und die Medien berichteten auch nur einmal.

Jetzt waren wieder die Studenten dran. Sie lieferten viele interessante Ideen. Das größte Aufsehen erregte jener Student, der schlicht einen Strohballen ausstellte, um die Assoziation zur Krippe zu erzeugen. Mit der gleichzeitigen Öffnung war auch der Grundgedanke eines Adventkalenders gestorben. Die Aktion hatte 1,5 Millionen gekostet. Von den ursprünglichen 60 Mitgliedern des Grabenkommitees weigerten sich viele zu zahlen, weil ihnen die Postkästen nicht gefielen. Die finanzielle Hauptlast mußte von den vier Initiatoren getragen werden. Deshalb versuchten sie im vierten Jahr, die Kästen schon im September zu vermieten. Interessanterweise begann sich erst jetzt nennenswerter Widerstand zu regen. Es regnete Bürgerbeschwerden. Die meisten Anrufer waren etwas verblüfft, wenn ich sie fragte, warum sie nicht schon seit zwei Jahren protestieren. Offenbar ist es in der Adventzeit etwas anderes. Die Geschäftsleute übten zwar vornehme Zurückhaltung, aber vor allem die „Presse“ hetzte gewaltig. Erst als ich empfahl, in der eigenen Karikaturenabteilung den Schuldigen zu suchen, war Ruhe. Mein Brief war natürlich nicht wert, als Leserbrief gebracht zu werden.

Für das nächste Jahr wurde neues geplant. Als mich Christian Ludwig Attersee fragte, ob ich wüßte, was kommen werde, sagte ich ihm ja, aber es würde ihm nicht gefallen, es sei konventionell und in seinen Augen wahrscheinlich kitschig. Darauf sagte er: „Warum nicht kitschig? Gerade in der Adventzeit ist das angebracht.“ So kann man sich täuschen! Es wurde der große Adventkranz mit liturgischen Kerzen, dreimal violett einmal rosa, wie es sich gehört. Alle waren zufrieden, nur die sozialdemokratische Fraktion in der Bezirksvertretung regte sich auf, weil der Brunnen beschädigt werden könnte

Das Kohlmarktkommitee gebar die nette Idee einer abendlichen Weinkost im Herbst. Eingeladen waren wirkliche Stammkunden und offensichtlich private Freunde der Geschäftsleute, daneben die üblichen Seitenblicke-Schicki-Mickis. Das ergab eine gute Mischung: So viele nette Leute waren schon lange nicht auf einem Fleck beisammen. Bei der Wiederholung im nächsten Jahr vergaßen die Veranstalter auf die die ordnungsgemäße Einreichung, so daß die Polizei alles wegräumen lassen wollte. Ich war aber vor Ort und konnte das Ärgste verhindern, wodurch alles stehen bleiben konnte. Die Ordnungsstrafe hielt sich in Grenzen.

Die Geschäftsleute des Hohen Marktes veranstalteten ein Popkonzert. Leider kamen kaum junge Leute, da am gleichen Tag ein Grönemeierkonzert am Rathausplatz stattfand. Die Konkurrenz war zu groß und das Konzert wurde leider ein Flopp. Man hatte Blumen in den verschiedenen Geschäften verteilt, und wer den schönsten Blumenstrauß zusammenstellen konnte, bekam einen Preis. Doch auch diese Idee machte die Veranstaltung nicht attraktiv genug. Mir hat sie sehr gut gefallen.

Im Dominikanerviertel liegen die Geschäfte sehr weit auseinander. Bäckerstraße und Postgasse veranstalteten eine Verlosung am Ignaz Seipel-Platz. Dort wird wohl nichts ohne Einbeziehung der Gastronomie klappen.

Ehrgeizig war auch das Franziskanerviertel. Frau Magister Aichinger veranstaltete zwei wenig erfolgreiche Feste, bekam aber einen zauberhaften Einkaufsführer zusammen, dessen Grafik auch bei der Gründung des Dachverbandes eine entscheidende Rolle spielte.

Die Wipplingerstraße versuchte es ebenfalls mit einer Straßenpräsentation. Es war ein nettes Fest, aber ohne den gewünschten Effekt. Allzuviel war handgestrickt.

Professionell sind hingegen die Ringstraßengalerien unterwegs. Sie haben ein eigenes Budget und ein eigenes Management. Immer wieder gibt es interessante Aktionen, von Monetkopien bis zu Claudia Schiffer.

Der Dachverband

Schon Anfang der 70iger Jahre gründeten interessierte Kaufleute den Verein „City Wien" – ein Verein für Interessen des Innenstadt-Handels. Als sich dieser in den 90igern selbst stillegte, weil die Proponenten im Kohlmarktkommitee und am Graben aktiv wurden, hatte die Innenstadtkaufmannschaft kaum mehr Zusammenhalt. Nach einem Jahr Vakanz gelang es mir, einen neuen Dachverband zu gründen. Pläne wurden gewälzt, Logos entworfen und wieder verworfen, aber im Grunde ging nichts weiter. Alle Proponenten hatten in ihren eigenen Betrieben genug zu tun. Für die Beschäftigung mit größeren Problemen fehlte die Motivation und vor allem das Know How. Man versuchte noch einen Auslagenwettbewerb. Radio Wien, der Kurier und die Erste waren zur Mitarbeit bereit. Statt über hundert wurden aber doch nur 67 Fenster gemeldet. Als alles abgeblasen war, meldete das Textilviertel noch 25 Fenster nach, aber da war's schon zu spät. Vor allem Christian Hübner, der Obmann des

Dachverbandes, war begreiflicherweise demotiviert. Es mußte etwas geschehen. Ein Innenstadtmanagement mußte her.

Bei einer Präsentation der Österreichischen Werkstätten wurde ich danach gefragt und ging mit dem energischen jungen Bernhard Backhausen zum anwesenden Kammerpräsidenten Nettig. Diesmal klappte es. Die Agentur on duty wurde beauftragt und gründete ein eigenes Büro. Das SIS (Service Innere Stadt) war geboren. Es dauerte zwar noch fast ein Dreivierteljahr bis alle Unterschriften beisammen waren, aber dann ging es rasch in die Weihnachtssaison 1997. Es gab mehr beleuchtete Straßen denn je, der Graben schmückte die Straßenkandelaber und rund um den Josefsbrunnen stand der größte Adventkranz der Welt. Ohne Agentur versuchten die Kaufleute des Neuen Marktes die Vereinigung zwischen Eis und Feuer. Leider schwemmte der regnerische Dezember die gute Idee weg. Das SIS blieb aber in anderen Bereichen noch aktiv.

City-Logistik

Die über 2000 Handelsbetriebe der Innenstadt wollen beliefert werden. Waren im Wert von etwa 10 Milliarden wechseln jährlich den Besitzer. Sie müssen aber auch herangeschafft werden. Unzählige Lastkraftwagen fahren täglich in die Innenstadt. In den Fußgängerzonen darf zwischen 6 Uhr und 10 Uhr 30 geliefert werden. Da die meisten Detailhändler in letzter Zeit erst um 9 Uhr 30 aufsperren, wollen sie auch erst um diese Zeit beliefert werden. Früher zu kommen wird als Zumutung empfunden. Daher herrscht um diese Zeit in den Fußgängerzonen das Gesetz des Wilden Westens. Es wird mit starken Worten, manchmal auch mit Gewalt, um jeden Zentimeter Stellraum gekämpft. Ungeduldige Lastwagenfahrer sind besonders erregt, wenn sie eigentlich schon fertig sind und wegfahren wollen, das aber nicht können, weil ein später Lieferant gegen den Strom hereinfährt und sich in der Angst, nicht vor halb elf liefern zu können, besonders rücksichtslos durchzwängt. Es wurden schon viele Vorschläge zur Verbesserung der Situation gemacht. Etwa die Verlängerung der Ladezeit bis 11 Uhr. Insgeheim gaben viele Unternehmer zu, in diesem Fall erst um 10 Uhr aufsperren zu wollen. Dann wäre die effektive Ladezeit aber wieder nur eine Stunde gewesen. Andere schlugen vor, die Kärntnerstraße zur Einbahn zu erklären. Dies hätte nicht nur einen Schilderwald bedeutet, weil an jeder Kreuzung zumindest vier Tafeln aufgestellt werden müßten, sondern auch die Kanalisierung der Zu- und Abfahrt. Dann hätten wir das Chaos bereits in den Zufahrtsstraßen gehabt. Wieder andere wollten eine Gewichtsbeschränkung für Lkw. Leider entwickelt sich die Transportwirtschaft aber in die Gegenrichtung, vor allem um Personal zu sparen.

Gespräche mit den verantwortlichen Funktionären der Wirtschaftskammer haben bisher noch keine Früchte getragen. Vertreter größerer Speditionsfirmen sahen sehr wohl die Möglichkeit, die Waren zu sammeln und sie dann in einigen wenigen Fahrten in der Innenstadt abzuliefern. Notwendig wäre lediglich eine zentrale Sammelstelle, am Besten am Nordbahnhofgelände, und eine Beteiligung der öffentlichen Hand an den zusätzlichen Kosten. Daher verliefen auch diese Gespräche im Sand. Wir werden wohl warten müssen, bis eine internationale Firma uns nachweist, daß eine vernünftige City-Logistik Kosten spart und nicht Kosten verursacht.

Besonders ärgerlich war anfangs die Entwicklung bei den Ringstraßengalerien. Schon bei der Planung wies ich darauf hin, daß die Anlieferung für 72 Handelsbetriebe zum Problem werden würde. Zu diesem Zweck wurden in den Tiefgaragen Ladehöfe vorgesehen, so würden nur die großen

Lastwagen von der Straße aus laden. Unter Verzicht auf ein halbes Stockwerk Pkw-Stellfläche wurden Ladeflächen geschaffen, direkt an Lastaufzüge angeschlossen und so Vorsorge getroffen, das ganze Haus von innen her zu beliefern. Nur darauf zu achten, daß die Lkw auch einfahren können, hat man vergessen. Die Einfahrtshöhe reicht höchstens für einen VW Bus; alles was höher ist bleibt stecken. Die Ladeflächen sind längst als Garagenplätze vermietet; geladen wird in der überlasteten Mahlerstraße. Besonders appetitlich ist es, wenn der „Sautrank" des ANA Hotels am Morgen nicht sofort abgeholt wird.

Schwierig ist auch die Anlieferung des Kaufhauses Steffl. Die Rauhensteingasse ist schwer zu erreichen und sehr eng. Der Zugang zum Ladehof ist an der engsten Stelle. Die Ladetätigkeit auf der Straße daher unvermeidlich. Patentlösung ist leider keine in Sicht.

Ladenschluß

Schon immer ein Gegner allzu rigider Ladenschlußzeiten, habe ich jede Initiative die Geschäfte, länger offenzuhalten unterstützt. Die Grabenkaufleute wollten den langen Donnerstag forcieren. Sie starteten eine Imagekampagne und versprachen, daß man am Graben lange einkaufen könne. Fast alle hatten versprochen offenzuhalten, aber gerade an diesem einen Donnerstag war das gänzlich unmöglich. Man hat doch auch „rote" Kunden, und daß die dagegen seien, wisse man ja. Und überhaupt. So ging das Donnerstag für Donnerstag. Ich bewunderte das Grabenkomittee, das anfangs mit großem Schwung bei der Sache war, sich dann aber doch der Realität beugen mußte.

Dann kam die Erlaubnis, wenigstens einen Samstag länger offen zu halten.

Der lange Samstag

Alle sperrten sofort am ersten Samstag im Monat auf, wie es die anderen Einkaufstraßen auch taten. Meine Anregung, den zweiten zu versuchen, um die Kaufkraft alleine abschöpfen zu können, wurde nicht akzeptiert. Nach einigen Beratungen blieb es doch beim ersten Samstag. Doch die Liberalisierung schritt weiter voran. Heute ist es selbstverständlich, jeden Samstag aufzusperren. Auch der lange Abend ist zumindest im Lebensmittelhandel usus geworden.

Warum es immer noch einen Ladenschluß gibt, bleibt mir rätselhaft. Diese faden Argumente, es gebe keine zusätzliche Kaufkraft – als könnte man nicht auch um das Geld, das in der Gastronomie ausgegeben wird, oder um die Fernreisen konkurrieren; von der Möglichkeit, daß sich das Geld schneller dreht, gar nicht zu reden. Die Liberalisierung käme nur den Großen zugute – als ob das Greislersterben nicht schon unter den Bedingungen eines rigiden Ladenschlusses eingesetzt hätte. Dahinter steckt noch immer der Glaube, daß Konkurrenz ausgeschaltet wird, wenn die andern auch zusperren müssen. Leider blicken auch viele Wirtschaftskammerfunktionäre nicht über den Tellerrand hinaus.

Weihnachtsbeleuchtung

Im Lauf der Jahre wurden immer mehr Einkaufstraßen im Advent beleuchtet. Lichtergirlanden konnte man leicht bei der Firma Brown-Bovery ausleihen. Der Kärntnerstraße und dem Graben folgte die Tuchlauben, der Kohlmarkt, dann Wipplingerstraße und Hoher Markt. In den letzten Jahren kamen auch noch die Rotenturmstraße und die Naglergasse dazu. Leider kosten auch die Bewilligung und der Strom einiges. Nach der anfänglichen Begeisterung wurden viele Geschäftsleute im zweiten oder dritten Jahr unwillig, vor allem, wenn sie sehen, daß sich die Kettenbetriebe weigern mitzuzahlen. Die kleineren Betriebe zahlen brav, die großen sahnen ab. Auch in der Kärntnerstraße zahlen seit Jahrzehnten 60 % der Betriebe 100 % der Kosten. Dort hatte die findige PR-Agentur des Kaufhauses Boecker einfach Rechnungen an alle betroffenen Firmen ausgeschickt. Die Empörung darüber war so groß, daß alle der Einladung zu einer gemeinsamen Besprechung nachkamen. Natürlich wollten sie vor allem den Herren hineinsagen, was es für eine Frechheit sei, einfach ohne zu fragen Rechnungen zu schicken. Nach 45 Minuten Beschimpfung wurde immer wieder gefragt, ob man die Illumination nun machen solle oder nicht. Schließlich stimmte ein Großteil der Anwesenden zu und die erste aufwendige Weihnachtsbeleuchtung Wiens war geboren. In anderen Straßen ging es weniger turbulent zu, die free rider-Problematik gibt es aber überall.

Föhren für den Lobkowitzplatz

Immer wieder versuchen einzelne Gegenden und Straßen sich zu präsentieren und ihre Umgebung zu verschönern. So kamen auch die Kaufleute des Lobkowitzplatzes zu mir, weil sie mit der Straßengestaltung unzufrieden waren. Gegenüber dem noch nicht renovierten Palais – niemand ahnte noch, daß dort das Theatermuseum entstehen sollte – befinden sich einige kleine Geschäfte. Gerade jene Art von Geschäften, wie sie das Einmalige des Wiener Innenstadteinkaufs ausmachen. Sie wollten Bäume pflanzen und den Gehsteig verbreitern. Am Besten wäre überhaupt eine Fußgängerzone. Wie der Verkehr aus der Gluckgasse und der Spiegelgasse abfließen sollte, war ihnen gleichgültig. Ich erläuterte das Gesamtkonzept der Innenstadtschleifen und, daß eine Parkplatzreduzierung in dieser Schleife kaum mehr vertretbar sei. Das akzeptierten sie. Aber eine Verschönerung wollten sie doch. Da fielen mir die Palmen vom Graben ein, die so stark gewachsen waren, daß sie nicht mehr unter der Straßenbahnoberleitung durchgingen. Sie sollten am Lobkowitzplatz überwintern. Im Frühjahr wurden am Graben neue Palmen aufgestellt. Die Lobkowitzpalmen „überwintern" jetzt schon mehrere ganze Jahre.

Zuviel Events oder zuwenig?

Die Frage der Events beschäftigte Bewohner und Kaufleute sehr. Gab es zuviel oder doch zuwenig. Die Innenstadt entfaltet ihren Charme besonders im Frühling auch an Tagen, an denen nichts „los" ist. Cliniclowns, Rote Nasen, die Südtiroler, das Blasmusikfest, der Faschingsumzug der Wiener Wirtschaft, die Bäcker für „Licht ins Dunkel", Free Party, Regenbogenparade, Adventkalender am Landtmannhaus, Lasershow der Zürich Kosmos, Cocacolatruck, Rund um die Burg, Letzter Akt im Juni aus der Staatsoper, Chinesische und japanische Drachen, Marathon, Inlinescatermarathon, Sylvesterlauf, Frühlingslauf, Radkriterium rund um das Rathaus, ... waren schon gewohnte Termine. Dazu kamen noch zwei bis drei Demonstrationen in der Woche. Auch die Geschäftseröffnungen wurden immer größer und aufwendiger. Chanel, Gucci, Versace, Nägele und Strubell, Meinl, Louis Vuitton.

Auch Künstler drängte es in die Fußgängerzonen. Einer wollte auf einem Baumstamm, der mit der Erde verbunden ist, stehend mehrere Stunden ausharren, um die Verbindung zum Erdmittelpunkt herzustellen. An fünf Stellen wurden Stämme in die Erde versenkt. Die Sammlung Essl zahlte die Versenkung und die nachherige Wiederherstellung der Pflasterung.

Die Wiener Bühnen wünschen einen Kulturpfad vom Stephansplatz bis zum Theater an der Wien. Mühsam war, ihnen beizubringen, daß es in der Stadt noch weitere Kulturstätten abseits dieses Pfades gibt. Die blauen Sterne zieren bereits den Weg.

Europaveranstaltung der API

In Vorbereitung der EU-Abstimmung veranstaltete die Aktion Politische Initiative (API) ein Fest am Graben. Die Botschaften delegierten Restaurants, die ihre Küche in Wien präsentierten. Stände am Graben gaben den Wienern Gelegenheit, sich durch das kulinarische Europa durchzuessen. Organisiert wurde dieses Event von Diplomaten- und von Rechtsanwaltssöhnen. Trotzdem beschwerten sich die Graben-Kaufleute. Auch diese Zielgruppe wurde nicht erkannt.

Märkte

Zum Unterschied von anderen Bezirken gibt es im 1. Bezirk kein Markt-Gebiet. So entstand eine große Zahl von Gelegenheitsmärkten, die sich im Laufe der Jahre etablierten. Zur Belebung des Donaukanals schuf man die Möglichkeit eines Kunst- und Kulturmarktes am Donaukanal. Obwohl dieser ursprünglich stark beworben wurde, konnte er sich nicht durchsetzen. Damit auf diesem Weg der Flohmarkt nicht wieder in die Innere Stadt zurückkehrt, wurde nur Gewerbetreibenden, nämlich dem Altwarenhandel, gestattet, dort zu verkaufen. Als sich Am Hof die Gelegenheit bot einen Markt zu veranstalten, zog die gesamte Crew mit Begeisterung auf den Hof. Dort findet der Markt nun jeden Freitag und Samstag statt. Der Markt am Donaukanal wird nur mehr halbherzig betrieben. Im Lauf der Jahre gelang es, die Stände zu vereinheitlichen und über Rohrleitungen im Boden mit Strom zu versorgen. Er bietet heute ein durchaus ansehnliches buntes Bild.

Auf der Freyung waren von vornherein Marktstände vorgesehen. Die elektrischen Leitungen im Boden sahen Stände entlang der Schottenkirche und der Renngasse vor. Die kaufmännische Realität ist eine andere. Die Stände stehen am Dienstag, Mittwoch und Donnerstag entlang der Fahrbahnkante. Der Advent- und Ostermarkt wird überhaupt in geschlossener Form aufgestellt.

Der Adventmarkt war ursprünglich am Michaelerplatz und es bedurfte meiner ganzen Überzeugungskraft, den Veranstalter, Hofrat Kauer, davon zu überzeugen, daß die Freyung der bessere Platz sei. Wegen des Umbaus des Michaelerplatzes war ein Markt an diesem Ort einige Jahre nicht zu machen. Als der Michaelerplatz fertig war, dachte niemand mehr daran zurückzuübersiedeln. Der Altwiener Christkindlmarkt wird mit viel Liebe betrieben. Man vermeidet untypische Produkte und schafft damit eine Atmosphäre des echten alten Wien.

Eine Riesenattraktion ist aber der Christkindlmarkt am Rathausplatz. Dort ist man weniger zimperlich. Auch hat dieser Markt mit dem Riesenchristbaum, der jährlich von einem Bundesland der Stadt Wien geschenkt wird, ein eigenes Flair. Gleichzeitig werden im Rathauspark die Bäume geschmückt. Märchenwelt, Ponyreiten und eine kleine Eislauffläche bieten zusätzliche Unterhaltungsmöglichkeiten. In diese Parkwunderwelt wird jährlich eine Summe von fast 20 Millionen Schilling investiert. Die roten Herzen auf den Bäumen haben eben ihren Preis.

Wegen des großen Erfolges der Adventmärkte in der Inneren Stadt mußte ich jedes Jahr eine Fülle von neuen Marktideen abwehren. Es war nicht immer leicht, den Ideenbringern klar zu machen, daß ihnen eine Inflation an Märkten nichts brächte und daß man Eisfiguren auch an anderen Plätzen aufstellen könne.

Auf der Freyung etablierten sich auch die Biobauern. Ursprünglich an einem Wochenende im Monat, jetzt jedes zweite Wochenende. Gerade dieser Markt hat bei den Wienern viel Anklang gefunden. Auch hier gibt es einen Verantwortlichen, der für die schöne Gestaltung des Marktes sorgt.

Im Heiligenkreuzerhof, auf Privatgrund, veranstalten Künstler einen Herbst- und Adventmarkt. Es war nicht einfach, Künstlern die Vorschriften der Marktordnung nahezubringen. Nach langen Diskussionen ist aber auch das gelungen.

Im überdachten Teil der Mahlerstraße wollten auch die Ringstraßengalerien einen eigenen Weihnachtsmarkt eröffnen. Um zusätzlichen Kaufkraftabfluss zu vermeiden, bestand ich darauf, daß nur die Betriebe der Ringstraßengalerien diese Marktstände benützen dürfen. Dieses Prinzip ist etwas in Vergessenheit geraten. Auch dabei stellte sich heraus, daß die Kaufleute mit zweierlei Maß messen. Einerseits beschwerten sie sich, daß die Stände ihnen Geschäft wegnehmen, andererseits wollten sie selber zusätzliche Betriebe in die Innenstadt holen. Trotzdem dürfte sich mein Prinzip, das die Innenstadtkaufleute schützen soll, bewährt haben.

Hamburger Fischmarkt

Als ein Hamburger Fischmarkt auf der Freyung seine Produkte anbieten wollte, wehrte ich mich mit Händen und Füßen. Vizebürgermeister Mayr machte mich darauf aufmerksam, daß sich Wien auch in Hamburg mit einem Markt präsentiert. Ich hatte zwar keine Möglichkeit, das zu überprüfen, gab aber dann doch nach. Statt eines echten Fischmarktes entstand eine Woche lang Oktoberfestatmosphäre. Bier war wichtiger als Fisch. Zu meinem Glück war der Markt offensichtlich kein finanzieller Erfolg. Ein erneutes Ansuchen im Folgejahr blieb aus. Ein anderer Betreiber hatte keine Unterstützung mehr im Rathaus und konnte daher problemfrei abgewehrt werden.

Eröffnungen

Obwohl ich Events auf der Straße eher ablehnend gegenüber stand, war klar, daß Neueröffnungen und Firmenjubiläen von ansässigen Firmen zu gestatten sind. Diese Eröffnungen haben in den letzten Jahren Eventcharakter bekommen. Insbesondere die Betriebe am Kohlmarkt feierten ihre Eröffnungen mit lauter Musik, Festzelt und großem Almauftrieb. Während die Traditionsbetriebe vor allem ihre Räume präsentierten, gehen die neuen Unternehmer intensiv auf die Straße. Hinweise auf Wirtshäuser und Konzerte beengen die Straße. Die MA 48 hat ein riesiges Depot, in dem beschlagnahmte und unbewilligt aufgestellte Hinweisständer gelagert werden. Obwohl diese sogenannten A-Ständer wöchentlich abtransportiert werden, wird kaum ein Ständer vom Eigentümer wieder abgeholt. Würde man nicht Sorgfalt walten lassen, wäre die Innenstadt mit diesen Ständern übersät.

DEMONSTRATIONEN

Fast wöchentlich finden in der Innenstadt Demonstrationen statt. Meist handelt es sich um kleine Gruppen und sie erregen kaum Aufsehen.

Hungerstreiks am Stephansplatz mit eigens aufgestellten Zelten sind jedoch problematischer. Da aber weder ich noch die Polizei Demonstrationen aus Prinzip verbieten, wurden auch solche Aktionen erlaubt. Im Jahr 2001 versuchte sich ein Kurde anzuzünden, überlebte aber mit schweren Verbrennungen. Es kommt oft zu heiklen Situationen für die Polizei.

Problematisch waren auch die Serbendemos, weil sie jeden Abend auf dem Graben für Volksfestatmosphäre sorgten. Während eines ganzen Winters demonstrierten sie gegen die Diskriminierung der Serben. Man verstand es, die jungen Serben in Wien anzusprechen. Sie kamen in Scharen, um serbische Musik zu hören und Folklore zu genießen. Es war ein willkommener Treffpunkt; der Zweck der Demo war für viele nur Beiwerk.

Eines Tages traf ich in der Habsburgergasse den Oberkellner, der mich auf den Bällen in der Hofburg immer verwöhnte. Auf die Frage, was er außerhalb der Ballsaison so treibe, sagte er, daß er durchaus das ganze Jahr im Hotel beschäftigt sei, derzeit aber besonders viel zu tun habe, weil er sich der Immigranten angenommen habe. Auf meinen erstaunten Blick sagte er: „Ich organisiere die Serbendemonstration." Jetzt war ich erst recht erstaunt. Er warb nicht nur um Verständnis für seine Brüder im Süden, sondern wußte viele Beispiele für die Benachteiligung der Serben gegenüber Kroaten und Türken in Wien. Auf meinen Einwand, daß die Demonstrationen aber kaum dazu angetan seien, größere Sympathie zu erwecken, schwieg er.

Opernballdemo

Wesentlich dramatischer verliefen die Opernballdemos. 1988 war ich erstmals dabei. Ich wollte vorerst auf Seite der Polizei die Demo beobachten und dann in die Oper gehen. Meine Frau sollte bereits angezogen auf mich warten.

Die Oper war weiträumig abgesichert. Als die Demonstranten vom Heldenplatz anrückten, wurden sie vor der Babenbergerstraße aufgehalten und zur Zweierlinie gewiesen. Das paßte ihnen gar nicht. Es gab ein Gerangel, Bierflaschen flogen, dazwischen rief Peter Pilz die Demonstranten mit überschlagender Stimme zur Besonnenheit auf. Das blieb wirkungslos, weil diese Aufrufe so raffiniert waren, daß jeder merkte, wie sie gemeint waren. Schließlich explodierte zwei Meter neben mir ein Molotowcocktail. Zwei Quatratmeter Straße brannten. Die Demonstranten zogen Richtung Mariahilferstraße weiter. Zwanzig Minuten später versuchten sie vom Karlsplatz über die Kärntnerstraße zur Oper vorzudringen. Dort waren die meisten Sicherheitskräfte postiert. Tretgitter auf Höhe der Elisabethstraße und eine dichte Kette, dreifach gestaffelt, dahinter die Hundestaffel, sicherten die Zufahrt. Im Hagel der Wurfgeschoße und bei den wiederholten Versuchen durchzubrechen gab es Verletzte auf beiden Seiten. Als man einen Polizisten mit Kopfverletzung an mir vorbeitrug, war es mit der Lust, selber auf einen Ball zu gehen und unbeschwert zu tanzen vorbei. Als ich meine Frau endlich – handy gabs noch nicht – erreichte, war sie nicht sehr glücklich. Schließlich war sie frisch frisiert und ausgehbereit. Ich besprach bis ein Uhr früh im Sirkeck mit dem Doyen der innenpolitischen Journalisten die Situation.

In den folgenden Jahren war die Polizei noch besser gerüstet. Wasserwerfer der Feuerwehr waren in Stellung gegangen. Peinlich war es, als ein Schlauch platzte und die tapferen Sicherheitskräfte zum Gaudium der Demonstranten einwasserte. Gefährlich wurde es, als ein deutscher Opernballgast versuchte, mitten durch die Demonstranten über die Kärntnerstraße zur Oper zu fahren. Die Demonstranten hoben den Wagen hoch, ließen ihn fallen und schoben ihn gegen die Absperrung. Schließlich ließen die Insassen ihr Fahrzeug im Stich und flüchteten zu Fuß. Der Mercedes war unbrauchbar.

Im Lauf der Jahre ließ die Intensität nach. Es kamen immer weniger Teilnehmer, es gab kaum mehr Verletzte. Schließlich schlief sie ganz ein. Erst im Jahr 2000, nach der schwarzblauen Regierungsbildung, lebte sie wieder auf. Hubsi Kramer, ein eher unbedeutender Schauspieler, kam als Hitler mit deutschem Gruß bis zu den Fernsehkameras, konnte aber rasch weggeführt werden.

Pelzdemo

„Lieber nackt als Pelz“ war die Devise einer Demo, die sich gegen Pelztierfabriken richtete. Unappetitliche, behaarte Männerkörper, Tierkadaver und ein Käfig mit einem Demonstranten als Pelztier – dem war wenigstens nicht kalt – versperrten die Kärntnerstraße und belästigten vor allem Pelzträgerinnen, insbesondere vor der Weihnachtszeit. Ihr Standort war vor dem Haus Nummer 8, weil sich in diesem ein bekanntes Pelzgeschäft befand. Aber nur ein Jahr lang. Im nächsten Jahr hatten wir an dieser Stelle unter dem Jubel der umliegenden Geschäfte eine Punschbude errichtet. Also wollten die Pelztiergegner am Stock im Eisen-Platz demonstrieren. Dort hatte mit meiner Hilfe allerdings die Kürschnerinnung bereits eine Gegendemo angemeldet. Da man Demos nicht untersagen wollte, kam es zu einem tragbaren Kompromiß.

Ein neues Problem tauchte auf, als es zur schwarzblauen Koalition gekommen war. Nicht nur der Gang über den Ballhausplatz zur Angelobung mußte unterirdisch angetreten werden, auch ein ausrangierter Autobus nahm auf dem Heldenplatz Quartier. Er blieb nach einer großen Veranstaltung auf dem Heldenplatz stehen. Die Aufschrift „Widerstand" sollte klarmachen, daß man gegen die Regierung sei. Man versuchte alles, um den Bus wegzubekommen. Parkverbot, Campierverbot, Besitzstörung weil es ein Privatgrund des Bundes ist, alles wurde erwogen. Alles mündete aber in einem Einschreiten der Polizei, wenn die Demonstranten nicht freiwillig den Platz räumten. Und das wollte niemand. Auch das Bundesheer baute am Nationalfeiertag seine Panzer rund um das Demonstrationsobjekt auf. Lediglich der Autobus wurde entfernt. Er hatte kein Überprüfungspickerl mehr. Die Strafen wurden den Demonstranten denn doch zuviel.

Auch die Donnerstagsdemo, die sich zu einem Stadtspaziergang entwickelt hat, bereitete den Verantwortlichen anfangs Kopfzerbrechen. Auch hier erwies sich das Prinzip der Toleranz als das richtige. Nur mehr einige Hundert marschieren noch fleißig. Selbst am Jahrestag der Angelobung kamen kaum 6000 Demonstranten. Für die Mitarbeiter der Bundesparteileitung der ÖVP waren die Donnerstage allerdings nie angenehm. Tretgitter und Polizeibewachung verhinderten das Ärgste. Schmieraktionen machten allerdings öftere Reinigungsaktionen notwendig.

Die beste Polizeibewachung nützt allerdings nichts, wenn eine Kurdendelegation bereits am Nachmittag die Rezeptionistin überrumpelt und das Sitzungszimmer besetzt. Die Besetzung dauerte doch einige Stunden. Die Demonstranten drohten, sich vom Balkon zu stürzen, wenn die Polizei gewaltsam in das Zimmer eindringen sollte. Nach Gesprächen mit Polizeipsychologen zogen sie dann aber doch wieder friedlich ab. Wie immer bei solchen Gelegenheiten ging ich unbehindert durch alle Sperren, was die Generalsekretärin der ÖVP anfangs gar nicht begeisterte. Die Polizei hatte gelernt, aus meiner Orts- und Personenkenntnis Nutzen zu ziehen. Alle waren ganz froh, mich in der Nähe zu wissen. Außerdem habe ich große Hochachtung vor der Professionalität der Einsatzkräfte und habe mich nie gescheut, das auch laut zu sagen. Der Kiebererhetze mancher Zeitungen habe ich mich nie angeschlossen.

WACHZIMMER ODER FUSSTREIFE

Acht Wachzimmer bilden die Ausgangsbasis für die Fußstreifen der Sicherheitswachebeamten, kurz SB genannt. Die Uniformierten gehen meistens zu zweit auf Streife und sorgen für Ruhe und Ordnung. Sie signalisieren den Bürgern Schutz und Sicherheit. Rund um die Wachzimmer kommen sie öfter vorbei, schließlich müssen sie vom Wachzimmer weggehen und wieder zurückkommen. Die Standorte der Wachzimmer spielen daher eine große Rolle, wenn die Bundespolizeidirektion oder das Innenministerium Wachzimmer einsparen oder verlegen will. Vier Wachzimmer befinden sich an der Peripherie des Bezirkes und sichern quasi die Grenze: Stubenring, Karlsplatz, Schmerlingplatz und Deutschmeisterplatz, wo sich auch das Kommissariat befindet. Das heißt, daß dort auch die Kriminalbeamten und die Verwaltung logieren. Alle Wachzimmer sind frisch renoviert und bieten gute Arbeitsmöglichkeiten. Neu hergerichtet war auch das in der Bräunerstraße, als das Innenministerium die Räume beanspruchte und die Bundespolizeidirektion (vulgo BPD Wien) beschloß, das Wachzimmer ersatzlos zu streichen. Die Wachzimmer Am Hof und Stephansplatz sind ja wirklich sehr nahe. Da die Auflösung eines Wachzimmers den Verlust von mehreren Kommandantenposten bedeutet, hatte ich die Personalvertretung auf meiner Seite, als ich die Verlegung auf den Rudolfsplatz verlangte. Die lärmgeplagten Bürger wünschten sich schon lange besseren, das heißt sichtbareren Polizeischutz. Nach langen Kämpfen wurde am Fleischmarkt im Gebäude der Hauptpost ein Lokal gefunden. Das Wachzimmer Laurenzerberg war geboren. Es hat sich sehr bewährt, daß unmittelbar neben dem Schwedenplatz nun die Polizei ein- und ausging. Wegen der hohen Passantenfrequenz ist der Platz auch bei allen lichtscheuen Elementen beliebt. Die erhöhte Kontrolle tut ihm gut.

Die meisten Schwierigkeiten bereitet das Wachzimmer Stephansplatz. Es ist unter dem Stock im Eisenplatz situiert, klein und ohne Tageslicht. Immer wieder gibt es auch Probleme mit der Entlüftung. Man kann es nicht vergrößern, obwohl die Anforderungen an die Beamten gestiegen sind. Leider ist aus der Überlegung, dieses Wachzimmer ins Franziskanerkloster in der Singerstraße zu verlegen, nichts geworden. Anfang 2001 wurde beschlossen, nur mehr einen Filialbetrieb aufrechtzuerhalten. Nur mehr tagsüber besetzt wäre es bald unbedeutend geworden. Da die Sicherheit des Zentrums in Frage stand, wehrte ich mich wieder. Schließlich gaben die Kommandanten nach. Es blieb alles beim alten. Im Wahlkampf hefteten sich diesen Erfolg die Sozialdemokraten auf ihren Schild. Wegen seines Rayons ist vor allem das Wachzimmer Am Hof allen Parksündern bekannt.

Die Ausstattung ist grundsätzlich in Ordnung, läßt aber weiteren Wünschen durchaus Platz. Da mir an der Zufriedenheit der Beamten lag, erfüllte ich die Wünsche nach Geschirrspülern, fax-Geräten und Fernsehern. Wenig begeistert waren die Kommandanten über den Wunsch nach einer Satelitenschüssel, stimmten aber dann doch zu. Mit großer Begeisterung wurden die vier Fahrräder aufgenommen, die ich finanzierte. Das Geld stammte aus den Verfügungsmitteln des Vorstehers und aus Überschüssen des Kulturbudgets, das die Innenstadtbetriebe aufbrachten.

Da immer wieder Beamte aus anderen Bezirken und der Schulkompanie in der Innenstadt Dienst machen, kam der Wunsch, für die Stammbelegschaft ein Innenstadtwappen zu kreieren. Ich unterstützte diesen Plan und kam mit Unterstützung der Sozialdemokraten ans Ziel.

Besonders überwacht mußte der Rudolfsplatz werden. Dort hatten die Bewohner ein Cottageviertel in der Innenstadt, bis die Textilgroßhändler nach St.Marx aussiedelten. Unter der Woche sperrten ihre Betriebe um 17 Uhr und ab Freitag Mittag war bis Montag früh überhaupt nichts los.

Statt der Textilbetriebe zogen bald Gastronomen in die leerstehenden Lokale. Ausgerichtet auf ein junges Publikum war nun auch in der Nacht keine Ruhe mehr. Der Rudolfsplatz galt auf einmal als laut, obwohl der Lärm unvergleichbar geringer war als etwa in der Seitenstettengasse. Eine Vertreterin der Bürgerinitiative, die sofort entstand, lud mich ein, einmal den Wirbel aus ihrer Wohnung zu erleben. Zu meinem großen Erstaunen gingen die Fenster der Dame auf den Salzgries. Im sechsten Stock waren die Jugendlichen kaum zu hören. Was zu hören war, waren vor allem laute Autos und die Motorräder, die die Vorlaufstraße hinaufrasten. Von den lauten Jugendlichen war kaum etwas zu vernehmen. Ich blieb bis halb zwei in der früh. Die Dame hätte gut daran getan, mich nicht einzuladen.

Ähnlich erging es mir mit einer Einladung in ein Hotel in der Marc Aurel Straße. Das gegenüberliegende Lokal war angeblich nur an diesem Abend ruhig. Zweimal begrüßten sich Jugendliche überschwenglich. Aber auch das war kaum eine nächtliche Ruhestörung. Ich wachte allerdings in der Nacht zweimal auf, aber nur weil die Fremden, die die Nebenzimmer bewohnten, nach Hause kamen und die Zimmertüren keineswegs leise zu schließen waren. Auch der Hotelier hat eher das Gegenteil von dem erreicht, was er erreichen wollte.

Trotzdem setzte ich mich mit den Wirten des Rudolfsplatzes zusammen, um die Situation zu besprechen. Sie waren bereit, eine eigene Überwachungstruppe auf die Beine zu stellen. Sie engagierten einen Privatdetektiv, der leider über das Ziel schoß und mit Hunden und Pistole erschien. Es war sofort viel ruhiger, obwohl der Private im Ernstfall nichts hätte tun können. Sofort griff der freiheitliche Bezirksparteiobmann diese Maßnahme an und sprach von Selbstjustiz. Das Presseecho war auch nicht überwältigend gut. Die Berechtigung eine Pistole zu tragen wurde in Zweifel gezogen und viele andere Einwände wurden vorgebracht. Schließlich ließ Wiens Polizeipräsident Bögl die Maßnahme verbieten. Gegen den Verkehrslärm demonstrierten wir am Rudolfsplatz und sperrten den Verkehr einige Stunden zur Gänze. Zur besseren Überwachung wurde zwar kein Wachzimmer errichtet, aber ein mobiles Polizeibüro am Abend am Rudolfsplatz aufgestellt. Schon bald beklagten die Beamten, daß sie im Grunde unnötig seien. Es gab kaum Delikte, die Beamten drehten Daumen. Das Polizeimobil rückte wieder ab. Seither ist aus der Bürgerinitiative eine nette Runde geworden, die sich einmal im Monat trifft und die Zustände beklagt.

Innenwachzimmer

Drei der elf Wachzimmer der Inneren Stadt sind sogenannte Innenwachzimmer und dienen der Bewachung des Bundespräsidenten, des Bundeskanzlers und des Innenministers. Trotzdem werden sie dem Stand zugerechnet. Wenn andere Bezirke darauf hinweisen, wie bevorzugt die Innere Stadt ist, weil sie über 300 Sicherheitswachebeamte zur Verfügung hat, muß man erst erklären, daß ein Teil der Beamten keineswegs für die Aufrechterhaltung von Ruhe und Ordnung im öffentlichen Raum zuständig ist, sondern nur dem Schutz der Staatsspitzen dient. Sind diese aus dem Haus, kann es schon vorkommen, daß die Umgebung observiert wird. Insbesondere in der Nacht, wenn gerade ein Ball in der Hofburg stattfindet. Dann werden an alle, die rund um das Denkmal des Erzherzog Karl parken, empfindliche Strafen verteilt: Parken in Parkanlagen oder auf Gehsteigen. Am nächsten Tag hat man dann alle Hände voll zu tun, zu erklären, daß es ein Wachzimmer Hofburg wirklich gibt.

Funkleitschienen

Sicherheitsprobleme gibt es auch in den Garagen, denn vor allem die bei den Eingängen lagernden Sandler erhöhen keineswegs das Sicherheitsgefühl der Bewohner. Deshalb wurde immer wieder gefordert, daß die Funkstreifen in der Nacht hie und da Runden durch die Garagen ziehen. Das geht aber nicht, weil in den Garagen Funkstille herrscht. Die Streife ist dann unerreichbar für dringende Einsätze, möglicherweise wird auch ein Wirtshausbesuch der hungrigen Wachebeamten als Garagenkontrolle getarnt. Abhilfe könnte der Einbau einer Funkleitschiene bringen. Bisher haben sich die Garagenbetreiber wegen der hohen Kosten geweigert, diese Investition vorzunehmen. Da aber Handynetzbetreiber und Privatradiostationen interessiert sein sollen, werden sich wohl bald Investoren finden.

SCHÖN IST DIESE STADT

Palmen oder Oleander

Erstmals wurden 1990 Palmen auf dem Graben aufgestellt. Meine Begeisterung hielt sich in Grenzen, denn Palmen waren lediglich am Ende des 19. Jahrhunderts in Wien Mode. Zwei Glashäuser wurden damals in Schönbrunn und im Burggarten errichtet, in den privaten Wohnungen gehörten sie vor allem in der Makartzeit zur Inneneinrichtung. Im öffentlichen Raum aber gab es kaum Palmen, schon auch aus klimatischen Gründen. Zilk aber bestand auf Palmen. Umweltstadtrat Häupl war im Grunde meiner Meinung und überraschte Zilk eines Tages beim Bauer Gustl mit der Frage, welche Blumen im nächsten Jahr am Graben aufgestellt werden sollten. Zilk war verblüfft, ich regte Oleander an, weil sie wienerischer seien. So geschah es dann auch. Ich war eigentlich ganz zufrieden, der Bürgermeister weniger. Im darauffolgenden Jahr wurden wieder Palmen aufgestellt.

Die Palmen gediehen prächtig und wuchsen in die Höhe. Das brachte beim Transport ins Winterquartier ungeahnte Probleme. Verladen auf einen Tieflader waren sie höher als die Ausfahrtsmöglichkeit unter den Oberleitungsdrähten der Straßenbahn. Kurzfristig wurden sie Am Hof zwischengelagert und überstanden einen milden Winter ohne Schaden. Schließlich wurden sie liegend hinaustransportiert und durch innenstadtgerechte, kleinere ersetzt.

Der letzte Bombenschaden wird behoben

Das letzte Bombenloch aus dem Jahre 1945 befand sich in der Färbergasse, der Baugrund war nur etwa 50 m^2 groß und daher kaum rentabel zu verbauen. Stiegenhaus und Lift würden in jedem Stockwerk 20 m² beanspruchen, sodaß lediglich 30 m² Nutzfläche übrig blieben. Was lag näher, als den Bau ab dem zweiten Obergeschoß erkerartig in die Färbergasse hineinragen zu lassen. Die Feuerwehr war einverstanden, weil sie bequem unten durchfahren konnte.

Der Servitutsvertrag für die Feuerwehrdurchfahrt landete auf meinem Schreibtisch. öS 120 000.– seien zu zahlen. Ich begann zu rechnen. Wenn der Bauherr pro Geschoß etwa 14 m² dazugewinnt, wäre der Betrag aus einer noch so geringen Quatratmetermiete innerhalb kürzester Zeit hereinzubringen. Mit anderen Worten, die einmalige Zahlung war viel zu gering. Ich erkundigte mich bei bekannten Maklern. Alle waren mit mir einer Meinung. Ich gab eine entsprechende Stellungnahme ab. Diese löste große Bestürzung aus. Ein Bezirksvorsteher, der zu Verträgen Stellung bezieht, ward vorher nie gesehen. Und vor allem hatte der Bezirksvorsteher den Vertrag nicht richtig gelesen. Nicht der Bauherr sollte zahlen, sondern die Stadt Wien, weil der ab dem zweiten Stock verbaute Grund Privateigentum ist. Die Abschlagszahlung würde für die Benützung von Privatgrund durch Fußgänger und Kraftfahrzeugverkehr bezahlt. Ich stimmte mit rotem Kopf schleunigst zu.

Große Plätze autofrei

Bürgermeister und Planungsstadtrat Swoboda träumten von Anfang an von autofreien Plätzen. Im Grunde tat ich das auch. Schön sind ja etwa der Neue Markt oder der Franziskanerplatz wirklich nicht, wenn sie von Autos verstellt sind. Bürgermeister Zilk wollte den Heldenplatz inklusive der verpachteten Straße vor dem Volksgarten, Josefsplatz und Inneren Burghof autofrei sehen. Mir wäre ein belebter Platz wie der Neue Markt lieber gewesen. Dort hätte ich das von mir ungeliebte Wort „Belebung“ nicht gebraucht. Dieser

Platz lebt, ohne daß jemand etwas dazutun muß. Für Heldenplatz, Josefsplatz und inneren Burghof (Franzensplatz) war Wirtschaftsminister Schüssel zuständig, weil es sich um Privatgrund des Bundes handelte. In einem medialen Schlagabtausch wurde es Schüssel zuviel. Er sagte, daß dafür der Bürgermeister zuständig sei. Das faßte Zilk als Ermächtigung auf und ließ Josefsplatz und inneren Burghof freiräumen. Schön sind sie schon, aber die Fußgängerfrequenz ist gleich geblieben. Wie anders wäre das am Neuen Markt.

Die unendliche Heldenplatzgaragengeschichte

Plätze freiräumen ist sicher ein schönes Ziel. Man sollte aber auch überlegen, wo dann die Autos der Bewohner, der Geschäftsleute und der Besucher der Inneren Stadt abgestellt werden können. Stadtrat Swoboda war das gleichgültig. Er pochte auf die gute Erschließung des Zentrums durch U-Bahn, Straßenbahn und Busse. Wir waren da weniger sicher, ob das Ausschließen des Autoverkehrs nur positive Folgen haben würde. Gerade die Bewohner waren Garagenmuffel, auch groß aufgezogene Billigaktionen der Stadt fanden kaum Liebhaber. Kommerzialrat Deutsch von der sogenannten Notgemeinschaft – er hatte die Sperre des Innenrings am Michaelerplatz ertrotzt – bemühte sich zugunsten der Garage vor dem „Messepalast“ und bot billige Arrangements an. Weder die Bemühungen des Magistrats noch die Privatinitiative hatten durchschlagenden Erfolg. Auf der anderen Seite zeigten auch die Besucher der Stadt wenig Bereitschaft, in die Tiefgaragen zu fahren. Plätze ausräumen ohne entsprechenden Parkplatz anzubieten, wollten wir aber auch nicht.

Da tauchte der Garagentycoon Breiteneder auf und legte ein Konzept für den Bau einer Garage am Heldenplatz vor mit Einfahrten vor den Museen, Unterquerung des Ringes und Situierung der Garage unter dem Heldenplatz. Dieser sollte nachher aussehen wie vorher. Alles kein Problem, nur das Denkmal des Erzherzog Karl müsse weggehoben werden. Wir hatten unsere Zweifel, waren aber im Grunde froh, die Probleme lösen zu können. Auch für 90 Busse sollte vorgesorgt werden.

Zuerst demonstrierten die Grünen, an der Spitze Dr. Gexi Tostmann. Prof. Fillitz vom Kunsthistorischen Museum protestierte gemeinsam mit seinen Mitarbeitern. Ob die nicht auch an ihre Privilegienplätze in den Höfen gedacht haben, die wegen der Rampe nicht mehr hätten angefahren werden könnten? Schließlich waren auch Unterrichtsminister Busek und Umweltministerin Flemming dagegen. Bürgermeister Zilk, Handelskammerpräsident Dittrich, der gesamte Fremdenverkehr und der Bezirk waren dafür, Baubewilligung und Betriebsanlagengenehmigung wurden erteilt. Es fehlte nur noch die Zustimmung des Grundeigentümers, nämlich die der Bundesregierung. Dort gab es viele Befürworter, aber eben auch zwei Gegner. Da die Regierung nur einstimmig entscheiden kann, konnte kein Beschluß gefaßt werden. Dieses Patt zog sich jahrelang hin. Die Baubewilligung drohte abzulaufen. Probebohrungen wurden durchgeführt, damit man den Baubeginn signalisieren konnte. Die Befürworter wurden müde, schließlich schlief das Projekt ein. Es könnte jederzeit wieder erwachen.

Derzeit wird ein Projekt unter dem Maria Theresien Platz diskutiert, vor allem für Busse. Dort will man die zusätzlichen Busse unterbringen, die beim Museumsquartier zu erwarten sind. Bis zuletzt träumte der Leiter der MA 21 davon, dass alle Besucher mit der U-Bahn kommen würden. Er sabotierte alle Überlegungen, wieviel Busse zu erwarten seien und wo man sie unterbringen könne. Erst auf Intervention der Gemeinderätin Rothauer, des Wien-Tourismus und mir wurde eine Studie in Auftrag gegeben. Sie brachte nicht nur das erwartete Ergebnis – bis zu 60 Busse zusätzlich – sondern bot gleich eine Zwischenlösung für die Übergangszeit an: Busstellplätze am Schmerlingplatz, in der Reichratstraße, der Stadiongasse und an der Bellaria. Damit hätte der 7. Bezirk seine Probleme exportiert, schließlich liegt das Museumsquartier im Bezirk Neubau. Ich bin neugierig, wie mein Nachfolger die Situation bereinigen wird. Die Garage wird wohl in der nächsten Periode kaum fertig werden.

Tankstelle Am Hof

Schon von Anfang an war mir die Tankstelle Am Hof ein Dorn im Auge. Getankt wurde kaum. Die Tankwarte lebten vom Trinkgeld, das sie für das Verschieben von geparkten Autos und das Auswechseln von Parkscheinen erhielten. Die Tankstelle war häßlich und gefährlich. Obwohl der Bürgermeister mit mir einer Meinung war, dauerte es viele Jahre, bis es soweit war. Die Betreibergesellschaft versuchte, einen Standort an einer Ausfallstraße als Kompensation zu erhalten. Soweit ich informiert bin ohne Erfolg. Die Frage war auch, ob die Tanks, die unter der Fahrbahn vor der Kontrollbank situiert waren, ausgegraben werden müßten oder ob es genügte, sie mit Beton aufzufüllen. Nach aufwendigen Umweltgutachten entschied man sich für die zweite Lösung und ersparte sich damit die Sperre der wichtigsten Einfallsstraße auf einige Wochen.

Nun sollte der Platz gestaltet werden. Sofort tauchte der alte Plan wieder auf, alle Parkplätze zu streichen. Da der Platz kaum Betriebe hat, die von einer Fußgängerzone profitieren würden, wäre das eine reine Parkplatzvernichtungsaktion gewesen. Als auch noch die Feuerwehr auf ihre Privilegienparkplätze hinwies, wurde der Plan schnell fallengelassen. Aber der Mittelteil sollte bis nach vorne gezogen werden und mit Altstadtpflaster versehen werden. Die Stadt

Wien hatte aber keine Pflastersteine in der entsprechenden Größe. Neue maschingeschnittene Platten hätten den Charakter des Platzes verändert. Das wollte auch niemand. Komplizierte Muster von großen und normalen Steinen wurden entworfen. Die Standorte für die Brunnen wurden durch die Pflasterung hervorgehoben. Am Hof hat es zwei Brunnen gegeben, die nach 1945 nicht mehr errichtet wurden. Die Brunnenfiguren sind zwar erhalten, die übrigen Teile aber verlorengegangen. Deshalb überlegten die Stadtbildpfleger immer wieder, ob man sie nicht wieder errichten könnte. Sogar über die Errichtung der Brunnenstube wurde mit der Garage verhandelt, weil diese ja nicht unmittelbar beim Brunnen gebaut werden konnte. Leider zerschlugen sich diese Pläne. Bei dieser Gelegenheit engangierte sich Senatsrat Magister Foltin besonders. Er liebt die Innenstadt und kümmert sich um viele Einzelheiten. Er war ein großartiger Partner bei allem, was in der Innenstadt an kleinen Entscheidungen so anfiel. Er wußte immer eine Lösung.

Durch Zufall entdeckte man in Niederösterreich passende Platten. Dabei bewährte sich, daß es auch in der Monarchie Normen gegeben hat, die offenbar aus dem Zollmaß entstanden. Die Pflastersteine werden noch heute nach Zoll bemessen. Mit den Niederösterreichern einigte man sich bald auf 400,– Schilling pro Quadratmeter, sie benötigten die Platten ja nicht. Nach vollendeter Planung bestellte man die Platten, doch sie hatten sich um eine Zehnerpotenz geirrt, die Platten würden 4000.– Schilling kosten. Offenbar waren sie draufgekommen, daß sie die Platten ursprünglich fast verschenkt hatten. Aber 4000.– war umgekehrt ein sehr stolzer Preis. Die gesamte Budgetierung war zu überarbeiten. Schließlich einigte man sich auf 3200.–.

Für den Kunst- und Antikmarkt sollten zugleich Leitungen verlegt werden, damit man die häßliche Stromkabel von Stand zu Stand nicht mehr braucht. An der vorderen Front sollten zwei große Leuchten, sogenannte Bischofstäbe, für Licht sorgen. Diese mußten erst nachgegossen werden. Heute wirkt der Platz mit und ohne Standeln.

Weniger erfreute mich der Lift, den die Garage zur Oberfläche hochgezogen hat. Er ist zwar notwendig, aber ein Standort in der Bognergasse im Gebäude der Bank Austria hätte mir besser gefallen. Auch für die Benutzer der Garage wäre es so bequemer. Schließlich mußte ich vor den technischen Problemen und dem Garagenbetreiber kapitulieren. Nicht kapituliert habe ich allerdings, als Stadtrat Svihalek im Herbst 2000 die öffentliche Uhr mit einem postmodernem Design versehen wollte.

Die Mariensäule, die auf Befehl von Leopold I. 1667 aufgestellt wurde, wurde von zahlreichen bekannten und unbekannten Künstlern entworfen. Sie ist ein bedeutendes Zeugnis der Kunst des 17. Jahrhunderts. Ihre 1646 errichtete Vorgängerin war nach Wernberg am Inn verkauft worden. Sie war nach dem Abzug der Schweden versprochen worden. Die neue Säule ist im letzten Jahr renoviert worden und strahlt in neuem Glanz. Leider nur bei Tag, in der Nacht ist sie unbeleuchtet und geht neben dem prachtvoll ausgeleuchteten bürgerlichen Zeughaus unter.

Tankstelle Beethovenplatz

Auch am Beethovenplatz sollte die Tankstelle aufgelassen werden. Sofort beschlossen wir, dort einen Ballspielplatz zu errichten. Die Betreiber der Tankstelle kamen mit dem Begehren, ihre Verkaufsstelle anderweitig kommerziell zu verwerten. Entwürfe für eine Blumenhandlung und einem Einkaufsmarkt wurden vorgestellt. Es sei das Gelände der Tankstelle, gemeinsam mit der Garage errichtet und daher im Eigentum der Tankstelle. Ich war überzeugt, daß es sich lediglich um ein Baurecht zum Zwecke des Betriebes einer

Tankstelle handelte. Ich forderte die entsprechenden Verträge an, die natürlich unauffindbar waren. Der Streit ging hin und her, bis ich die Tankstellenbetreiber aufforderte, ihrerseits zu beweisen, daß sich das Baurecht auch auf andere Geschäftszweige erstreckt. Da gaben sie nach.

Als diese Hürde genommen war, gingen wir frohgemut an die Planung des Ballspielplatzes. Das Vorhaben war nicht sehr aufwendig, wurde aber doch in den Bezirkszeitungen angekündigt. Als die Planung schon recht weit gediehen war, bildete sich eine Bürgerinitiative gegen die Errichtung. Unter Führung des freiheitlichen Bezirksvorsteherstellvertreters aus dem dritten Bezirk gab es Vorsprachen und Aktionen. Die Beethovengesellschaft, der Altbürgermeister und der Architekt Gustav Peichl zogen gegen die Entweihung des Platzes zu Felde. Zahlreiche Alternativen wurden erwogen. Schließlich beriefen wir eine Bürgerversammlung ein. Der ursprünglich einstimmige Beschluß wackelte, weil einige Fraktionen über die Vehemenz der Ablehnung erstaunt waren. Einstimmig hieß im ersten Bezirk übrigens fast immer gegen die Stimmen der Freiheitlichen, weil diese ohnehin gegen alles waren. Deshalb war es auch nicht notwendig, sich um die Zustimmung der FPÖ zu bemühen.

In der Bürgerversammlung kam es zu den üblichen Anwürfen. Wir hätten nicht informiert, die Anrainer nicht gefragt und würden den Willen der Bürger mißachten. Auch ehemalige Bezirksräte der eigenen Fraktion taten sich hervor. Ich hatte aber auch die Schüler der angrenzenden Schulen eingeladen. Sie diskutierten fair und sachlich, ganz anders als die aufgebrachten Anrainer. Es war richtig erfreulich, den jungen Menschen zuzuhören. Insbesondere die Schüler des unmittelbar betroffenen Akademischen Gymnasiums stachen positiv hervor. Nach der Bürgerversammlung waren sich die Fraktionen wieder einig. Der Ballspielplatz sollte gebaut werden. Ich hatte auch versprochen, die Bürgerinitiative bei der endgültigen Standortfixierung beizuziehen. Das geschah auch. In einer ausführlichen Besprechung wurden alle pro und contra abgewogen und ein Kompromiß gefunden. Aus heutiger Sicht war das ein Fehler. Wir hätten den großen Ballspielplatz wie geplant bauen sollen. Die Bürgerinitiative gab nicht nach und brachte auch noch den Eislaufverein ins Spiel, der auf einmal bereit war, den Schülern entsprechenden Raum zur Verfügung zu stellen. Allerdings gegen Entgelt und nur zu bestimmten Jahreszeiten.

Heute ist der Ballspielplatz allgemein anerkannt. Es gibt kaum Probleme. In der Nacht wird er versperrt. Da es nur am anderen Ende des Platzes Wohnungen gibt, haben auch die anderen Anrainer aus der Johannesgasse und aus ähnlich entfernten Gassen ihren Widerstand aufgegeben.

Ballspielplätze

Um nicht nur den Kindern etwas zu bieten, sondern auch den Jugendlichen, entstanden zusätzlich Ballspielplätze. Der Ballspielplatz am Rudolfsplatz wurde von vielen Jugendlichen angenommen, besonders die Schüler der Internationalen Schule pilgern in die Innenstadt und spielen dort Basketball. Natürlich entsteht dadurch Lärm, deshalb wird der Ballspielplatz ab 21 Uhr gesperrt. Die Befürchtungen der Bewohner, daß dabei auch ein Drogenumschlagplatz entstehen könnte, bewahrheitete sich nicht. Nach dem Beethovenplatz errichteten wir auch am Börseplatz einen Ballspielplatz zum Fußballspielen. Buben zwischen 8 und 14 benützen ihn mit Begeisterung. Da wir uns eine Bürgerinitiative wie am Beethovenplatz ersparen wollten, starteten wir eine Befragung der Bevölkerung, die eine hohe Rücklaufquote brachte und eine ⅔-Zustimmung. Selbstverständlich wurde das Ergebnis von den Freiheitlichen angezweifelt. Inzwischen erzählen aber Bewohner der umgebenden Häuser, daß alle Befürchtungen unbegründet waren.

In der Inneren Stadt wohnen sehr viele Kinder und Jugendliche, die auch Anspruch auf Bewegungsraum haben.

Der Pflasterstern in der Bognergasse

Wenn in der Inneren Stadt eine Straße umgestaltet wird, entsteht eine Fülle von Problemen. Einerseits soll die Fläche glatt wie Asphalt sein, damit die Damen mit Stöckelabsätzen ohne Probleme gehen können, andererseits soll der Altstadtcharakter mit seiner Kopfsteinpflasterung aufrecht erhalten werden. Selbst die Kleinsteinpflasterung der Kärntnerstraße stößt nicht immer auf volle Zustimmung. Sofern es das Budget zulässt, werden hochwertige Materialien, vor allem Granit, verwendet. Aber auch die Betonsteine des Grabens haben sich bewährt. Mich wundert die Ablehnung, weil nach meiner Beobachtung Frauen ohnehin keine Bleistiftabsätze mehr tragen.

Ein besonderes Schmuckstück ist der Kleinpflasterstern im Bereich Tuchlauben/Bognergasse. Da haben sich die Pflaster und die planenden Architekten etwas einfallen lassen.

Stadt genießen oder Stadt erleben

Wenn die Wiener in die Stadt kommen, dann wollen sie genießen und freuen sich über das rege Leben. In den letzten Jahren kamen viele internationale Firmen mit ihren Verkaufsläden in die Stadt. Manche Wiener bedauern das und sprechen von einem Ausverkauf. Sie übersehen aber, daß diese Firmen neue Käuferschichten, insbesondere die Jugend, wieder in die Stadt bringen.

Wie so oft wird auch in dieser Frage die Vergangenheit idealisiert. So hat etwa die Kärntnerstraße eine bewegte Vergangenheit. Viele haben vergessen, daß dienliche Damen einst in der Kärntnerstraße auf Kunden warteten. In den letzten Jahren verlor die Kärntnerstraße an Dynamik, bis die Textilläden für die Jugend dieser Straße neues Leben einhauchten. Genießen hat in den letzten Jahren immer auch das Erleben eingeschlossen. Die Menschen wollen das Einkaufserlebnis und nicht unbedingt nur Waren erwerben. Das hat auch dazu geführt, daß sich die Freizeitbetriebe und die Gastronomie vermehrt haben. Bald wird es mehr Gastronomen als Einzelhändler in der Inneren Stadt geben.

Der Wiener und sein Charakter

Man sagt dem Wiener nach, daß er gerne raunzt. Eine Tatsache, die ich nur bestätigen kann. Echte Zufriedenheit gibt der Wiener nur zu, wenn er seine geliebte Stadt mit anderen Großstädten vergleicht. Ansonsten regt er sich mit Vergnügen über jede Kleinigkeit auf. Es zahlt sich aber aus, diese Kleinigkeiten ebenfalls einer Verbesserung zuzuführen, weil manchmal ein solches Detail zu einer echten Verbesserung führen kann. Etwas in den Hintergrund ist die Wiener Gemütlichkeit getreten, obwohl sie gerade in dieser hektischen Zeit erhöhte Bedeutung hätte. Aber wenn man die Menschen fröhlich schmausen sieht und die Jugend in den Trendlokalen beobachtet, sieht man doch so etwas wie Gemütlichkeit.

Wien und sein Charme

Wien war immer eine lebendige Stadt, in der das Alte erhalten und Neues dazugestellt wurde. Gerade in der Baukunst hatte man über Jahrhunderte keine Hemmungen Altes auch wegzureissen. Niemand kann sich heute vorstellen, daß am Stock im Eisen Platz einmal fünf kleine Häuser gestanden sind. Weil für die Moderne in Wien immer Platz war, gibt es kaum Straßenzüge, die nur Häuser aus einem Jahrhundert enthalten. Selbst der Josefsplatz in seiner heutigen Gestalt ist nicht in einem Jahrhundert entstanden. Zwischen dem Palais Pallavicini (1784) und dem Palais Palffy (1575) liegen über 200 Jahre, auch wenn man wegen des Bombenschadens und der Barockisierung der Räume das nicht mehr so deutlich sieht. Auch in der Kärntnerstraße, am Graben und am Kohlmarkt kann man die verschiedensten Bauperioden beobachten.

Die Stephanskirche hat ein romanisches Portal, gotische Kirchenschiffe, barocke Altäre und Einbauten im Zuge des Wiederaufbaus nach dem Brand von 1945.

Ein weiteres Merkmal Wiener Baukunst ist die Tatsache, daß viele Bauten nicht fertig gebaut wurden. Am Stephansdom bleibt der Südturm allein, der Heldenplatz bezieht seinen einmaligen Charakter aus der Tatsache, daß die zweite Spange des Kaiserforums nie gebaut wurde, Schönbrunn hätte so groß wie Versailles, Klosterneuburg so groß wie der Escorial werden sollen. Aber gerade dieses Unvollendete macht den Reiz Wiens aus.

Platzbenennungen

Der Bezirksvertretung obliegt es, Vorschläge zu erstatten, wie Parkanlagen, Plätze und Straßen zu benennen sind. Da es sehr wenige unbenannte Verkehrsflächen gibt, sind einige Krampflösungen entstanden, etwa die Bruno-Kreisky-Gasse oder der Josef-Meinrad-Platz neben dem Burgtheater. Besonders stolz ist Bezirksrat Köhler, daß es ihm gelungen ist, den Park vor dem Justizpalast in Grete-Rehor-Park zu benennen.

Alle Versuche, den Karl Lueger Platz und Ring umzubenennen, konnten bisher abgewehrt werden. Ein entsprechender Antrag wird verlässlich in jeder Periode von den Grünen eingebracht. In der darauffolgenden Diskussion wird über die Leistungen Luegers und seinen Antisemitismus polemisiert.

Akademiehof

Als die Ustraba, Unterflurstraßenbahn, auf der Zweier-Linie gebaut wurde, mußte das Haus Getreidemarkt 2–4 abgerissen werden. Die Architekten Gustav Peichl und Roland Rainer entwickelten bald ein Projekt. Lange Zeit fand sich kein Bauherr, weil dieses Haus brückenartig über die Tunnel gelegt werden mußte. Es gibt wenig Möglichkeit für Keller oder Tiefgarage. Erst Mitte der neunziger Jahre entschlossen sich die Investcredit und ein Privater dieses Projekt zu verwirklichen. Da die Akademie der bildenden Künste Rechte an diesem Grundstück hatte, wurde in diesem Gebäude eine Austellungshalle für das Münzkabinett vorgesehen. Die obersten zwei Stockwerke waren den privaten Bauherrn vorbehalten und sollten als Wohnungen vermietet werden. Sie erwiesen sich wegen der hohen Baukosten als unvermietbar. Der Private kam dadurch in finanzielle Schwierigkeiten. Daß auch der Ausstellungsraum modernen Anforderungen nicht genügt und die Fassade kein Gewinn für den Karlsplatz ist, ist wohl darauf zurückzuführen, daß man ein Jahrzehnte altes Projekt unverändert übernommen hatte.

UND DAS WICHTIGSTE: DIE BEWOHNER

Ihre soziographische Struktur

Die Innenstadt hat bei der Volkszählung 1991 18 001 Einwohner gehabt. Ich habe diese Zahl nie sehr ernst genommen, weil die braven Volkszähler gleichzeitig 43 Gebäude verloren hatten. Es waren wohl einige Häuser im Bau, wie etwa die Ringstraßengalerien, aber die Zahl 43 kann keineswegs stimmen. Wir arbeiteten schon bald mit der sogenannten Fortrechnung weiter, was bedeutet, daß Geburten und Zugzüge dazugerechnet, Abmeldungen und Verstorbene abgerechnet werden. Diese Fortrechnung wurde von der Stadt Wien vorgenommen, während die Volkszählung Bundesangelegenheit war. Die Volkszählung hat nicht nur für die Finanzen der Stadt Wien, sondern auch für die des Bezirkes große Bedeutung. Mit der Fortrechung kamen wir 1994 auf 20 216 Einwohner. Das ist kein Wunder, weil sehr viele Dachbodenausbauten wirklich als Wohnung verwendet werden. Es ist wieder schick, in der Innenstadt zu wohnen. Die ursprünglich überhöhten Mieten sind in letzter Zeit gesunken, aber natürlich ist die Innenstadt noch immer das Luxusgebiet Wiens. Die Anzahl der Bewohner ist in den letzten Jahren wieder gesunken und liegt gemäß der Volkszählung 2001 bei 17 900 Personen. Über 10 % der Einwohner sind unter 15 Jahre alt. Für diese Kinder und Jugendlichen gibt es sehr viele Parkanlagen, aber sehr wenig Sportmöglichkeiten. Die Entwicklung der Kindergärten und Ballspielplätze ist durchaus erfreulich. Was für die Kinder getan werden kann, wird getan. Bemerkenswert ist auch, daß bei Kindern und Jugendlichen das männliche Geschlecht im Bezirk überwiegt. Der Ausländeranteil hält sich mit 12 % in Grenzen. Da ein erheblicher Anteil Bewohner von Nobelwohnungen sind, gibt es im ersten Bezirk kaum ein Ausländerproblem. Fast die Hälfte der Haushalte werden von Singels bewohnt. Gerade in der Innenstadt ist die Gefahr der Vereinsamung besonders groß. Etwa 4800 Einwohner sind bereits in Pension.

Bürgerversammlungen und -befragungen

Zu den Problemen des Bezirkes haben wir immer wieder Bürgerversammlungen einberufen. Neben den ständigen Kontakten auf Veranstaltungen der ÖVP waren diese ein wichtiger Seismograph für die Emotionen der Bürger. Manchmal ging es anfangs sehr turbulent zu, weil die Bürger ihrem aufgestauten Unmut Luft machten. Erst in der zweiten Phase der Diskussion kann man durch Aufzählung der Alternativen zur Sache kommen. In den meisten Fällen waren die Bürger durchaus einsichtig. Manchmal mußten auch die Politiker ihre Haltung ändern. Naturgemäß kommen zu solchen Versammlungen vor allem Menschen, die unzufrieden sind und etwas geändert haben wollen. Neben den Verantwortlichen aus dem Bezirksrat kamen auch immer wieder Vertreter der Polizei und des magistratischen Bezirksamtes, die solche Emotionen der Bürger nicht gewohnt waren.

In einzelnen Fällen haben wir auch Befragungen vorgenommen. Insbesondere die Befragung über den Ballspielplatz am Hermann Gmeiner Park hat eine überwältigende Zustimmung gebracht.

Hundstrümmerl gegen Taubenmist

Für viele Bewohner ist auch die Verschmutzung der Stadt durch die Hunde ein großes Problem. Einerseits ist dieses Haustier für Kinder ein natürlicher Spielgefährte und für alte Leute Trost. Andererseits ist wirklich nicht einzusehen, warum die Spuren des Stoffwechsels auf Gehsteigen und in Fußgängerzonen zu finden sein müssen. Auch Spielplätze und Sandkisten bleiben nicht verschont. Deshalb sind viele Parks für Hunde gesperrt. So ist im Stadtpark nur die Querung mit Hunden vom 3. in den 1. Bezirk gestattet. Der Burggarten sollte zur Gänze hundefrei sein. Am Heldenplatz akzeptieren die Bundesgärten freilaufende Hunde. In den übrigen Parkanlagen sind sie an den Leinen zu führen. Die Errichtung einer Hundefreilaufzone im Bereich des Franz Josefs Kais ist bisher an den hohen Kosten gescheitert. Immer wieder wird die Polizei aufgerufen einzuschreiten, doch die hat wichtigeres zu tun. Da manche Hundebesitzer sehr aggressiv werden können, ist sehr viel Zivilcourage notwendig, einen Hundebesitzer auf das unrechte Tun seines Hundes hinzuweisen. Trotzdem sehe ich darin die einzige Möglichkeit, Wiens Gehsteige und Fußgängerzonen sauber zu halten. Niemand will die Hunde verbieten, die Hundebesitzer sollten aber zivilisiert sein.

In meinem ersten Wahlkampf wollte ich ein Motorrad einsetzen, daß die Hundstrümmerl mit einer Art Staubsauger beseitigen sollte. Das Motorrad war schon auf den Weg nach Wien, das Zimmer für den Fahrer bestellt, als die Rathausmächtigen drohten, nie mehr von dieser Firma zu kaufen. Der französische Produzent zog daher seine Zusage zurück. Ich hatte einen Wahlkampfgag weniger. So brutal kann die Stadt mit politischen Gegnern umgehen.

Auch die Verschmutzung durch die Tauben bereitete großes Kopfzerbrechen. In manchen Gegenden gibt es Taubenfütterer, die mit Fünf-Liter-Kübeln Körner streuen und sich auch durch gutes Zureden nicht von ihrem Tun abhalten lassen. Übermäßiges Füttern ist zwar verboten, aber wer soll feststellen, was übermäßig ist. Auch die Pille wirkt bei Tauben nur, wenn sie regelmäßig eingenommen wird, was niemand garantieren kann. Meist steigt danach die Fruchtbarkeit. Wanderfalken fressen Tauben, aber nur eine pro Tag. Das kann die Population kaum vermindern. Wirkliche Hilfe wäre nur ein Uhu gewesen, aber der schlägt auch Katzen und kleine Hunde. Deshalb ist die einzige wirkungsvolle Maßnahme gegen eine übermäßige Taubenpopulation das Vermindern der Nistplätze. Würden alle Hausmeister dafür sorgen, daß die Dachluken geschlossen sind und kein Dachziegel fehlt, gäbe es viel weniger Tauben. Im Bereich der Hofburg ist nach dem Redoutensaalbrand die Situation wesentlich besser geworden.

Und erst die Fiaker

1987 gab es circa 50 Fiakerkonzessionen, wovon 37 täglich genutzt wurden. Ein großer, einige mittelgroße und etliche kleine Betriebe teilten sich stillschweigend den Markt. In diese Idylle brach ein neuer Unternehmer ein und beantragte gleich 10 Konzessionen. Auf den Standplätzen kam es zu Handgreiflichkeiten. Die Taxiinnung als Interessensvertreter der Fiaker forderte mehr Standplätze. Es kam zu mehreren Gesprächen mit Fiakervertretern. Sie wollten, daß die Konzessionen zurückgenommen werden. Sie verstanden nicht, oder wollten nicht verstehen, daß in einer Marktwirtschaft jeder ein Gewerbe anmelden kann, wenn er die Voraussetzungen erfüllt. Da es bisher keine Probleme gegeben hatte, gab es auch wenig gesetzliche Vorschriften und daher auch keine komplizierten Voraussetzungen. Wie sich herausstellte, benötigte der Fahrer nicht einmal einen Führerschein, weil ein von Pferden gezogener Wagen kein Kraftfahrzeug ist. Die Fiakervertreter forderten also die Zurücknahme der Konzessionen, denn man ruiniere sonst das Gewerbe. Es kam zu ersten Demonstrationen. Der Bürgermeister versprach sofortige Abhilfe. Die Fiaker atmeten auf. Zilk befasste seine Juristen, die zu den schon bekannten Ergebnissen kamen. Wer einen gewerberechtlich befähigten Geschäftsführer hatte, konnte sicher mit einer Konzession rechnen. Bezeichnenderweise hatte der Hecht im Karpfenteich – der mit den zehn neuen Zeugeln – Probleme mit seinen gewerberechtlichen Geschäftsführern. Sein erster, ein bekannter Jockey aus der Freudenau, strich die Segel, als er die Aggressionen bemerkte und nicht alle Maßnahmen seiner Chefs decken wollte. Als einer dieser Chefs selbst die Konzessionsprüfung machen wollte, zogen die Prüfer den Prüfungstermin mit allen auch unfairen Mitteln hinaus. Genau in diesem Moment sprang einer der traditionellen Fiaker als Geschäftsführer ein und rettete damit dem Unruhestifter das wirtschaftliche Überleben. Von der Anspannung bis zur Zügelführung, vom Gewerberecht bis zum Verfassungsgericht, alles wußte er; ja er wusste alles auch noch besser. Gerade der sorgte für eine Perpetuierung der verfahrenen Situation.

Neben die Konkurrenzprobleme, die die Fiaker untereinander hatten, traten noch jene des Bezirkes. Zu allererst waren die Fiakerrouten verschmutzt und insbesondere im Sommer stanken die Straßen. Als Pferdehalter war mir der Geruch vertraut und anfangs nicht auffällig. Mit der Zahl der Fiaker stieg aber auch die Belästigung. Zum Zweiten belasteten die Fiaker das Bezirksbudget, weil sie die Straßenbeläge in kürzester Zeit ruinierten. Die Fiaker wehrten sich und schoben die Schuld auf die übergroßen Busse. Leider hatten sie mich dabei unterschätzt. Auf dem Graben hält der Bus vor dem Meinl, dort gibt es keine Schäden. Die Fiaker fahren links an dieser Station vorbei, dort kann man die Fiakerschäden deutlich von den angeblichen Busschäden unterscheiden. Als die Sanierungskosten auf fast drei Millionen jährlich anstiegen, gelang es mir, aus den zentralen Mitteln für überregionale Maßnahmen zwei Millionen zu ergattern. Dieser Finanztopf war darüber hinaus öfter meine

Reservekasse, wenn es mir gelang zu erklären, daß aufgelaufene Kosten „überregional“ von Bedeutung seien. Ich will gar nicht aufzählen, was ich im Einverständnis mit dem Büro für Dezentralisierung alles aus diesem Topf finanziert habe. Die anderen Bezirke könnten hellhörig werden.

Zurück zu den Fiakern. Drittens behinderten die Fiaker den Verkehr nicht nur auf dem Ring, sondern auch auf den Busrouten, die sie ebenso wie die Taxis mitfahren durften. Wenn das Fiakergeschäft gut ging, schlichen die innerstädtischen Busse hilflos hinter den Fiakern her.

Es gab also auch ein öffentliches Interesse, die Fiakerfahrten einzudämmen. Als die alteingesessenen Fiaker behaupteten, die Kutschen der neuen Konkurrenz seien nicht echt und keine historischen Kutschen, wurde eine neue Verordnung herausgegeben, die den Typ des Wagens, die Farbe, die Anspannung und andere wichtige Kleinigkeiten festlegte. Das nutzte wenig. Die teilweise aus Tschechien, Polen und Ungarn importierten Kutschen waren besser gepflegt und korrekter als die Wagen der Traditionalisten. Als man gleichzeitig Scheibenbremsen vorschreiben wollte, wurde behauptet, daß dann die Wagen auseinanderbrechen würden. Inzwischen sind sie Pflicht, es ist noch kein Wagen gebrochen.

Zwei Unfälle mit durchgehenden Pferden stellte die Qualifikation der Fahrer in Frage. Also wurde eine Lenkerprüfung vorgeschrieben. Für die Zulassung zu dieser Prüfung war Unbescholtenheit vorgeschrieben. Man wollte damit die agressiven und vielfach vorbestraften Fahrer eliminieren. Klar war auch, daß die Lohnforderungen dieser Fahrer gering waren. Man hätte damit zumindest kurzzeitig die Anzahl der Kutscher reduziert. Leider wurde der eben angelobte Kulturstadtrat Marboe, der keine Ahnung von den jahrelangen Querelen hatte, von den remonstrierenden Fiakern überrollt. Sie hatten behauptet, das ganze Gewerbe sei in Gefahr, das Lenken einer Kutsche für einen Vorbestraften der einzige Weg zurück in ein geordnetes Leben. Peter Marboe wurde in einem Interview im Standard weich und stellte sich gegen die so mühsam ausgehandelte Lösung. An einem Nachmittag wurde ich mehrmals zwischen dem Bürgermeister und dem Kulturstadtrat hin und her geschickt. Die Sache drängte, weil der neue Entwurf schon am nächsten Tag den Stadtsenat passieren sollte. Schließlich wurde ein Kompromiß gefunden. Vorbestrafte können nur unter erschwerten Bedingungen Fahrer werden. Zu meinem großen Erstaunen wehrten sich die unbelasteten Fiaker – immerhin hatten schon 70 die Prüfung anstandslos absolviert – keineswegs. Wahrscheinlich unternahmen die Unternehmer nichts, weil die Vorbestraften das Lohnniveau auch der anderen drückten. Zu erklären ist auch noch, wieso gerade der Kulturstadtrat für die Fiaker zuständig war: Fiakerfahren ist nämlich eine „Veranstaltung“ und kein Gewerbe gewesen. Veranstaltungen gehören aber zur Kultur.

Diese Regelung wurde inzwischen revidiert. Nun handelt es sich doch um ein reguläres Gewerbe. Für die Durchführungsbestimmungen ist jetzt der Verkehrsstadtrat zuständig. Glücklicherweise ist dieser auch Umweltstadtrat und daher für die Straßenreinigung zuständig. Stadtrat Svihalek wurde auf unser Drängen aktiv.

Da eine Beschränkung der Konzessionen verfassungsrechtlich nicht möglich ist, wollte man die Stellplätze in der Stadt beschränken. Um dem Grundsatz der Gewerbefreiheit Genüge zu tun, mußten genügend Stellplätze auf Wien verteilt angeboten werden. Die anderen Bezirke weigerten sich, nur in Schönbrunn versuchte man es kurzzeitig. Der 9. Bezirk opferte Parkplätze in der Universitätsstraße, natürlich dort, wo jedermann glaubte, es sei im ersten Bezirk. Mein Vorschlag, genügend Stellplätze auf der Donauinsel zur Verfügung zu stellen, wurde als polemisch zurückgewiesen.

Schließlich einigte man sich auf eine Nummernlösung. Jeder Fiaker bekam zur Kennzeichnung eine Nummer zugewiesen. Nun sollten an geraden Tagen die Fiaker mit den geraden Nummern, an ungeraden die mit den ungeraden Nummern auf die Standplätze im ersten Bezirk zufahren dürfen. Nur hat das Jahr leider sieben ungerade Tage mehr als gerade. Dieser Ungerechtigkeit mußte abgeholfen werden. Nun gibt es eine mathematisch hochinteressante Lösung, die zwar niemand versteht, die aber angeblich dafür sorgt, daß den „ungeraden Fiakern" nur mehr ein Tag mehr zur Verfügung steht. Ich mußte in den ersten Monaten den Überwachungsorganen Listen zur Verfügung stellen, damit sie sich auskennen. Wie zu erwarten, fuhren die Fiaker bald mit zwei Nummern in die Stadt, die sie je nach Bedarf wechselten. Anfangs war ich über diese Vorgangsweise empört, doch dann begann ich zu überlegen. Wenn es wirklich unser Ziel ist, die Anzahl der Kutschen zu reduzieren, ist es eigentlich in unserem Sinn, wenn jeweils eine Kutsche verrottet. Dann sind auch weniger Pferde durchzufüttern. Derzeit gibt es 142 angemeldete Kutschen, jeweils die Hälfte darf in die Stadt zu den 56 Stellplätzen. Ab ersten Oktober soll mittels Los die Anzahl von 71 auf 60 reduziert werden. Um die Chance beim Losen zu erhöhen, wurden im Frühjahr 2001 noch schnell neue Fiaker angemeldet. Ich bin neugierig, ob diese Idee wirklich zum Tragen kommt. Die Anzahl der Fahrten wird zwar nicht wesentlich geringer werden, aber auf den Stellplätzen wird wieder Ordnung herrschen. Die 24 Stellplätze am Stephansplatz werden heute oft illegal auf 40 ausgeweitet. Fußgänger haben dann keine Möglichkeit mehr, an der Nordfront des Domes zu gehen. Die Vitrinen der Dombauhütte sind nicht mehr zu vermieten. Es herrscht Chaos. Auch die Erzdiözese drängt auf eine Lösung.

Auch für die Sauberkeit sollen die Fiaker nun aufkommen. Schließlich ist jeder Straßenbenützer verpflichtet, verschuldete Verunreinigungen selbst zu beseitigen. Die Fiaker haben nun die Möglichkeit, entweder sogenannte „Pooh bags“ anzulegen oder einen Beitrag an die MA 48 zu zahlen. Da sie diese Taschen nicht wollen, müssen sie zahlen.

Die Goldenen

Zu den angenehmsten Pflichten meiner Tätigkeit gehörte, Eheleuten zu ihrer Goldenen, Diamantenen oder Steinernen Hochzeit zu gratulieren. Meist sind beide Partner gut aufgelegt und freuen sich über den Besuch. Bei solchen Gelegenheiten erfährt man oft mehr über die allgemeine Stimmung im Bezirk als bei noch so vielen Grätzlveranstaltungen. Aber auch über die individuelle Geschichte, über die Kriegszeit, die Entbehrungen und die Umstände der Eheschließung wird berichtet. Neben diesen meist dramatischen Ereignissen erscheinen die Probleme, die uns heute bedrücken, nichtig und unbedeutend. Fleißige Menschen haben diesen Staat und diese Stadt nach dem Zweiten Weltkrieg wieder aufgebaut. Sie haben ihr Schicksal gemeistert und gleichzeitig dafür gesorgt, daß diese Stadt zu einer der liebenswertesten Städte der Welt geworden ist. Die meisten leben zufrieden in der Gegenwart und verstehen nicht, daß niemand hören will, wie gut es uns geht und daß wir dankbar sein sollten. Viele Ehepaare laden ihre Kinder ein, wenn der Bezirksvorsteher kommt. Stolz präsentieren sie ihre Nachkommenschaft. Auch dabei kommt es immer wieder zu interessanten Gesprächen. Etwa wenn eine Enkelin Parksheriff in der Innenstadt ist und uns die andere Seite der Parkraumüberwachung schildert, die Aggressivität der Autofahrer, ihre Unhöflichkeit, die mangelnde Bereitschaft, die Notwendigkeit der Überwachung zu akzeptieren. Oft erzählen die Eheleute auch von ihren Kindern, die über die ganze Welt verstreut sind. Erstaunlich viele leben nicht mehr in Österreich, sondern in England, Deutschland, in den USA oder in Israel. An diese Menschen muß ich immer denken, wenn in Österreich von Problemen mit Immigranten geredet wird. Schließlich sind sie auch einmal Emigranten und Ausländer in ihrer neuen Heimat gewesen. Die in Wien gebliebenen Eltern aber sind stolz auf ihre Kinder.

Die 90er und die Älteren

Auch zum neunzigsten Geburtstag ging ich gratulieren. Es sind fast nur Frauen, die so alt werden. Kaum ein Mann wird neunzig. Da kann es schon passieren, daß man zu einer bereits Todkranken kommt oder zu einer total Verwirrten. Einmal kam ich zu einer Paranoiden, die mir lange erzählte, daß ihr ihre Habseligkeiten abhanden kommen, böse Menschen sich bei ihr einschleichen und sie bestehlen; sie hätte ihr Schloß erst vorige Woche wieder austauschen lassen. Im gleichen Atemzug bot sie mir dauernd kleine Geschenke an, die sie sicher am nächsten Tag vermissen würde. Es war nicht leicht, die Dinge abzulehnen, ohne sie zu beleidigen. Sehr kurzweilig war auch ein Besuch bei einem Hundertjährigen, der die Ilias und die Odyssee auswendig konnte. Seine wesentlich jüngere Frau pflegte ihn aufopferungsvoll. Sie war achtzig. Ein anderer hatte als Wissenschaftler die Augenheilkunde für Tiere entwickelt. Besonders agil war ein Hundertjähriger, der die Kriegszeit als Geometer in China verbracht hatte. Er ging noch jeden Tag aus, besuchte seinen Rotaryclub und ließ sich von einer jungen Polin pflegen. Im nächsten Jahr – ab hundert besuchte ich jedes Jahr – war er schon in einem Pflegeheim. Ich habe ihn kaum erkannt, alle Agilität war weg. Umsiedeln in diesem Alter ist im wahrsten Sinn des Wortes tödlich. Einen 102. Geburtstag gab es nicht mehr.

Ähnlich erging es einer treuen Besucherin unseres Pensionistenclubs. Nach ihrem Hunderter versorgte sie noch den

Club mit Tischschmuck, bastelte Osterhasen und Weihnachtsgestecke. Dann zog sie in das wunderschöne Caritasheim im zweiten Bezirk. Dort haben wir den 101. Geburtstag, den letzten, gefeiert. Sie war dem Anschein nach hochzufrieden.

In den ersten Jahren pflegte Bürgermeister Zilk ab dem hundertsten Geburtstag mitzugehen. So hatten wir einmal an einem Samstag einen Besuch am Minoritenplatz geplant. Ich war pünktlich zur Stelle und suchte die Hausnummer zwei. Eins war das Haus-, Hof- und Staatsarchiv, drei war das Palais Dietrichstein, aber wo war zwei? Nach mehrmaliger Umrundung des Platzes sprach mich ein geistlicher Herr an und führte mich zur Kirche. Diese trägt nämlich die Nummer zwei, und wenn man genau hinsieht, kann man auch erkennen, daß an die Kirche ein Gebäude angeschmiegt ist, in dem man wohnen kann. Dieses Problem war gelöst, Blumen, Ehrengabe und der Photograph waren da. Nur der Bürgermeister fehlte. Endlich kam er. Weil Samstag war, hatte er auf seine Sekretäre verzichtet und war allein gekommen, um am Michaelerplatz die Hundertjährige zu suchen. Als er dort nicht fündig wurde, schaute er am Minoritenplatz nach. Da waren wir. Die Hundertjährige entschädigte uns mit drei fehlerfrei gesungenen Strophen der alten Kaiserhymne „Gott erhalte“. Sie war von Caritasschwestern umsorgt. Sie wurde hundertvier.

Pensionistenclubs

Pensionistenclubs gibt es in den Pfarren und in den Parteien. Außerdem gibt es den Club Alt-Wien, der seit der Dezentralisierung vom Bezirk geführt wird. Im Erdgeschoß des Alten Rathauses versammelten sich täglich bis zu 60 ältere Damen und Herren. Aber nur, wenn nicht gleichzeitig ein Pfarrcafé oder ein Parteiclub stattfand, die meist nur einmal in der Woche offen hatten. Zur Eröffnung im Herbst, zur Weihnachtsfeier, zum Faschingsfest und zum Abschluß des Clubjahres im Frühjahr kamen alle. Meist kamen auch viele Honoratioren, Bezirksräte, der Stadthauptmann, der Leiter des Magistratischen Bezirksamtes und Vertreterinnen der zuständigen Magistratsabteilung. Nach meiner Ansprache spielten junge Musiker, zu Weihnachten kamen Schulklassen und sangen Weihnachtslieder. Auf besonderen Wunsch sang ich dann doch das eine oder andere Wienerlied. Diese Veranstaltungen waren immer ein großes Ereignis. Leider kommen immer weniger alte Menschen in den Club. Die Stammgäste sterben weg, neue Gäste gibt es kaum und wenn doch jemand kommt, wird er vergrault, weil er nicht dazugehört. Heute kommen kaum noch zwanzig Leute und da stellt sich die Frage nach dem Sinn eines solchen Clubs. Lokalmiete, Heizung, Kaffee und Kuchen kosten den Bezirk ca. 180 000.–. Die Räume und die Sanitäranlagen sind instandzuhalten, die Küche verlangt hie und da ein neues Gerät. Die Personalkosten für die beiden Betreuerinnen werden vom Zentralbudget getragen. Trotz dieser hohen Kosten wird der Club wohl weitergeführt werden bis die letzte Besucherin gestorben ist.

Kindergärten und Schulen

Von den elf mir bekannten Kindergärten unterstehen dem Bezirk zwei. Wunderschön ist der Kindergarten am Rudolfsplatz. Er wurde von Friedrich Ohmann erbaut und galt um die Jahrhundertwende als der schönste Kindergarten Wiens. In den letzten beiden Jahren wurde er auf Bezirkskosten auf Hochglanz gebracht. Da die Bausubstanz so wertvoll ist, hatte das Bundesdenkmalamt einiges mitzureden, auch wenn dann die neuen metallenen Türstöcke um viel Geld wieder herausgerissen werden müssen. Aber andererseits zahlt der

Wiener Altstadterhaltungsfond nur mit, wenn es denkmalschützerische Auflagen gibt. Während der Bauarbeiten mußten die Kleinen mit Bussen in den 22. Bezirk geführt werden. Jetzt ist er fertig und wunderschön. Schön ist auch der dazugehörige Garten. Leider ließen nächtliche Eindringlinge Spritzen liegen und verunstalteten den Garten. Besonders aufgrund der spielenden Kleinkinder war dies eine sehr unangenehme Situation. Wir mußten den Zaun erneuern, wählten einen starken Zaun, der schwer zu überklettern ist. Nun ist Ruhe.

Auch im Ringturm gibt es einen außergewöhnlichen Kindergarten im letzten Stock mit eigenem Lift und schöner Dachterrasse. Hier steht eine Generalsanierung an.

In der Werdertorgasse gründete sich ein Kindergarten der Kinder-Company, der vor allem wegen seines pädagogischen Konzepts und der flexiblen Öffnungszeiten auf großes Interesse stieß. Inzwischen gibt es schon 15 derartige Kindergärten in ganz Wien. Auch der Kindergarten der Schottenpfarre gehört zu den wichtigen Einrichtungen des Bezirks. Zuerst von meinem Klassenvorstand, dann von meinem Chordirgenten betreut, mußte er seine Bedürfnisse gegen den sparsamen Pater Kämmerer durchsetzen. Spielmöbel aus dem Überschuß der Mittel der Bezirksfestwochen waren da sehr willkommen.

Anfang 1990 kamen Eltern zu mir, weil der Kindergarten in der Seilerstätte aufgelöst werden sollte. Die Caritas hatte ihr Studentenheim verkauft, ist es doch nicht Aufgabe der Caritas, ein solches zu führen. Die Eltern waren verzweifelt, weil die Kinder ihre Kindergartentante so liebten und beieinanderbleiben wollten. Der Plan, den Kindergarten in die Dompfarre ins Curhaus zu übersiedeln, wurde vom Dompfarrer begeistert aufgenommen, vom Pfarrgemeinde aber abgelehnt; es kann natürlich auch das Domkapitel gewesen sein. Da der Dompfarrer weiterhin bereit war, suchte ich ein anderes Quartier. Als ich im Bereich Salvatorgasse fündig wurde, ging ich begeistert zum Dompfarrer. Ein kurzer Blick auf die Karte machte all meine Hoffungen zunichte: Das Lokal lag im Gebiet der Schottenpfarre und die hatte schon einen Kindergarten. Ich begann einen anderen Betreiber zu suchen. Die Caritas ließ sich erweichen und führte den Kindergarten noch ein Jahr weiter. Es gelang mir, KIWI, „Kinder in Wien" für das Projekt zu interessieren. Manchmal ist es doch gut, wenn Parteien, in diesem Fall die ÖVP, soziale Einrichtungen betreiben. Ich wurde in die Rentabilitätsrechnung eines Kindergartens eingeweiht: Nur eine Gruppe ist unrentabel. Also suchte ich ein doppelt so großes Lokal und fand ein schönes in der Spiegelgasse. Nun galt es die Stadt dazu zu bringen, die Einrichtungskosten zu übernehmen. Als das endlich gelungen war, stand der Kindergarten in der Seilerstätte vor der Kündigung. Er mußte kurzfristig in der Himmelpfortgasse unterschlüpfen. Inzwischen waren viele Kinder dem Kindergarten entwachsen, daher hatte ich es auch mit anderen Eltern zu tun. Die, die mich in die Sache hineingehetzt hatten, waren längst stolze Eltern von Schulkindern. Im dritten Jahr konnte das Quartier in der Spiegelgasse bezogen werden. Alle waren zufrieden. Einige Jahre später gab es jedoch schon wieder Probleme. Der indexgesicherte Mietzins hätte eine Erhöhung des Kindergartenentgelts notwendig gemacht. Da der Hausherr von mir eine Zustimmung wollte und die Mieten inzwischen ohnehin gefallen waren, konnte ich eine entsprechende Reduktion erreichen. Groß war mein Erstaunen, als der neue Dompfarrer Faber an mich herantrat, weil er beabsichtigte, den Laternenumzug des Kindergartens über den Graben zur Michaelerkirche zu führen. Und am Besten wäre es, wenn „der Herr Bezirksvorsteher gleich als Heiliger Martin auf einem echten Pferd mitreiten könnte". Das wollte ich denn doch nicht, aber ich besorgte ein kleines Pony mit einer kleinen Reiterin, die den Heiligen Martin darstellte. Sie weigerte sich allerdings standhaft, den Helm des Heiligen Martin aufzusetzen. Vor der Michaelerkirche zerriß der Heilige seinen Mantel und legte den einen Teil dem frierenden Bettler um die Schultern. Nicht nur die Eltern, sondern auch das Fernsehen waren zufrieden. Ich stand im Hintergrund mit einem Nylonsack in der Hand, darin Besen und Mistschaufel für den Fall, daß das Pony mistete. Ich mußte aber glücklicherweise nicht einschreiten.

Spielplätze, Parks

Auch wenn zurecht behauptet wird, daß die Innere Stadt einen großen Anteil an Senioren aufweist, gibt es doch 1900 Kinder in der Inneren Stadt. Deshalb galt unsere besondere Aufmerksamkeit den Einrichtungen für diese so wichtige Bevölkerungsgruppe.

Neben den Kindergärten erhält der Bezirk auch zwei Horte, in denen die größeren Kinder nach der Schule Aufnahme finden, auf der Fischerstiege und in der Stubenbastei. Schön ist der Kontakt bei Gartenfesten und anderen außergewöhlichen Anlässen. Dort wird man noch mit offenem Herzen aufgenommen. Bei diesen Gelegenheiten erfährt man auch jene Kleinigkeiten, die man meist leicht erledigen kann.

DIE REALE MACHT EINES BV

Nicht auszutreiben ist den Bürgern, daß das Magistratische Bezirksamt und die Bezirksvorstehung zusammengehören. Alle halten mich für den Vorgesetzten der Magistratsbeamten. „Sagen Sie Ihren Beamten sie sollen ...“ hört man nahezu täglich. Nun ist das Leugnen dieser Tatsache eine zweischneidige Sache. Klärt man die Bürger allzu deutlich über die Wiener Verfassungsrealität auf, dann offenbart man die reale Machtlosigkeit. Schließlich hat der Bezirksvorsteher nach der Verfassung nur drei Möglichkeiten:

1. Er hat bei bestimmten Dingen ein Mitwirkungsrecht, das heißt, im Zweifelsfall entscheidet der Bürgermeister. Da dieser sein Entscheidungsrecht an die zuständigen Stadträte delegiert hat, entscheidet genau jener Mann, mit dem man gerade Differenzen hat, nämlich der zuständige Stadtrat. Hatzl und Swoboda nutzten diese Verfassungsrealität immer wieder. Zu guter Letzt geschieht, was der Stadtrat will. Manchmal konnte ich mich mit Zilk vorher einigen und damit den Stadtrat unterlaufen. Manchmal holte er mich zu Hilfe, wenn er seine Stadträte ausbremsen wollte.

2. Der Bezirksvorsteher ist anzuhören. In diesem Fall kann der entscheidende Beamte selbst den Einwand berücksichtigen oder verwerfen. Das geschieht allerdings selten. Normalerweise wird auch in diesem Fall der Stadtrat gefragt.

3. Der Bezirksvorsteher ist zu informieren. Das kann auch hinterher sein. In sehr vielen Fällen ist die Information im Nachhinein sogar die Regel. Insbesondere die Wiener Linien und die anderen Betriebe der Stadtwerke machen sich selten die Mühe, rechtzeitig zu informieren. Auf diese Weise können sie klarmachen, daß die Bezirksmeinung für sie unerheblich ist.

Es kann aber gefährlich sein, die Rechte nicht verfassungsgemäß auszuüben. Deshalb war zwischen mir und allen Beamten das korrekte Vorgehen die Regel. Auf diesem Weg konnte man über alles sprechen und jeder bekam die Chance, seine Meinung kundzutun. Wenn der Weg nicht eingehalten wurde, mußte jemand ein Machtwort sprechen – und das war in diesem Falle ich. Glücklicherweise herrschte aber während meiner Perioden große Loyalität. Nicht selten bekam ich von den Beamten einen „Zund", wenn Stadträte mich legen wollten. So manche Entscheidung, die der Stadtrat an mir vorbei fällen wollte, war mir längst bekannt. Das ganze Parkpickerl wäre ohne diese Loyalität undenkbar gewesen. Selbst die Beamten der MA 4 suchten bald den Konsens, obwohl sie von ihrem Stadtrat einen gegenteilige Auftrag hatten. Konsequente Verhandlungspositionen, Freundlichkeit und Hartnäckigkeit führen fast immer zum Ziel.

Interventionen

Trotz der verfassungsmäßigen Machtlosigkeit ist der Glaube an den großen Einfluß des Bezirksvorstehers nicht auszurotten. Vor allem, wenn die Sache längst entschieden ist, kann offenbar nur mehr der Bezirksvorsteher helfen. Da war etwa der Unternehmer, dessen Betrieb gerade illiquid wurde. Er hatte große Sorgen und vergaß die Aufforderungen des statistischen Zentralamtes, die ihn aufforderten, die Volkszählungsdaten bekanntzugeben. Er bekam eine Strafe, dann noch eine und schließlich eine dritte. Eineinhalb Jahre später, die Sache war längst vergessen, stand der Exekutor vor der Tür um 9000.– S einzutreiben. Er bat mich um Hilfe. Ich telefonierte mit der strafenden Behörde und der Stadtkasse. Es waren nicht weniger als 15 Schreiben entweder nicht behoben worden oder unbeantwortet geblieben.

Alles war rechtskräftig. Ich konnte nichts machen. Die Stadtkasse war endlich bereit, zumindest eine Teilzahlungsvereinbarung zu schließen. Ich rief den Unternehmer an, erklärte die Situation. Er erklärte kühl, die 9000.– S seien für ihn pea nuts. Da ich nichts erreicht hatte, würde er mich eben nicht mehr wählen.

Ähnlich war der Fall einer Salzburgerin, die das Mietrecht an der Gemeindewohnung ihrer Mutter behalten wollte. Ihr Anwalt war mit seinem Einspruch in ihrem Namen längst gescheitert. Die Sache war eindeutig und daher aussichtslos. Zu allem Überfluß erreichte sie mich erst Freitag nachmittag, als das Sekretariat längst geschlossen und auch alle anderen Dienststellen im Wochenende waren. Montag würde der Möbelwagen kommen. Die Dame war wenigstens einsichtig. Auch mit dem Entzug der Wählergunst drohte sie nicht. Das wäre auch sinnlos gewesen, Salzburger sind in Wien nicht stimmberechtigt, auch wenn die verstorbene Mutter Wienerin gewesen ist. Das Skurrile an diesem Fall ist, daß die Sozialdemokraten eine Woche später im Wahlkampf die Vererbbarkeit von Gemeindewohnungen verfügten. Dieses Wahlzuckerl kam für die Salzburgerin zu spät.

STAATSBESUCHE

Jedem Staatsbesuch gehen umfangreiche Vorgespräche voraus. Das genaue Protokoll und der Ablauf des Besuches müssen geplant werden. Über 30 Vertreter des Außenamtes, der Polizei, der Verkehrsorganisation, des Flughafens, der besuchten Bundesländer und des Bezirks besprechen die Angelegenheit unter Leitung der Präsidentschaftskanzlei. Unter Waldheim war der Bezirk manchmal geladen, manchmal auch nicht. Da Bezirksprobleme kaum betroffen waren, war die Ladung auch ohne Bedeutung.

Das änderte sich, als der neue Bundespräsident Klestil einen Stadtspaziergang mit seinen Gästen machen wollte. Absperrungen, Tribünen für Fotografen, die genaue Route und viele andere Einzelheiten mußten festgelegt werden. Ich wirkte nach Kräften mit, begleitete die hohen Herrschaften und wurde zum Dank zum Staatsbankett eingeladen.

Arpad Göncz

Nahezu gemütlich verlief der Besuch des ungarischen Präsidenten. Er war ohne First Lady gekommen. Es regnete in Strömen. Die Begleitung und die Sicherheitskräfte waren beschäftigt, die Schirme zu halten. Sehr schnell und völlig durchnäßt erreichten wir den Stephansdom. Daher war ausnahmsweise etwas mehr Zeit, die Schönheiten des Domes zu zeigen und dezent darauf hinzuweisen, daß der Namenspatron Stephan der Märtyrer und nicht der ungarische Nationalheilige St. Istvan ist.

Viel komplizierter waren die Vorbereitungen für den Besuch des spanischen Königspaares. Das Komitee der Grabenkaufleute wollte den Graben beflaggen. Leider waren nach Aussage der MA 33 die Lichtmaste zu schwach um zusätzlich Fahnen aufzunehmen. In der kurzen Vorbereitungszeit konnte ich weder ein Gutachten veranlassen noch die Maste verstärken. Die Flaggen zierten die Auslagen.

Der Spaziergang war von der Präsidentschaftskanzlei für 9.30 Uhr angesetzt worden, unmittelbar nach dem Besuch der Schatzkammer. Polizei und Bezirk hatten die größte Mühe klarzumachen, daß vor 10.30 Uhr an ein Freiräumen der Fußgängerzone nicht zu denken sei. Ein Verbieten der Ladetätigkeit hätte unabsehbare rechtliche und faktische Schwierigkeiten gebracht. Endlich gelang es, eine Verschiebung auf 10.30 Uhr zu erreichen.

Wegen der Basken waren die Sicherheitsvorkehrungen sorgfältig vorbereitet worden. Ein Baukran wurde von der Wega besetzt, an den vier Ecken des Krans waren Scharfschützen postiert. Wo die hinschießen sollten, blieb mir schleierhaft, weil der Kohlmarkt mit tausenden Schaulustigen gefüllt war. Die Abschreckung war aber offenbar groß genug. Es gab keinen Anschlag.

Das Königspaar kam im Auto. Klestil wartete vor dem Michaelertor, die Spanier stiegen vor der Michaelerkirche aus, noch dazu auf der falschen Seite. Die Fotografen mußten über das Auto hinweg fotografieren. Das ergab aber ein hinreißendes Foto, auf dem sich die Hofburg im Autodach spiegelte. Als Klestil eintraf, wollte der Troß Richtung Kohlmarkt abmarschieren. Vorerst war aber ein Kurzbesuch im Looshaus vorgesehen. Oberst Hanisch dirigierte seine Truppe um, das war nicht das Problem. Die spanischen Sicherheitskräfte drehten durch, als eine alte Spanierin ein Autogramm wollte. Als sie auch noch aus dem Looshaus ausgesperrt blieben, vermuteten sie sofort einen Entführungsversuch. Zumindest führten sie sich so auf.

Der übrige Spaziergang verlief harmonisch, obwohl ziemlich schnell klar wurde, wer beim Königspaar das Sagen hatte. Ich ging neben der Königin. Sie dirigierte das Tempo und sorgte für die richtige Position vor den Fotografen. Als wir sie zur Firma Heldwein geleiten wollten, fragte sie: „Juwelier?", als ich bejahte kam ein klares „No". Und damit war die Sache erledigt. Dabei hatte die Familie Heldwein alles getan, um zu zeigen, daß sie Hoflieferanten des Onkels des Königs gewesen seien.

Die Autos warteten in der Seilergasse auf den König und in der Spiegelgasse auf die Königin. Ich geleitete sie zu ihrem Wagen, sie stieg ein, der Wagen fuhr an und hielt wieder. Sie stieg aus und sagte: „Ich habe mich bei ihnen nicht für ihre Begleitung bedankt." Das ist wahrhaft königliche Höflichkeit. Ich revanchierte mich mit einem Wiener Handkuß.

Das norwegische Königspaar

Weniger hektisch und viel routinierter verlief der Besuch des norwegischen Königspaares. Eine kleine Verzögerung entstand, als die Führerin, die uns durch den Dom führte, versuchte, wenigstens einen Teil ihres umfangreichen Wissens zu zeigen. Ich habe mich gefragt, ob diese Blitzführungen wirklich Sinn machen.

Bundespräsident Herzog

Die Vorbesprechung leitete zum ersten Mal Botschafter Johannes Kyrle. Präsidialchef war Georg Hennig. Beide hatten noch keinen Stadtspaziergang organisiert. Die anderen, wie etwa Hans Magenschab ließen die beiden offenbar auflaufen.

Nach der Besprechung über die Ankunft am Flughafen und die Wichtigkeit des roten Teppichs wurde über das Staatsbankett diskutiert. Die Frau des deutschen Bundespräsidenten hatte eine Allergie und konnte nicht alles essen. Das war bekannt und wurde berücksichtigt. Dem Tross gehörte trotzdem ein Koch an, der die vorzulegenden Speisen kontrollieren sollte. Dann kam es zur Besprechung des Wientages. Wie schon die Norweger sollte auch das Ehepaar Herzog von der Schatzkammer abgeholt werden und dann über den Kohlmarkt und dem Graben zum Jüdischen Museum in die Dorotheergasse gehen. Nach langen Diskussionen, wo die Photographen in der Schatzkammer photographieren dürfen ließ ich die Bombe platzen: Der Spaziergang kann keinesfalls zum vorgesehenen Zeitpunkt durch die Fußgängerzone führen. Bis 10 Uhr 30 herrscht dort das übliche Ladechaos. Zuerst versuchte man, die Exekutive dazu zu bringen, mit Einfahrtsverboten und Sicherheitswachebeamten zu räumen. Das wurde aber wie schon bei den vorangegangenen Besuchen als undurchführbar zurückgewiesen. Ich schlug vor, zuerst über Reitschulgasse und Josefsplatz zum Jüdischen Museum zu gehen und dann über Graben und Kohlmarkt zurück. Demel und Looshaus bildeten den Höhepunkt. Das Lugnergerüst bei einer Baustelle sollte abgebaut werden. So stellten sich zumindest die Diplomaten das vor. Im Direktgespräch versprach mir Richard Lugner, das Gerüst auf ein Minimum abzubauen und den Rest ordentlich herzurichten.

IM FADENKREUZ DER JOURNALISTEN

Medien – Seitenblicke

Als ich Bezirksvorsteher geworden war, wurde ich von meiner Cousine, die im Seitenblicketeam arbeitete, mit den Worten begrüßt: „Jetzt bist du auch prominent." Da sie mir Jahre vorher geschildert hatte, mit welchen Tricks Menschen und Institutionen versuchten, in die Seitenblicke zu kommen, hielt ich mich zurück. Meine Cousine erwähnte mich in den 13 Jahren kein einziges Mal. Da ich sehr viel unterwegs war und mir zu jedem Thema eine Bemerkung einfiel, wurde ich sehr oft vor die Kamera geholt, ohne daß ich mich dazu drängte. Meine Frau ist hier anderer Ansicht und meint, ich hätte mich immer auffällig unauffällig verhalten. Wie auch immer, mit der Zeit wurden die Interviews seltener. Wahrscheinlich hatte ich mich abgenützt.

Auch Michael Jeannée von der Neuen Kronen Zeitung erwähnte mich das eine oder andere mal. Wie oft fiel mir erst auf, als ich sein Erinnerungsbuch kaufte. Er ist einer der wenigen, der sich auch in jener Wiener Gesellschaft bewegen kann, die nicht in die Seitenblicke und die Gesellschaftsspalten drängt. Seine Kommentare haben deshalb einen distanziert ironischen Unterton, der den Reiz dieser Spalte ausmacht.

Ro Raftl im Kurier hat es vermieden mich zu nennen, weil sie böse war, daß das letzte Bombenloch in der Färbergasse mit meiner Zustimmung verbaut wurde. Sie hat angeblich seither weniger Licht in der Wohnung.

Die Bedeutung der Medien für die Tätigkeit war mir von Anfang an klar. Ich bemühte mich um ein gutes Verhältnis zu den einzelnen Journalisten. Rückblickend kann ich feststellen, daß es nie notwendig war, einen Journalisten besonders zu hofieren oder ihn mit kleinen Geschenken bei Laune zu halten. Geburtstags- und Weihnachtsgrüße sind selbstverständlich, auch wenn sie manchmal in die falsche Kehle geraten, wie etwa bei Herbert Hufnagl. Ich hatte die Geburtstagsliste von meinem Vorgänger übernommen und noch nie persönlich mit ihm Kontakt. Er fühlte sich offenbar als Mitglied einer anonymen Liste und machte sich über die Automatik der Grüße lustig. Da ich seine Glossen mit großem Vergnügen lese, werde ich ihm auch aus der Pension Glückwünsche schicken. Vielleicht läßt er sich überzeugen, daß die Wünsche ehrlich gemeint sind.

Bei den großen Tageszeitungen bestimmten Dr. Strasser und Karl Bina sowie Herr Krause das journalistische Geschehen. Mit allen verband mich ein sachliches, korrektes Verhältnis. In letzter Zeit gerät die Bezirksberichterstattung immer mehr in die Hände von jungen freien Mitarbeitern. Für die ist es natürlich wichtig, jederzeit an Material heranzukommen, deshalb hatte ich immer einen Notizblock mit möglichen Themen vor mir liegen. Wer mich anrief konnte sicher sein, ein Thema für seinen nächsten Artikel zu bekommen.

In der Presse habe ich nach wie vor gute Kontakte zu Hans Werner Scheidl. Seine leicht distanzierte ironische Art hat mich immer angesprochen. Auch Ali Fieber war für alle Innenstadtprobleme offen. Dabei kam mir zugute, daß die Redaktion am Parkring situiert ist. Auf dem Weg in die Redaktion oder nach Hause fielen dem Chefredakteur und den Journalisten viele Probleme auf. Thomas Chorherr, der nicht nur im Bezirk arbeitete, sondern auch nach wie vor wohnt, ist ein besonderer Liebhaber der Inneren Stadt. Für Einzelheiten offen ist er von einer gefaßten Meinung kaum mehr abzubringen.

Wenig Interesse an der Bezirksarbeit hat der Standard, obwohl er seine Redaktion zuerst kurzfristig am Passauerplatz, dann am Michaelerplatz und jetzt in der Herrengasse hat.

Auch für den ORF spielen Bezirksthemen nur eine untergeordnete Rolle. Nur selten sind kontroverse Themen gefragt. Am liebsten ist es den Programmgestaltern, wenn man auf die eigene Partei losgeht. Streit um Sachthemen werden gerne auf die Parteiinstitutionen zugeschnitten oder als persönlicher Streit abgetan. Zuletzt ist mir das bei der „Autobusfrage" vor dem Museumsquartier passiert. Es gab lange sachliche Diskussionen, die von extremen Meinungen beherrscht wurden. Einerseits „Die sollen mit der U-Bahn kommen", bis zu „Das ganze Schmerlingviertel muß dem wunderbaren Museumsquartier zur Verfügung stehen". Weder den ideologischen Wurzeln der Busfahrerfeinde, noch den hemmungslosen Befürwortern des Fremdenverkehrs konnte man medial entgegentreten. Kein Medium war bereit, der Ausarbeitung eines vernünftigen Busparkplanes entsprechenden Raum zu geben. Es kam, wie es kommen mußte, statt einer Bus-Ein- und Aussteigstelle befindet sich auf der Zweier-Linie nun ein Radweg. Aber die rote Bezirksvorsteherin Zimmermann, die sich für den Radwerg so stark gemacht hat, wurde von den Wählern nicht wieder gewählt. Jetzt gibt es im 7. Bezirk den ersten grünen Bezirksvorsteher in der Geschichte dieser Stadt.

Da es aber auch auf Bezirksebene Probleme gibt, die etwas komplexer sind, ist es gut, daß es Einrichtungen wie die „Perspektiven" gibt, die von der Stadt Wien herausgegeben werden. Aber auch dort wird eher Hofberichterstattung gepflegt als echte Auseinandersetzung. Im übrigen bleibt die politische Auswirkung dieses aufwendig gemachten Magazines unter der Wahrnehmungsgrenze. Einfluß haben heute kurze Botschaften. Deshalb ist es manchmal notwendig, Themen zu verkürzen. Jeder, der sich mit komplexen Problemen befaßt weiß, daß Verkürzungen immer inhaltlich falsch sind. Nicht immer geht das so gut wie bei der EU-Abstimmung, wo zumindest das Wahlergebnis aus meiner Sicht erfreulich ist. Daß viele Menschen derzeit enttäuscht sind, liegt vor allem darin, daß sie in die damalige Verkürzung der Argumentation eigene Argumente, Hoffnungen und Wünsche eingebaut haben. Die gehen natürlich derzeit nur zu einem geringen Teil in Erfüllung. Das drückt sich auch in der Stimmung aus. Die derzeitige Entwicklung der Einstellung der Menschen zu den politischen Entscheidungsträgern, die es immer gegeben hat, diese Politikerverdrossenheit, wandelt sich immer mehr zu einer allgemeine Politikverdrossenheit. Sie findet ihre Ursache nicht nur im medialen Teufelskreis: was einfach ist, verkauft sich besser, weil es sich besser verkauft, muß ich noch einfacher werden, sondern auch in der simplen Tatsache, daß es den Menschen so gut geht, daß jede Veränderung als unangenehm empfunden wird. Wenn dann ein Politiker kommt und wirklich was ändert, dann löst er Verunsicherung aus und wer ist schon gerne verunsichert. Das erweist sich nicht nur im Großen, sondern auch in der kleinen Bezirkspolitik. Jeder wünscht sich die Lösung seiner Probleme, wenn sich die Politiker jedoch etwas einfallen lassen, schreien die Wähler „so nicht“. Diese Haltung der Wähler enttäuschte mich in der Gemeinderatswahl 1997. Ich hatte mir einen Erfolg nach der Einführung des Parkpickerls erwartet. Ich wußte natürlich, daß der Wähler vor allem nach seinen Zukunftserwartungen entscheidet. Dieses rationale Wissen war aber doch überlagert von der irrationalen Hoffnung, daß der Wähler auch dankbar ist.

Wichtig sind auch die Bezirksmedien. Mit den Redakteuren der nur vier bis achtseitigen Journale, die an und für sich der roten Reichshälfte nahestehen, verstand ich mich gut. Ich konnte auch meine eigenen Formulierungen ohne Probleme unterbringen. Im Bezirksjournal hatte ich da schon größere Probleme, weil der zuständige Redakteur nur an Auseinandersetzungen interessiert war. Aber auch das war nicht unangenehm, weil ich dadurch zeigen konnte, daß hinter meinem kompromißbereiten Auftreten durchaus auch Durchsetzungsqualitäten stecken.

Deregulierung

Wenn ich die Diskussion um die Verwaltungsreform auf Bundesebene verfolge, überkommt mich immer das Gefühl einer verzweifelten Ironie. Denn selbstverständlich beobachte ich das Überhandnehmen der staatlichen Eingriffe. Blicke ich allerdings auf meine eigene Tätigkeit zurück muß ich feststellen, daß ich entgegen meiner eigenen grundsätzlichen Einstellung ein kräftiger Regulierer war. Vergleichsweise harmlos ist dabei die Wiedereinführung des Verbotes des organisierten und agressiven Bettelns. Mehr bürokratischen Aufwand bringt schon die Musizierverordnung. Bei den zahlreichen Bestimmungen rund um die Fiaker wiehern nicht nur die Fiakerpferde, sondern auch der Amtsschimmel. Die Krönung meiner Regulierungswut war sicher die Einführung des Parkpickerls. All diese Regulierungen mußten eingeführt werden, weil viele Menschen das Gleiche tun wollten. Solange vier Gruppen in der Kärntner Straße hie und da musiziert haben, war keine Regelung notwendig. Erst als es acht Gruppen wurden, die täglich, sommers und winters, am selben Ort ihr kurzes Repertoire darboten, waren die Anrainer belastet. Und als die Anzahl auf bis zu zwanzig anwuchs, war Regelungsbedarf gegeben. Solange es 37 Fiaker gab, regelten diese alles untereinander. Erst als die Zahl wuchs und wuchs, verlangten nicht nur die Bewohner, sondern auch die Fiaker selbst eine Regelung. Solange es in Wien 300 000 Pkw gab, war keine Regelung über die Straßenverkehrsordnung hinaus erforderlich. Erst als die Zahl auf fast 700 000 gestiegen war und es in der Innenstadt eine katastrophale Parkplatznot gab, überlegte man, den funktionslosen Berufspendelnverkehr auszuschließen. Daraus entstanden eine Fülle von Vorschriften und Ausnahmen für Bewohner, Geschäftsleute und Arbeitnehmer. Jede einzelne Ausnahme hat natürlich ihre Berechtigung und ist wohl überlegt und lang erkämpft, aber auch bekämpft worden. Und jede Ausnahme verlangt Überwachung, jede Überwachung verlangt Beamte. Eine neue Bürokratie war entstanden.

Wie man sieht, werden auch begeisterte Deregulierer in unserer komplexen Gesellschaft zu bürokratischen Regulierern.

Die Bombe

Als Bürgermeister Zilk am 3. Dezember 1993 aus Zürich zurückkam, öffnete er wie immer seine Post, die ihm aus dem Rathaus in die Wohnung nachgeschickt wurde. Dabei explodierte eine Briefbombe, die ihm Großteile der linken Hand wegriß. Ich wurde sofort verständigt und fuhr ins AKH. Der Zustand des Patienten war anfangs kritisch. Stadtrat Rieder und Vizebürgermeister Mayr waren schon anwesend. Da ich im Spital wenig helfen konnte, fuhr ich in die Naglergasse und beobachtete die Kriminalisten bei der Spurensuche. Auf Veranlassung der verzweifelten Ehefrau Dagmar Koller wurde auch nach Resten der Hand gesucht. Man wollte ja die Hand des Bürgermeisters wieder herstellen. Die Bombe muß eine ungeheure Kraft entwickelt haben. Blutspuren gab es auch an den Vorhängen der Nebenzimmer. Leider wurde nichts gefunden. Verzweiflung und Wut über den heimtückischen Anschlag erfüllte uns alle.

Auch daß der Täter gefaßt und seinem gerechten Urteil zugeführt wurde, macht die Sache nicht ungeschehen. Es wäre schön, müßte der Altbürgermeister nicht seine linke Hand in Krawattenseide hüllen.

van Fleck

Zu meinen Pflichten gehörte es auch, älteren Ehepaaren zu ihren goldenen Hochzeit zu gratulieren. Ein besonderes Ereignis aber ist eine Diamantene Hochzeit. So lernte ich das Ehepaar van Fleck kennen. Bald darauf kam die Ehefrau ins Spital und verstarb dort nach monatelangem Leiden. Der Ehepartner blieb bei ihr im Spital. Nach ihrem Tod wurde er im Spital festgehalten, weil ihn der Lebensmut verlassen hatte. Er kam nur tagsüber in seine Wohnung. In dieser Situation hatte der Hausherr nichts besseres zu tun, als ihn wegen Nichtbenutzung der Wohnung zu kündigen. Nach meiner Meinung war diese Kündigung nicht durchzusetzen. Das belastete aber den inzwischen 93-jährigen schwer. Er war von den Nazis verfolgt worden und 1947 wieder nach Österreich zurückgekehrt. Bisher hatte er mit einem Gericht nichts zu tun. Als er sich an mich wandte, verschaffte ich ihm die Hilfe eines Rechtsanwaltes und schrieb an den Hauseigentümer. Darin riet ich zum Zurückziehen der Kündigung, insbesondere weil noch gar nicht klar war, ob Herr van Fleck je wieder in seine Wohnung zurückkehren konnte. Der Hausherr, eine in Österreich sehr angesehene große Firma, betrieb die Kündigung weiter und behauptete, auch der Bezirksvorsteher meine, daß Herr van Fleck nie wieder in seine Wohnung zurückkehren würde. Zehn Tage vor dem Gerichtstermin fragte mich am Ende eines längeren Gespräches Altbürgermeister Zilk, ob er etwas für mich tun könne. Ich schilderte ihm den Fall. Als Ombudsmann der Krone schaltete er schnell. Seine Redakteurin ließ sich von mir die Unterlagen liefern und nahm mit dem Hausherrn Kontakt auf. Inzwischen hatte sich auch Herr van Fleck wieder bei mir eingefunden und ich versuchte ihn zu trösten. Ich war eher wütend, als meine Sekretärin ein Telefongespräch durchstellte, weil ich angeordnet hatte, mich bei Gesprächen nicht zu stören. Sie hatte aber richtig kombiniert. Am Telefon war der Prokurist des Hausherrn, der natürlich jede Form der Veröffentlichung vermeiden wollte. Die Kündigung war schon zurückgezogen. Herr van Fleck wohnt heute noch in der Singerstraße. Bei Schönwetter kann man ihn am Graben sitzen sehen.

Kai-Palast

Als mich der Chef des Meinungsforschungsinstitutes Fessel und GFK anrief und mich fragte, wie lange er noch am Franz Josefskai in seinem Büro bleiben könne, erfuhr ich zum ersten Mal, daß die Versicherungsgesellschaft Zürich Kosmos beabsichtigte, ihr Haus abzureißen und durch einen Neubau zu ersetzten. Kurz darauf erschienen schon die ersten Zeitungsartikel, in denen auf die Schönheit des Hauses hingewiesen wurde und wie schade es sei, daß es nun abgerissen werden solle. Ungeschickterweise war der Abbruchantrag auch von einem ÖVP-Bezirksrat, in seiner beruflichen Funktion als Architekt, eingebracht worden.

Zürich Kosmos lud nun auf mein Anraten den gesamten Bauausschuß des Bezirkes zu einer Besichtigung. Die Bezirksräte waren alle über den Bauzustand entsetzt, waren aber nicht bereit, einen entsprechenden Beschluß zu fassen. Als nun um den grünen Agitator Fuchs eine Bürgerinitiative entstand, schlug sich die Freiheitliche Partei sofort auf die

Seite dieser Initiative. Aus dem Bürohaus mit seiner interessanten Fassade wurde bald der „Kai-Palast“. Um die Fassade ist es wirklich schade.

Es wurden mehrere Gutachten und Gegengutachten eingeholt, schließlich aber doch auf Abriß entschieden, weil die Renovierung des Hauses allzu teuer gekommen wäre. In diesem Fall war ich durchaus froh, in die Entscheidung nicht eingebunden gewesen zu sein. Ein Bezirksvorsteher hat im Abbruchverfahren nicht gehört zu werden. Es bleibt zu hoffen, daß der Neubau den architektonischen Ansprüchen der Innenstadt entspricht.

Bälle

Der Wiener Fasching ist ohne die zahlreichen Ballveranstaltungen undenkbar. Zahlreiche Vereine veranstalten etwa 150 Bälle, die im offiziellen Ballkalender aufscheinen. Rechnet man die kleinen Pfarrfeste und sonstige Ballveranstaltungen dazu, werden in einer Saison an die tausend Bälle in Wien stattfinden. Je nach Länge des Faschings bedeutet das eine ziemlich anstrengende Zeit für einen Bezirksvorsteher. Ich war von Anfang an bereit, Bälle zu besuchen und dort entsprechend zu repräsentieren. Zumindest die Veranstalter freuen sich, Politiker zu sehen.

Darüberhinaus sollte man die Bedeutung der Ballveranstaltungen für die Entscheidungsfindung in Politik und Wirtschaft nicht unterschätzen. Ballveranstaltungen haben gegenüber dem Heurigen den Vorteil, daß man viele Leute ungezwungen trifft, ohne sich dabei, womöglich durch Hinsetzen, allzu lange aufzuhalten, und Probleme andiskutieren kann, wegen denen man nie um einen Termin für ein Gespräch ansuchen würde. Es ist für beide Seiten auch leicht das Gespräch abzubrechen, ohne daß einer der beiden Gesprächspartner sein Gesicht verliert. Muß man beim betreffenden Wirtschaftskapitän oder Minister um einen Termin einkommen, dann läuft alles unter ganz anderen Vorzeichen. Unter diesem Gesichtspunkt hat es kaum Ballveranstaltungen gegeben, in denen ich nicht Problemlösungen initiiert oder von Bürgern auf sinnvolle Problemlösungen angesprochen wurde. Nützlich ist auch so manches Gespräch, wenn man einander dabei näher kommt, und die Sympathie dann zum Tragen kommt, wenn man einander später in einem Entscheidungsgremium begegnet. So fand mein erstes lockeres Gespräch mit Helmut Zilk und Dagmar Koller auf einen Ball der Wiener Philharmoniker statt.

Einer der unterhaltsamsten Bälle war für mich der Ball der Kriminalbeamten der Inneren Stadt. Besucher waren neben den Kriminalbeamten vor allem jene Gastronomen, die für die nächtliche Belebung der Innenstadt sorgen. Sie spendeten nicht nur Jongleure und Stipteasetänzerinnen, sondern auch genug Geld für den Wohlfahrtsfonds der Personalvertretung. Bei meinem ersten Besuch wurde ich sofort an die Bar verschleppt und getestet. Ich wählte Wodka für dieses Duell „Einer gegen alle". Nach dem vierten Stamperl erflirtete ich mir bei der Bardame, die wußte, was gespielt wurde, daß die Nachfüllung aus Woda statt aus Wodka bestand. Russen wissen, daß Wodka nur die Verkleinerungsform von Woda, Wasser ist. Ich trank also Wasser, während alle anderen der Meinung waren, mich unter den Tisch zu saufen. Kritisch wurde die Situation, als sich meine Frau dazugesellte und von meinem Wodkaglas einen Schluck nahm. Nur ein Tritt gegen das Schienbein konnte sie davon abhalten, mich zu verraten. Meine Trinkfestigkeit stand aber seither außer Zweifel.

Wenn der Aschermittwoch sehr früh ist, häufen sich an einem Samstag manchmal drei bis vier Termine, weil nicht nur die großen Bälle in der Hofburg oder im Musikverein besucht sein wollen, sondern auch die Parteibälle der benachbarten Bezirke, meist die einzige Gelegenheit, mit vielen Funktionären in Kontakt zu kommen. In einem extrem kurzen Fasching ergibt sich die Gelegenheit, den Veranstalter um Verständnis zu bitten, daß man gerade heuer nicht kommen kann. Wenn man das bei allen fünf Veranstaltungen eines Faschingsamstags macht, hat man einen freien Samstag gewonnen.

Im Sommer muß der Heurige diese Funktion übernehmen. Er hat aber einige kleine Nachteile. Man sitzt meistens einen Abend lang an einem Tisch. Alkohol verhilft zwar zur größerer Lockerheit, nach dem dritten Viertel wird es aber eher kontraproduktiv für ernsthafte Gespräche. Wobei in den letzten Jahren Wein- und Schnapsleichen eher selten geworden sind. Auch der Brauch, für jeden Anwesenden noch ein „Fluchtachterl" zu spendieren, gerät immer mehr in Vergessenheit. Aus bezirksegoistischer Sicht ist zu betonen, daß die meisten Ballveranstaltungen im ersten Bezirk stattfinden, die Heurigen aber eher in den Randbezirken situiert sind.

Natürlich werden auch die Innenstadtbeisl zur Ordination für eine individuelle Seelenmassage. Insbesonders bei den Nachsitzungen mit Politikerkollegen zieht man nicht nur über Abwesende her und schimpft über die weiter oben, sondern es kommt auch zu durchaus heilsamen Klärung emotionaler Zustände. Schließlich gibt es nicht nur eine Politikverdrossenheit der Bewohner, sondern auch eine Politikverdrossenheit der Politiker.

Wettbewerb ÖGB-Häuser

Zwischen Hohenstaufengasse und Wipplingerstraße befinden sich zwei Häuser, die die Zentrale des Österreichischen Gewerkschaftsbundes beherbergen. Da das eine Haus aus der Gründerzeit, das andere aber ein Bau aus den 50iger Jahren ist, entstehen allein schon aus den verschiedenen Geschoßhöhen unüberwindliche Hindernisse, um von einem Haus ins andere zu gelangen. Die Arbeitszimmer und Sitzungssäle entsprechen kaum den Anforderungen, die heute an einen Büroarbeitsplatz gestellt werden. Deshalb lag es nahe, beide Häuser abzureißen und ein neues Haus zu bauen.

Als man mir davon berichtete, wies ich sofort darauf hin, daß seit der Wohnzonennovelle ein Neubau zu 80 % der Geschoßfläche über dem Erdgeschoß nur Wohnungen beherbergen dürfe. Diese durchaus sinnvolle Vorschrift ist sicher gut gemeint, in der Realität aber eine schwere Belastung, weil es keine Ausnahmerichtlinien gibt. Auch Private können nur schwer akzeptieren, daß sie ein altes Bürohaus in den Schutzzonen Wiens nicht durch ein neues ersetzten dürfen. In der Realität zwingt man so die Institutionen und Firmen, sich auf der grünen Wiese anzusiedeln. Damit wird aber die Verkehrsproblematik Wiens noch vergrößert. Der ÖGB wollte den Neubau unbedingt und wollte nicht einsehen, daß er auch den Gesetzen des Landes unterworfen ist.

Man veranstaltete einen Wettbwerb und lud mich in die Jury. Es gab einige sehr interessante Vorschläge. Mich erstaunte nur, daß der Bauherr bei jeder Jurysitzung von anderen Personen vertreten wurde. Offenbar wollte kein Verantwortungsträger an der definitiven Entscheidung teilnehmen, weil jeder im Innersten wußte, daß der Bau von Büropalästen kaum auf die Zustimmung der Mitglieder stoßen würde. Der Wettbewerb wurde beendet. Die Sieger kassierten ihre Prämie. Seither ist es ruhig um den Neubau geworden.

DER GANG IN EIN FREIERES LEBEN

Die Wahl 1997

Es war dies eine Wahlauseinandersetzung, von der ich mir sehr viel erwartet hatte. Schließlich hatte ich nach 14 Jahren Kampf, gegen den Willen der Rathausmehrheit durch geschicktes Taktieren und Auseinanderdividieren der sozialdemokratischen Spitzenpolitiker, sogar das Parkpickerl durchgesetzt. Auch mit den erwarteten Schwierigkeiten glaubte ich gut fertig geworden zu sein, aber natürlich wußte ich, daß der Wähler die Zukunft wählt und nicht Dank für vergangene Leistungen sagen will.

Ich trat mit Bernhard Görg als Wiener Landesparteiobmann und Spitzenkandidat zur Wahl an. Er war mein vierter Parteiobmann und noch bei jeder Wahl hatte ich leider nicht an Stimmen dazugewonnen, wenn auch wesentlich weniger verloren als die Parteiobmänner bei den Gemeinderatswahlen. Die Wähler honorierten nicht nur im 1. Bezirk den Einsatz der schwarzen Bezirksvorsteher. Auch 1997 hatten die Bezirksvorsteher ihren Vorsprung vor dem Gemeinderatsergebnis vergrößert, mein Vorsprung von fast 800 Stimmen war durchaus ansehnlich. Trotzdem hatte ich im Vergleich zu 1993 mehr verloren als der Gemeinderat. Die Siegesfeier nach dem Ergebnis von 1997 verlief daher in sehr gedämpfter Stimmung. Ich hatte zwar noch immer doppelt soviel Mandate wie die nächststärksten Parteien SPÖ und FPÖ mit je acht Mandaten, aber statt das eine Mandat zur absoluten Mehrheit wieder zu gewinnen, hatte ich drei Mandate verloren.

Trotzdem wurde ich nach der Wahl 97 in das Team für die Koalitionsverhandlungen mit den anderen Parteien berufen. Ich verhandelte intensiv im Rathaus und bilde mir ein, einen großen Anteil daran gehabt zu haben, daß wir das Kulturressort erhielten. Dabei entglitt mir aber die Situation in der Bezirkspartei. Dort versuchte man, mich ebenso wie meine Kollegin Emmerling vier Jahre später, zu demontieren. Das mißlang zwar, aber ich mußte den Parteiobmann der Innenstadt abgeben. Dieses Verhalten meiner Parteifreunde und die Wahlenttäuschung veranlaßten mich, schon 1999 meine Freunde aufzufordern, rechtzeitig einen Nachfolger aufzubauen. Ich tat das auch mit dem Hintergedanken, bei der Wirtschaftskammerwahl 2000 zu kandidieren und von 2000 bis 2005, das heißt bis zu meinem 65. Lebensjahr, in der Kammer zu arbeiten. Dieses Angebot wurde von der Kammer mit schmeichelnden Worten abgelehnt und von anderen schweigend übergangen. Gleichzeitig mußte ich aber aus wahltaktischen Gründen weiterhin als unbestrittener Spitzenkandidat agieren. Als die Entscheidung meiner endgültigen Nominierung von Monat zu Monat und von Sitzung zu Sitzung hinausgeschoben wurde, wurde mir klar, daß eine Wiederkandidatur nicht ohne Schwierigkeiten zu erreichen war. Auch die hilfreichen Worte meines Parteiführers Görg „Die haben ja keinen konsensfähigen Spitzenkandidaten" beruhigten mich nicht wirklich. Als man dann noch innerhalb der Bezirkspartei einige Schmalspurintrigen startete, wußte ich, was es geschlagen hatte. Ich entkräftete zwar alle Vorwürfe, doch meine Bereitschaft, mit diesem Intrigantenstadl weiter zu arbeiten, war gesunken. Als mich auch wirkliche gute Freunde fragten „Hast du das notwendig?", entschloß ich mich in aller Ruhe zum Rückzug. Mitentscheidend war zweifellos auch, daß sich meine Frau entschloß, den Betrieb in der Kärntner Straße stillzulegen.

Es waren wunderschöne 13 Jahre, in denen ich viel erreicht habe. Anfangs mit Unterstützung von Erhard Busek. Die nachfolgenden Parteiobmänner waren eher hinderlich. Kompromisse mit den Bürgermeistern Zilk und Häupl waren im direktem Gespräch meist schneller zu finden. Im Rahmen seines Ressorts hat aber Bernhard Görg als amtsführender Stadtrat Maßnahmen unterstützt, wie etwa die Renovierung der Kärntner Straße und die Errichtung der Fußgängerzone Goldschmiedgasse. Der Mangel an Kampfgeist der Wiener ÖVP, sowie die Strategie, die Wähler mit Planungsleistungen und einem kulturellen Kuschelkurs zurückzugewinnen, haben mich immer zu kritischen Äußerungen in der Partei veranlaßt. Daher war es verständlich, daß Bernhard Görg nicht versucht hat mich umzustimmen.

Die harten Arbeiter

Im Schnitt 2500 Augenscheine im Jahr kann ein Bezirksvorsteher nicht allein bewältigen. Es ist daher notwendig, sich auf die Bezirksräte der eigenen Partei zu verlassen. Ich erkannte aber bald, daß auch Bezirksräte anderer Fraktionen die Bezirksinteressen über parteipolitisches Hickhack stellen. Lediglich mit dem freiheitlichen Bezirksvorsteherstellvertreter (die Freiheitlichen hatten in der letzten Periode die Sozialdemokraten um 63 Stimmen überholt) fand ich die ganze Zeit über kein fruchtbares Gesprächsklima.

Im Durchsetzen der Interessen der Bewohner tat sich Bezirksrat Günter Wachtl hervor, der manchmal sehr emotional eine Verhandlung in die richtige Richtung brachte. Auch die Akzeptanz der Garage am Robert Stolz Platz darf er sich auf seine Fahne schreiben.

Wenn es um die Lösung technischer Probleme ging, verblüffte Bezirksrat Wolfgang Neumeier mit seinen Kenntnissen. Legendär war sein Hinweis darauf, daß in der Garage auf der Freyung die Fluchttüren in geöffnetem Zustand die Flucht verhindern. Auch, daß der Verkehr auf der Zweier Linie während des U-Bahn Umbaues nie gänzlich gestoppt wurde, ist sein Verdienst.

Die finanzielle Gebarung lag bei Bezirksrat Werner Winterstein in sicheren Händen, wenn auch die einzelnen Entscheidungen von mir selbst getroffen wurden.

Bezirksrätin Dorle Hemmig neutralisierte als Anwohnerin die Bürgerinitiative Rudolfsplatz, die zuletzt nur mehr vier Leute umfaßte.

Um das Grün sorgte sich der Gärtner Bezirksrat Anton Pickl. Bei Neupflanzungen und Baumfällungen zeigte er seine Fachkenntnis. Er genoß bei den entscheidenen Beamten hohes Ansehen.

Die Erfassung wichtiger Details für die Entscheidungsfindung im Bezirk verdanken wir Bezirksrat Johnny Mühlegger. Er erfaßte alle Schanigärten, was vorher dem gesamten Apparat des Magistrats nie gelungen war. Gesonderte Parkzonen für Diplomaten, Behinderte und zum Laden der Ware stören wegen ihrer übergrößen Anzahl die Bewohner. Er hat auch dies lückenlos erfaßt. Wo sie unnötig waren, wurden sie wieder entfernt. Er kennt den Bezirk bis zu jeder einzelnen Telefonzelle.

Als Vorsitzende der Verkehrskomission nahmen die Bezirksräte Siegfried Korn, Rubert Gehmacher und Christoph Angerer, zuletzt auch Ludwig Pichler entscheidenden Einfluß auf die Verkehrsberuhigungsmaßnahmen. Die beiden jungen Bezirksräte Gehmacher und Angerer wählten leider andere Lebensziele und verließen die Bezirksvertretung. Der Einfluß dieser jungen Menschen hat eine neue Sicht der Probleme gebracht.

Um die Kontakte zu den Wählern kümmerte sich Bezirksrätin Elfi Lotz. Jedes Anliegen, das an sie herangetragen wurde, wurde von ihr mit Vehemenz vertreten.

Bezirksrat Thomas Köhler gestaltete die Bezirksfestwochen, wobei ich mich gerade in diese Komission besonders oft einmischte.

Auch in den anderen Parteien waren die Bezirksräte verläßlich und arbeiteten mit mir zusammen. Vielleicht hat sich dabei bezahlt gemacht, daß ich die Erfolge anerkannte und das auch immer wieder betonte. Ausprüche wie: „Ich muß jetzt wieder einmal auf sie losgehen, sonst sagen meine eigenen Leute, daß wir uns zu gut verstehen", blieben kein Einzelfall.

Mein nunmehriger Nachfolger Franz Grundwalt unterstützte mich dreieinhalb Jahre lang nach Kräften. Seine viel zu späte Nominierung war sicher Mitursache des schlechten Wahlergebnisses. Man hätte ihn schon 1999 aufstellen sollen, dann hätte er Zeit gehabt, sich politisch zu bewähren. Die Tatsache, daß die Sozialdemokraten jetzt statt um acht Mandate nur mehr um zwei Mandate hinter der ÖVP liegen, erfüllt mich mit Sorge.

Die Innenstadt hat sich in den letzten 13 Jahren in ein lebendiges Zentrum verwandelt. Sie soll auch Zentrum bleiben, damit Wien nicht wie andere Städte in mehrere Teile zerfällt. So erfreulich die Entwicklung jenseits der Donau ist, so wenig dürfen die Funktionen der geliebten Inneren Stadt angetastet werden. Wien ist die Innere Stadt und sollte einmal die Innere Stadt nicht Wien sein, dann ist Wien nicht mehr Wien.

INHALT